高等学校"十二五"规划教材·土木工程系列

市政工程识图与工程量清单计价

主编 曾昭宏

哈尔滨工业大学出版社

内 容 提 要

本书根据《建筑制图标准》(GB/T 50104—2010)、《总图制图标准》(GB/T 50103—2010)、《建设工程工程量清单计价规范》(GB 50500—2008)等现行标准规范编写,主要阐述了市政工程制图与识图基础、市政工程工程量清单编制、土石方工程工程量清单计价、道路工程识图与工程量清单计价、桥涵工程识图与工程量清单计价、隧道工程识图与工程量清单计价、市政管网工程识图与工程量清单计价、市政地铁工程工程量清单计价、钢筋与拆除工程工程量清单计价、市政工程竣工结算、清单计价模式下市政工程招投标。

本书可供市政工程造价编制与管理人员使用,也可供高等院校相关专业师生学习时参考。

图书在版编目(CIP)数据

市政工程识图与工程量清单计价/曾昭宏主编. —哈尔滨:哈尔滨工业大学出版社,2012.12
ISBN 978-7-5603-3881-1

Ⅰ.①市… Ⅱ.①曾… Ⅲ.①市政工程-工程制图—识别②市政工程-工程造价 Ⅳ.①TU99②TU723.3

中国版本图书馆 CIP 数据核字(2012)第 298594 号

策划编辑	郝庆多 段余男
责任编辑	王桂芝 段余男
封面设计	刘长友
出版发行	哈尔滨工业大学出版社
社　　址	哈尔滨市南岗区复华四道街10号 邮编150006
传　　真	0451-86414749
网　　址	http://hitpress.hit.edu.cn
印　　刷	黑龙江省委党校印刷厂
开　　本	787mm×1092mm 1/16 印张 16.75 字数 390 千字
版　　次	2012年12月第1版 2012年12月第1次印刷
书　　号	ISBN 978-7-5603-3881-1
定　　价	35.00元

(如因印装质量问题影响阅读,我社负责调换)

编　委　会

主　编　曾昭宏
参　编　马艳敏　王　慧　白海军　石　琳
　　　　刘文明　刘海生　江　宁　张润楠
　　　　李　松　杨　波　陈　达　姜　媛
　　　　姜鸿昊　徐海涛

前 言

工程量清单计价是一种国际上通行的工程造价计价方式,近年来,随着社会的不断发展,市政工程工程量清单计价也发生了变化。实行工程量清单计价,能给投标者提供一个平等的竞争条件,有利于工程价款的拨付和工程价款的最终确定,有利于风险的合理分担,有利于对工程投资的控制,从而真正体现公开、公正、公平的原则,反映市场经济规律。

为了满足我国市政工程造价编制及管理人员的使用需求,本书编写组以现行标准规范《建筑制图标准》(GB/T 50104—2010)、《总图制图标准》(GB/T 50103—2010)为准则,以《建设工程工程量清单计价规范》(GB 50500—2008)为依据,编写了《市政工程识图与工程量清单计价》一书。本书具有较强的实用性、适用性和可操作性,图文并茂,示例多样,为使读者加深对某些内容的理解,结合有关内容绘制了示意性图样,以达到以图代言的目的。同时,书中从不同方面列举了多个计算实例,以帮助读者掌握有关问题的计算方法。此外,本书在编写过程中参阅和借鉴了许多权威书籍和有关国家标准,在此向各位作者表示衷心感谢。

由于编者学识和经验有限,虽经编者尽心尽力,但仍难免存在疏漏或不妥之处,望广大读者批评指正。

编 者

2012.06

目 录

第1章 市政工程制图与识图基础	1
1.1 市政工程识图基础	1
1.2 市政工程制图常用图例	7
1.3 投影知识	15
1.4 剖面图	23
1.5 断面图	27
第2章 市政工程工程量清单编制	30
2.1 概述	30
2.2 工程量清单的编制	31
2.3 工程量清单计价的编制	34
2.4 工程量清单计价模式下费用组成与计算	36
第3章 土石方工程工程量清单计价	43
3.1 清单工程量计算规则	43
3.2 清单项目相关说明	45
3.3 土石方工程量计算方法	47
3.4 土石方工程工程量计算实例	54
第4章 道路工程识图与工程量清单计价	63
4.1 道路工程制图与识图	63
4.2 清单工程量计算规则	85
4.3 清单项目相关说明	91
4.4 道路工程工程量计算实例	92
第5章 桥涵工程识图与工程量清单计价	101
5.1 桥涵工程制图与识图	101
5.2 清单工程量计算规则	110
5.3 清单项目相关说明	118
5.4 桥涵工程工程量计算实例	120
第6章 隧道工程识图与工程量清单计价	127
6.1 隧道工程制图与识图	127
6.2 清单工程量计算规则	129
6.3 清单项目相关说明	137
6.4 隧道工程工程量计算实例	140

第7章 市政管网工程识图与工程量清单计价 ························ 147
7.1 市政管网工程制图与识图 ······························· 147
7.2 清单工程量计算规则 ·································· 157
7.3 清单项目相关说明 ··································· 169
7.4 市政管网工程工程量计算实例 ···························· 171

第8章 市政地铁工程工程量清单计价 ······························· 186
8.1 清单工程量计算规则 ·································· 186
8.2 工程量清单项目说明 ·································· 192
8.3 地铁工程工程量计算实例 ······························· 192

第9章 钢筋与拆除工程工程量清单计价 ···························· 195
9.1 工程量清单计算规则 ·································· 195
9.2 工程量清单项目说明 ·································· 196
9.3 钢筋与拆除工程工程量计算实例 ·························· 196

第10章 市政工程竣工结算 ·· 200
10.1 工程价款结算 ······································ 200
10.2 工程计量与价款支付 ································ 202
10.3 工程竣工结算的编制 ································ 205
10.4 工程竣工结算的审查 ································ 207

第11章 清单计价模式下市政工程招投标 ·························· 211
11.1 市政工程招投标基础知识 ···························· 211
11.2 市政工程项目招标 ·································· 213
11.3 市政工程项目投标 ·································· 220
11.4 市政工程项目开标、评标及定标 ······················ 225

附录 市政工程工程量清单计价编制实例 ··························· 229

参考文献 ·· 260

第1章　市政工程制图与识图基础

1.1　市政工程识图基础

1.1.1　图纸幅面和图框

(1)图幅及图框尺寸应符合表1.1的规定及图1.1~1.4的格式。

表1.1　图幅及图框尺寸　　　　　　　　　　　　　　单位:mm

尺寸代号 \ 幅面代号	A0	A1	A2	A3	A4
$b \times l$	841×1 189	594×841	420×594	297×420	210×297
c		10			5
a			25		

注:表中 b 为幅面短边尺寸,l 为幅面长边尺寸,c 为图框线与幅面线间宽度,a 为图框线与装订边间宽度。

(2)需要微缩复制的图纸,其中一个边上应附有一段准确米制尺度,四个边上均附有对中标志,米制尺度的总长应为100 mm,分格应为10 mm。对中标志应画在图纸内框各边长的中点处,线宽应为0.35 mm,并应伸入内框边,在框外为5 mm。对中标志的线段,于 l_1 和 b_1 范围取中。

(3)图纸的短边尺寸不应加长,A0~A3幅面长边尺寸可加长,但应符合表1.2的规定。

(4)图纸以短边作为垂直边应为横式,以短边作为水平边应为立式。A0~A3图纸宜横式使用;必要时,也可立式使用。

(5)一个工程设计中,每个专业所使用的图纸,不宜多于两种幅面,不含目录及表格所采用的 A4 幅面。

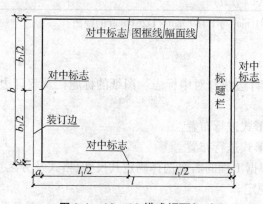

图1.1　A0~A3 横式幅面(一)

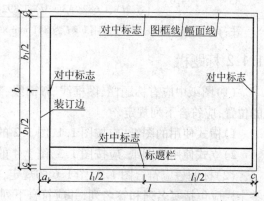

图1.2　A0~A3 横式幅面(二)

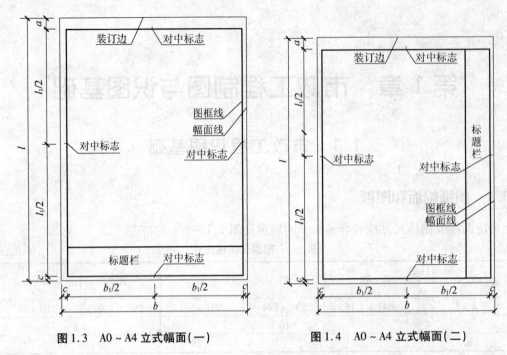

图1.3 A0～A4立式幅面(一) 　　　图1.4 A0～A4立式幅面(二)

表1.2 图纸长边加长尺寸　　　　　　　　　　　　　　　单位:mm

幅面代码	长边尺寸	长边加长后的尺寸
A0	1 189	1 486(A0+1/4l)、1 635(A0+3/8l)、1 783(A0+1/2l)、1 932(A0+5/8l)、2 080(A0+3/4l)、2 230(A0+7/8l)、2 378(A0+l)
A1	841	1 051(A1+3/8l)、1 261(A1+1/2l)、1 471(A1+3/4l)、1 682(A1+l)、1 892(A1+5/4l)、2 102(A1+3/2l)
A2	594	743(A2+1/4l)、891(A2+1/2l)、1 041(A2+3/4l)、1 189(A2+l)、1 338(A2+5/4l)、1 486(A2+3/2l)、1 635(A2+7/4l)、1 783(A2+2l) 1 932(A2+9/4l)、2 080(A2+5/2l)
A3	420	630(A3+1/2l)、841(A3+l)、1 051(A3+3/2l)、1 261(A3+2l)、1 471(A3+5/2l)、1 682(A3+3l)、1 892(A3+7/2l)

注:有特殊需要的图纸,可采用 $b×l$ 为 841 mm×891 mm 与 1 189 mm×1 261 mm 的幅面。

1.1.2 标题栏

(1)图纸中应有标题栏、图框线、幅面线、装订边线和对中标志。图纸的标题栏及装订边的位置,应符合下列规定。

1)横式使用的图纸,应按图1.1,图1.2的形式进行布置。

2)立式使用的图纸,应按图1.3,图1.4的形式进行布置。

(2)标题栏应符合图1.5,图1.6的规定,根据工程的需要选择确定其尺寸、格式及分区。签字栏应包括实名列和签名列,并应符合下列规定。

1)涉外工程的标题栏内,各项主要内容的中文下方应附有译文,设计单位的上方或者左方,应加上"中华人民共和国"字样。

2)在计算机制图文件中,当使用电子签名与认证时,应符合国家有关电子签名法的规定。

图 1.5　标题栏(一)

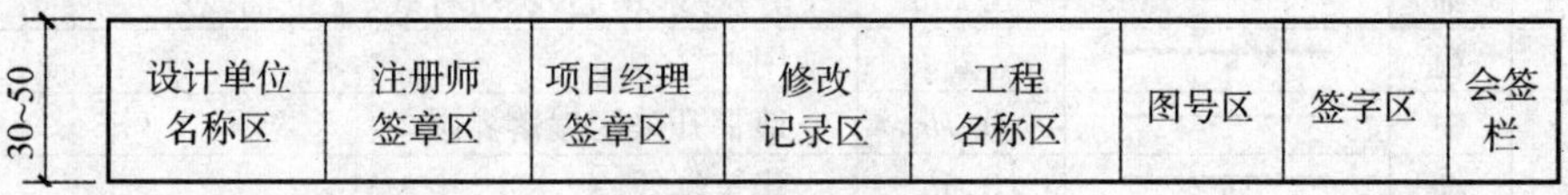

图 1.6　标题栏(二)

1.1.3 图线

(1)图线的宽度 b,宜从 1.4、1.0、0.7、0.5、0.35、0.25、0.18、0.13 mm 线宽系列中选取。图线宽度不应小于 0.1 mm。每个图样应根据复杂程度与比例大小,先选定基本线宽 b,再选用表 1.3 中相应的线宽组。

表 1.3　线宽

线宽比	线　宽　组			
b	1.4	1.0	0.7	0.5
$0.7b$	1.0	0.7	0.5	0.35
$0.5b$	0.7	0.5	0.35	0.25
$0.25b$	0.35	0.25	0.18	0.13

注:1.需要缩微的图纸,不宜采用 0.18 mm 及更细的线宽。
　　2.同一张图纸内,各不同线宽中的细线,可统一采用较细的线宽组的细线。

(2)市政工程制图应根据图纸功能,按表 1.4 规定的线型选用。

表1.4 图线

名称		线型	线宽	一般用途
实线	粗	———————	b	1. 新建建筑物±0.00高度可见轮廓线 2. 新建铁路、管线
	中	———————	$0.7b$ $0.5b$	1. 新建构筑物、道路、桥涵、边坡、围墙、运输设施的可见轮廓线 2. 原有标准轨距铁路
	细	———————	$0.25b$	1. 新建建筑物±0.00高度以上的可见建筑物、构筑物轮廓线 2. 原有建筑物、构筑物、原有窄轨、铁路、道路、桥涵、围墙的可见轮廓线 3. 新建人行道、排水沟、坐标线、尺寸线、等高线
虚线	粗	- - - - - - -	b	新建建筑物、构筑物地下轮廓线
	中	- - - - - - -	$0.5b$	计划预留扩建的建筑物、构筑物、铁路、道路、运输设施、管线、建筑红线及预留用地各线
	细	- - - - - - -	$0.25b$	原有建筑物、构筑物、管线的地下轮廓线
单点长画线	粗	—·—·—·—	b	露天矿开采边界线
	中	—·—·—·—	$0.5b$	土方填挖区的零点线
	细	—·—·—·—	$0.25b$	分水线、中心线、对称线、定位轴线
双点长画线	粗	—··—··—	b	用地红线
	中	—··—··—	$0.7b$	地下开采区塌落界限
	细	—··—··—	$0.5b$	建筑红线
折断线		—/\—	$0.5b$	断线
不规则曲线		～～～	$0.5b$	新建人工水体轮廓线

注：根据各类图纸所表示的不同重点确定使用不同粗细线型。

1.1.4 比例

（1）市政工程制图采用的比例宜符合表1.5的规定。

表1.5 比例

图 名	比 例
现状图	1:500、1:1 000、1:2 000
地理交通位置图	1:25 000～1:200 000
总体规划、总体布置、区域位置图	1:2 000、1:5 000、1:10 000、1:25 000、1:50 000
总平面图、竖向布置图、管线综合图、土方图、铁路、道路平面图	1:300、1:500、1:1 000、1:2 000
场地园林景观总平面图、场地园林景观竖向布置图、种植总平面图	1:300、1:500、1:1 000
铁路、道路纵断面图	垂直:1:100、1:200、1:500 水平:1:1 000、1:2 000、1:5 000
铁路道路横断面图	1:20、1:50、1:100、1:200
场地断面图	1:100、1:200、1:500、1:1 000
详图	1:1、1:2、1:5、1:10、1:20、1:50、1:100、1:200

（2）一个图样宜选用一种比例，铁路、道路、土方等的纵断面图，可在水平方向和垂直方

向选用不同比例。

1.1.5 坐标标注

（1）市政工程总图应按上北下南方向绘测。根据场地形状或布局，可向左或右偏转，但不宜超过45°。总图中应绘制指北针或风玫瑰图，如图1.7所示。

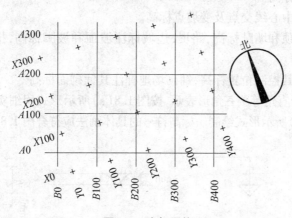

图1.7 坐标网络

注：图中X为南北方向轴线，X的增量在X轴线上；Y为东西方向轴线，Y的增量在Y轴线上。A轴相当于测量坐标网中的X轴，B轴相当于测量坐标网中的Y轴。

（2）坐标网格应以细实线表示。测量坐标网应画成交叉十字线，坐标代号宜用"X、Y"表示；建筑坐标网应画成网格通线，自设坐标代号宜用"A、B"表示（图1.7）。坐标值为负数时，应注"－"号，为正数时，"＋"号可以省略。

（3）总平面图上有测量和建筑两种坐标系统时，应在附注中注明两种坐标系统的换算公式。

（4）表示建筑物、构筑物位置的坐标应根据设计不同阶段要求标注，当建筑物和构筑物与坐标轴线平行时，可注其对角坐标。与坐标轴线成角度或建筑平面复杂时，宜标注三个以上坐标，坐标宜标注在图纸上。根据工程具体情况，建筑物、构筑物也可用相对尺寸定位。

（5）在一张图上，主要建筑物、构筑物用坐标定位时，根据工程具体情况也可用相对尺寸定位。

（6）建筑物、构筑物、铁路、道路、管线等应标注下列部位的坐标或定位尺寸：

1）建筑物、构筑物的外墙轴线交点。

2）圆形建筑物、构筑物的中心。

3）皮带走廊的中线或其交点。

4）铁路道岔的理论中心，铁路、道路的中线或转折点。

5）管线（包括管沟、管架或管桥）的中线交叉点和转折点。

6）挡土墙起始点、转折点墙顶外侧边缘（结构面）。

1.1.6 标高

（1）建筑物应以接近地面处的±0.00标高的平面作为总平面。字符平行于建筑长边书写。

（2）总图中标注的标高应为绝对标高，当标注相对标高时，则应注明相对标高与绝对标高的换算关系。

(3)建筑物、构筑物、铁路、道路、水池等应按下列规定标注有关部位的标注:

1)建筑物标注室内±0.00处的绝对标高在一栋建筑物内宜标注一个±0.00标高,当有不同地坪标高以相对±0.00的数值标注。

2)建筑物室外散水,标注建筑物四周转角或两对角的散水坡脚处标高。

3)构筑物标注其有代表性的标高,并用文字注明标高所指的位置。

4)铁路标注轨顶标高。

5)道路标注路面中心线交点及变坡点标高。

6)挡土墙标注墙顶和墙趾标高,路堤、边坡标注坡顶和坡脚标高,排水沟标注沟顶和沟底标高。

7)场地平整标注其控制位置标高,铺砌场地标注其铺砌面标高。

(4)标高符号应以直角等腰三角形表示,按图1.8(a)所示形式用细实线绘制,当标注位置不够,也可按图1.8(b)所示形式绘制。标高符号的具体画法应符合图1.8(c)、(d)的规定。

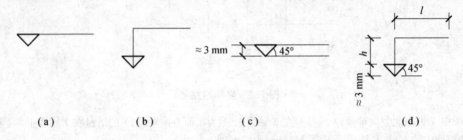

图1.8 标高符号

l—取适当长度注写标高数字;*h*—根据需要取适当高度

(5)总平面图室外地坪标高符号,宜用涂黑的三角形表示,具体画法应符合图1.9的规定。

(6)标高符号的尖端应指被注高度的位置。尖端宜向下,也可向上。标高数字应注写在标高符号的上侧或下侧,如图1.10所示。

图1.9 总平面图室外地坪标高符号　　　　图1.10 标高的指向

(7)标高数字应以米为单位,注写到小数点以后第三位。在总平面图中,可注写到小数点以后第二位。

(8)零点标高应注写成±0.000,正数标高不注"+",负数标高应注"-",例如:3.000、-0.600。

(9)在图样的同一位置需表示几个不同标高时,标高数字可按图1.11的形式注写。

图1.11 同一位置注写多个标高数字

1.2 市政工程制图常用图例

1.2.1 总平面图图例

市政工程总平面图例应符合表1.6的规定。

表1.6 总平面图例

序号	名 称	图 例	备 注
1	新建建筑物	① 12F/2D H-59.00 m X=/Y=	新建建筑物以粗实线表示与室外地坪相接±0.00外墙定位轮廓线 建筑物一般以±0.00高度处的外墙定位轴线交叉点坐标定位。轴线用细实线表示，并标明轴线号 根据不同设计阶段标注建筑编号，地上、地下层数，建筑高度，建筑出入口位置（两种表示方法均可，但同一图纸采用一种表示方法） 地下建筑物以粗虚线表示其轮廓 建筑上部（±0.00以上）外挑建筑用细实线表示 建筑物上部轮廓用细虚线表示并标注位置
2	原有建筑物		用细实线表示
3	计划扩建的预留地或建筑物		用中粗虚线表示
4	拆除的建筑物		用细实线表示
5	建筑物下面的通道		—
6	散状材料露天堆场		需要时可注明材料名称
7	其他材料露天堆场或露天作业场		需要时可注明材料名称

续表 1.6

序号	名 称	图 例	备 注
8	铺砌场地	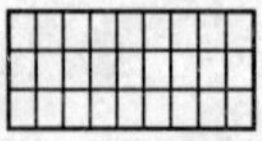	—
9	敞棚或敞廊	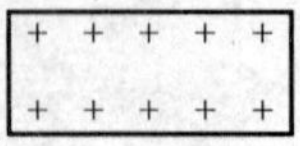	—
10	高架式料仓	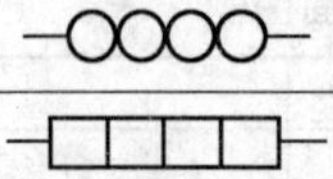	—
11	漏斗式贮仓		左、右图为底卸式,中图为侧卸式
12	冷却塔(池)		应注明冷却塔或冷却池
13	水塔、贮罐	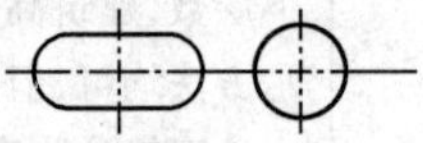	左图为卧式贮罐,右图为水塔或立式贮罐
14	水池、坑槽		也可以不涂黑
15	明溜矿槽(井)	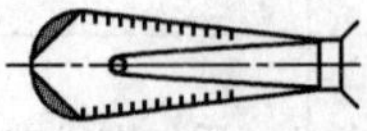	—
16	斜井或平硐	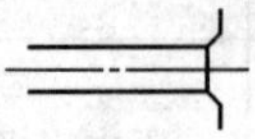	—
17	烟囱		实线为烟囱下部直径,虚线为基础,必要时可注写烟囱高度和上、下口直径
18	围墙及大门		—
19	挡土墙	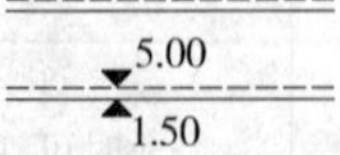 5.00 / 1.50	挡土墙根据不同设计阶段的需要标注 墙顶标高 墙底标高
20	挡土墙上设围墙		—
21	台阶及无障碍坡道	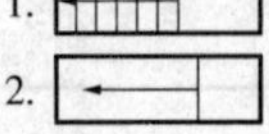 1. 2.	1. 表示台阶(级数仅为示意) 2. 表示无障碍坡道

续表1.6

序号	名 称	图 例	备 注
22	架空索道		"I"为支架位置
23	斜坡、卷扬机道		—
24	斜坡栈桥（皮带廊等）	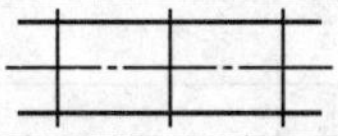	细实线表示支架中心线位置
25	坐标	1. 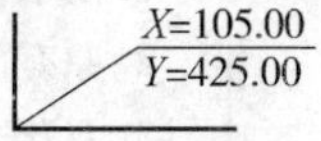 $X=105.00$ $Y=425.00$ 2. $A=105.00$ $B=425.00$ 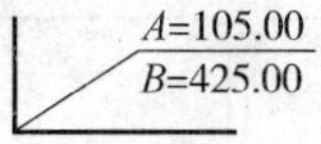	1. 表示地形测量坐标系 2. 表示自设坐标系 坐标数字平行于建筑标注
26	方格网、交叉点标高	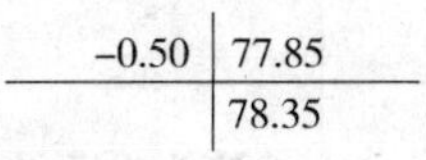 −0.50 | 77.85 78.35	"78.35"为原地面标高 "77.85"为设计标高 "−0.50"为施工高度；"−"表示挖方（"+"表示填方）
27	填方区、挖方区、未整平区及零线	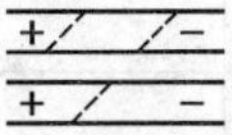	"+"表示填方区；"−"表示挖方区中间为未整平区；点画线为零点线
28	填挖边坡	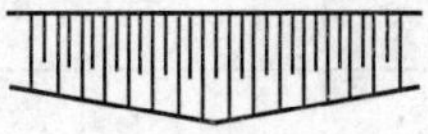	—
29	分水脊线与谷线	 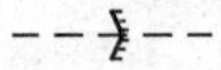	上图表示脊线,下图表示谷线
30	洪水淹没线		洪水最高水位以文字标注
31	地表排水方向		—
32	截水沟	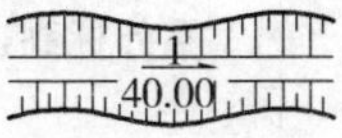 1 40.00	"1"表示1%的沟底纵向坡度，"40.00"表示变坡点间距离,箭头表示水流方向
33	排水明沟	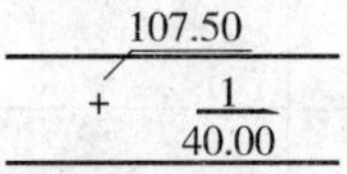 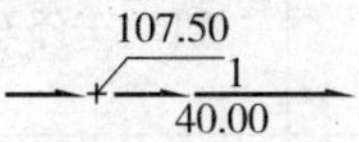 107.50 + 1/40.00 107.50 1/40.00	上图用于比例较大的图面；下图用于比例较小的图面 "1"表示1%的沟底纵向坡度，"40.00"表示变坡点间距离,箭头表示水流方向 "107.50"表示沟底变坡点标高（变坡点以"+"表示）

续表1.6

序号	名 称	图 例	备 注
34	有盖板的排水沟		—
35	雨水口		1. 雨水口 2. 原有雨水口 3. 双落式雨水口
36	消火栓井		—
37	急流槽		箭头表示水流方向
38	跌水		
39	拦水(闸)坝		—
40	透水路堤		边坡较长时,可在一端或两端局部表示
41	过水路面		—
42	室内地坪标高		数字平行于建筑物书写
43	室外地坪标高		室外标高也可采用等高线
44	盲道		—
45	地下车库入口		机动车停车场
46	地面露天停车场		—

续表1.6

序号	名 称	图 例	备 注
47	露天机械停车场	⊠⊠	露天机械停车场

1.2.2 道路与铁路图例

道路与铁路图例应符合表1.7的规定。

表1.7 道路与铁路图例

序号	名 称	图 例	备 注
1	新建的道路		"$R=6.00$"表示道路转弯半径;"107.50"为道路中心线交叉点设计标高,两种表示方式均可,同一图纸采用一种方式表示;"100.00"为变坡点之间距离,"0.30%"表示道路坡度,→表示坡向
2	道路断面		1. 为双坡立道牙 2. 为单坡立道牙 3. 为双坡平道牙 4. 为单坡平道牙
3	原有道路		—
4	计划扩建的道路		—
5	拆除的道路		—
6	人行道		

续表1.7

序号	名称	图例	备注
7	道路曲线段	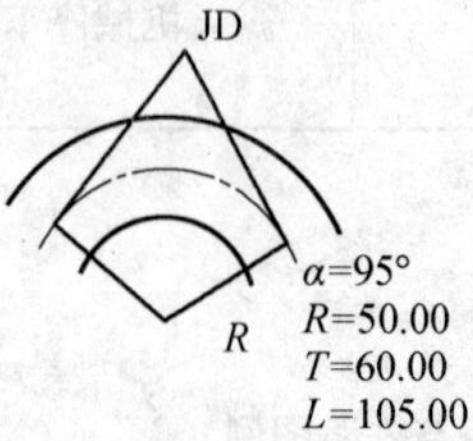 JD $\alpha=95°$ $R=50.00$ $T=60.00$ $L=105.00$	主干道宜标以下内容： JD 为曲线转折点。编号应标坐标 α 为交点 T 为切线长 L 为曲线长 R 为中心线转弯半径 其他道路可标转折点、坐标及半径
8	道路隧道		—
9	汽车衡		—
10	汽车洗车台	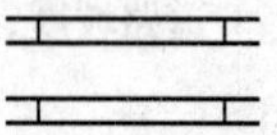 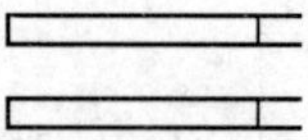	上图为贯通式 下图为尽头式
11	运煤走廊	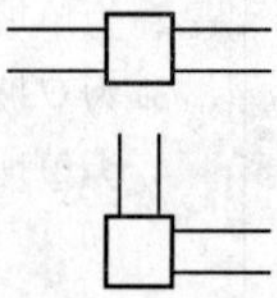	—
12	新建的标准轨距铁路		—
13	原有的标准轨距铁路		—
14	计划扩建的标准轨距铁路	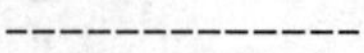	—
15	拆除的轨距铁路		—
16	原有的窄轨铁路	 GJ762	"GJ762"为轨距(以 mm 计)
17	拆除的窄轨铁路	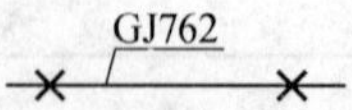 GJ762	
18	新建的标准轨距电气铁路	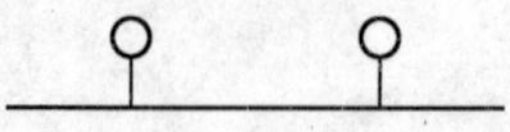	

续表 1.7

序号	名 称	图 例	备 注
19	原有的标准轨距电气铁路	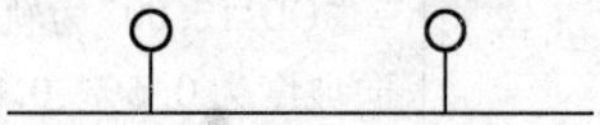	—
20	计划扩建的标准轨距电气铁路		—
21	拆除的标准轨距电气铁路	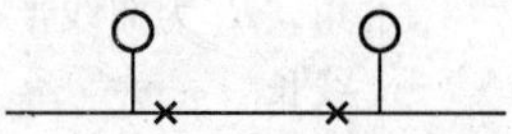	—
22	原有车站		—
23	拆除原有车站	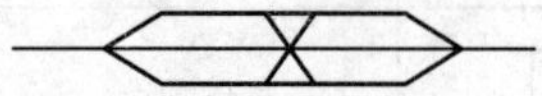	—
24	新设计车站		—
25	规划的车站		—
26	工矿企业车站	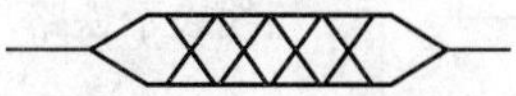	—
27	单开对称道岔		"1/n"表示道岔号数;n 表示道岔
28	单式对称道岔	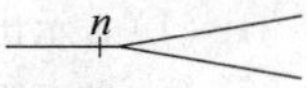	
29	单式交分道岔	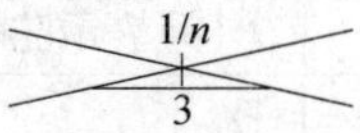	
30	复式交分道岔	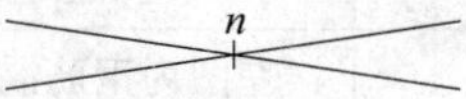	
31	交叉渡线	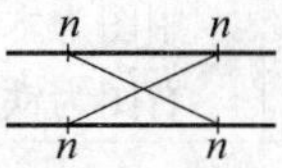	—
32	菱形交叉	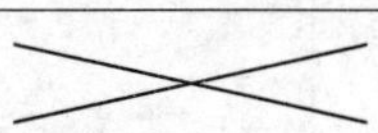	—
33	车挡		上图为土推式 下图为非土推式
34	警冲标	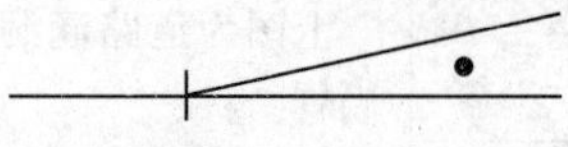	—

续表1.7

序号	名称	图例	备注
35	坡度标	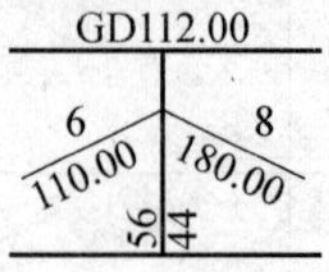 GD112.00 / 6 8 / 110.00 180.00 / 56 44	"GD112.00"为轨顶标高,"6"、"8"表示纵向坡度为0.6%、0.8%,倾斜方向表示坡向,"110.00"、"180.00"为变坡点间距离,"56"、"44"为至前后百尺标距离
36	铁路曲线段	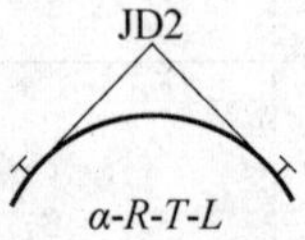 JD2 α-R-T-L	"JD2"为曲线转折点编号,"α"为曲线转向角,"R"为曲线半径,"T"为切线长,"L"为曲线长
37	轨道衡	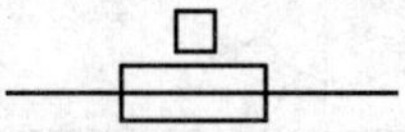	粗线表示铁路
38	站台		—
39	煤台	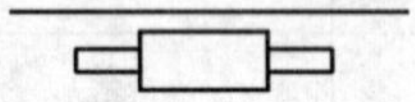	—
40	灰坑或检查坑	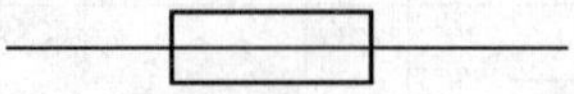	粗线表示铁路
41	转盘		—
42	高柱色灯信号机	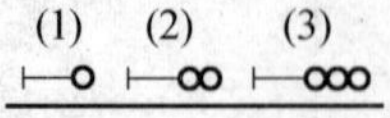 (1) (2) (3)	(1)表示出站、预告 (2)表示进站 (3)表示驼峰及复式信号
43	矮柱色灯信号机	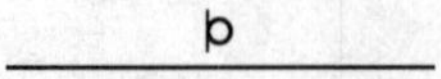	—
44	灯塔	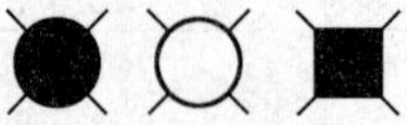	左图为钢筋混凝土灯塔 中图为木灯塔 右图为铁灯塔
45	灯桥	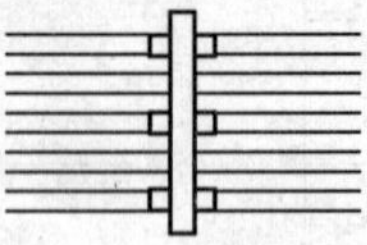	—
46	铁路隧道		—
47	涵洞、涵管	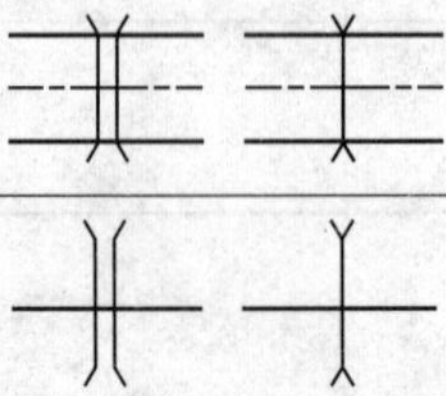	上图为道路涵洞、涵管,下图为铁路涵洞、涵管 左图用于比例较大的图面,右图用于比例较小的图面

续表 1.7

序号	名 称	图 例	备 注
48	桥梁	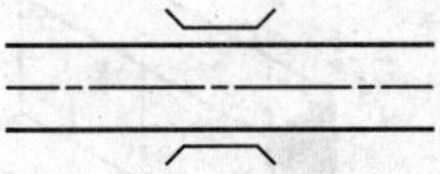	用于旱桥时应注明 上图为公路桥,下图为铁路桥
49	跨线桥	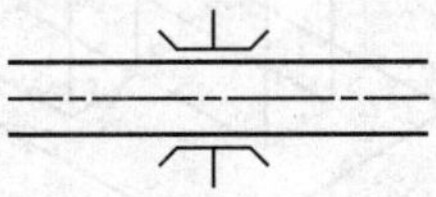	道路跨铁路
		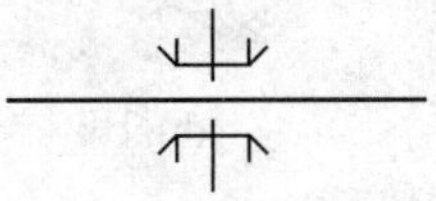	铁路跨道路
		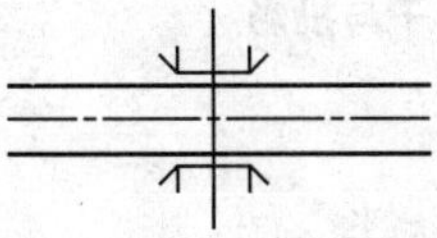	道路跨道路
		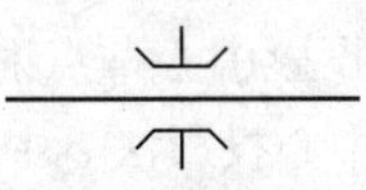	铁路跨铁路
50	码头	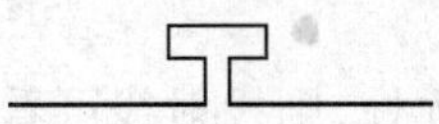	上图为固定码头 下图为浮动码头
51	运行的发电站		—
52	规划的发电站		—
53	规划的变电站、配电所	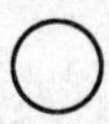	—
54	运行的变电站、配电所	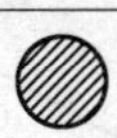	—

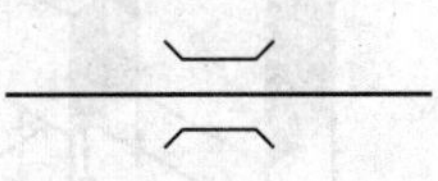

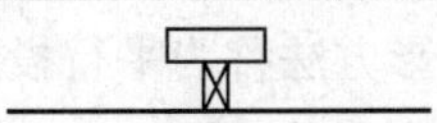

1.3 投影知识

1.3.1 投影的形成与分类

1. 投影的概念

日常生活中常常能看到这样的现象,在阳光或灯光照射下的物体在地面或墙面投下影子。影子在一定程度上能反映物体的形状和大小,随着光线照射方向的不同,影子同样也会发生变化。图 1.12 所示为某物体在正午阳光照射下在地面上留下的影子,这个影子只能反映物体的底部轮廓。若把这种现象抽象总结,将发光点称为光源,光线称为投影线,落影子的地面或墙面称为投影面,则此影子就称为投影。

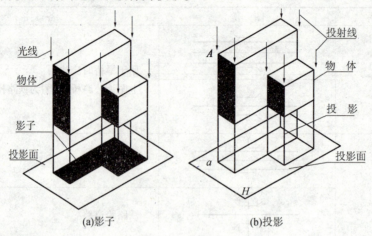

图 1.12 影子与投影

2. 投影法的分类

投影法可分为中心投影法和平行投影法两大类。

(1)中心投影法。如图 1.13 所示,投射线由投影中心一点射出,通过物体与投影面相交所得的图形则称为中心投影,这种投影方法称为中心投影法。中心投影所得到的投影图会比实物大。

(2)平行投影法。若将投影中心移到无穷远处,则投射线可看成互相平行的通过物体与投影面相交,所得的图形称为平行投影,这种投影方法称为平行投影法,如图 1.14 所示。

在平行投影中,投射线垂直于投影面时,物体在投影面上所得到的投影则称为正投影。投射线方向与投影面倾斜时,物体在投影面上所得到的投影则称为斜投影。

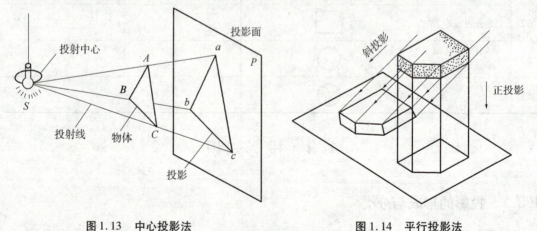

图 1.13 中心投影法　　　　图 1.14 平行投影法

1.3.2 三面投影图

1. 三面投影图的形成

将某长方体放置于三面投影体系中,使长方体上、下面平行于 H 面,前、后面平行于 V

面,左、右面平行于 W 面,再用正投影法将长方体向 H 面、V 面、W 面投影,在三组不同方向平行投影线的照射下,即可得到长方体的三个投影图,如图 1.15 所示。

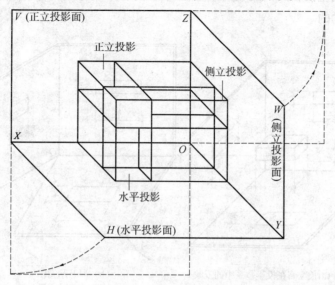

图 1.15 三面正投影及展开图

长方体在水平投影面的投影为矩形,即长方体的水平投影图。它是长方体上、下面投影的重合,矩形的四条边则是长方体前、后面和左、右面投影的积聚。由于上、下面平行于 H 面,所以,还能反映长方体上、下面的真实形状及长方体的长度和宽度,但是不能反映长方体的高度。

长方体在正立投影面的投影也为一矩形,则称为长方体的正面投影图,即长方体前、后面投影的重合,因为前、后面平行于 V 面,所以它又反映了长方体前、后面的真实形状及长方体的长度和高度,但是不能反映长方体的宽度。

长方体在侧立投影面的投影为一矩形,称为长方体的侧面投影图。矩形是长方体左、右面投影的重合,由于长方体左、右面平行于 W 面,所以能较好地反映出长方体左、右面的真实形状及长方体的宽度和高度。

所以,根据物体在相互垂直的投影面上的投影,可以较完整地得出物体的上面、正面和侧面的形状。

2. 三面投影图的展开

任何物体都有前、后、左、右、上、下六个方位,其三面正投影体系及展开如图 1.16 所示。从图中我们可以看出:三个投影图分别表示它的三个侧面。这三个投影图之间既有区别又互相联系,每个投影图都相应反映出其中的四个方位,如 H 面投影仅反映出形体左、右、前、后四个面的方位关系。需要特别注意的是,形体前方位于 H 投影的下侧,如图 1.17 所示,这是由于 H 面向下旋转、展开的缘故。

同一物体的三个投影图之间具有"三等"关系,即正立投影与侧立投影等高,正立投影与水平投影等长,水平投影与侧立投影等宽。在这三个投影图中,每个投影图都只反映物体两个方向的关系,如正立投影图仅反映物体的左、右和上、下关系,水平投影图反映物体的前、后和左、右关系,而侧立投影图只反映物体的上、下和前、后关系。能够识别形体的方位关系,对于读图是很有帮助的。

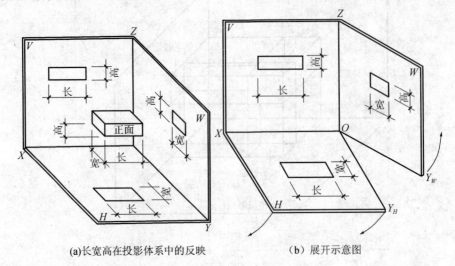

(a)长宽高在投影体系中的反映　　(b)展开示意图

图1.16　三面投影体系的展开

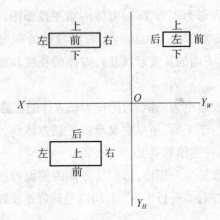

图1.17　三面投影图上的方位

1.3.3　轴测投影

1.轴测投影的形成

如图1.18所示,将形体同确定它的空间位置的直角坐标轴(OX,OY,OZ)一起,沿着不平行于这三条坐标轴和由这三条坐标轴组成的任一坐标面的方向(S_1或S_2)投影到新投影面(P面或R面)上,所得新投影则称为轴测投影。

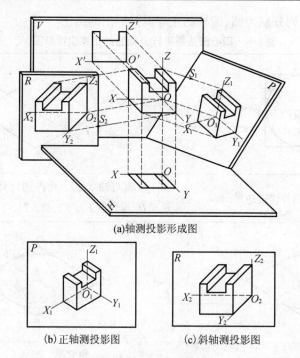

(a)轴测投影形成图

(b)正轴测投影图　　(c)斜轴测投影图

图 1.18　轴测投影的形成

投影方向垂直于轴测投影面时,所得新投影则称为正轴测投影;投影方向不垂直于轴测投影面时,所得新投影则称为斜轴测投影。

在轴测投影中,新投影面则称为轴测投影面;三条直角坐标轴 OX,OY,OZ 的轴测投影 O_1X_1,O_1Y_1,O_1Z_1 则称为轴测投影轴,简称轴测轴;两相邻轴的测轴之间的夹角 $X_1O_1Z_1,X_1O_1Y_1,Y_1O_1Z_1$ 则称为轴间角;轴测轴上某线段的长度与它的实长之比称为该轴的轴向变形系数。

画轴测投影图时,常常把轴测轴 O_1Z_1 放置在铅直方向。

轴向变形系数和轴间角是轴测投影中的两个基本要素。画轴测投影之前,应先确定这两个要素,才能确定平行于三个坐标轴的线段在轴测投影中的长度和方向。画轴测投影时,只能沿着轴测轴或平行于轴测轴的方向利用轴向变形系数确定形体的长、宽、高三个方向上的线段,即沿轴测轴去测量长度,这种投影称为轴测投影。

2. 轴测投影的画法

(1)正等轴测(正等测)投影。图 1.19 所示为正等测投影,其轴间角均为 120°,三个轴测轴 O_1X_1,O_1Y_1,O_1Z_1 上的轴向变形系数均为 0.82,为作图简便,简化为 1。

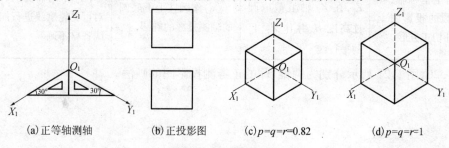

(a)正等轴测轴　　(b)正投影图　　(c)$p=q=r=0.82$　　(d)$p=q=r=1$

图 1.19　正等测投影

表 1.8,表 1.9 所列分别为圆、圆柱的正等测投影图的画法。

表 1.8　四心圆法画平行 H 面圆的正等测投影图

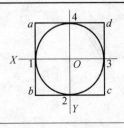	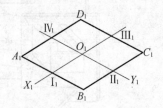
(a)确定坐标轴并作圆外切四边形 $abcd$	(b)作轴测轴 X_1,Y_1,并作圆外切四边形的轴测投影 $A_1B_1C_1D_1$ 得切点 I_1,II_1,III_1,IV_1
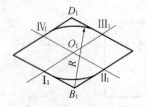	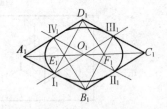
(c)分别以 B_1,D_1 为圆心,B_1III_1 为半径作弧 $\overset{\frown}{III_1IV_1}$,$\overset{\frown}{I_1II_1}$。	(d)连接 B_1III_1 和 B_1IV_1 交 A_1C_1 于 E_1,F_1,分别以 E_1,F_1 为圆心,E_1IV_1 为半径作弧 $\overset{\frown}{I_1IV_1}$ 和 $\overset{\frown}{II_1III_1}$。即得由四段圆弧组成的近似椭圆

表 1.9　作圆柱正等测投影图的步骤

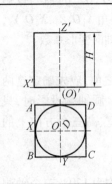	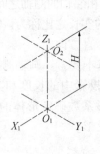	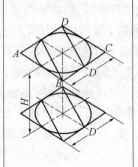	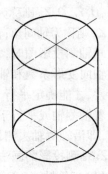
(a)确定坐标轴,在投影为圆的投影图上作圆的外切正方形	(b)作轴测轴 X_1,Y_1,Z_1,在 Z_1 轴上截取圆柱高度 H,并作 X_1,Y_1 的平行线	(c)作圆柱上下底圆的轴测投影的椭圆	(d)作两椭圆的公切线,对可见轮廓线进行加深(虚线省略不画)

图 1.20,图 1.21 所示分别为圆锥、球的正等测投影图的画法。

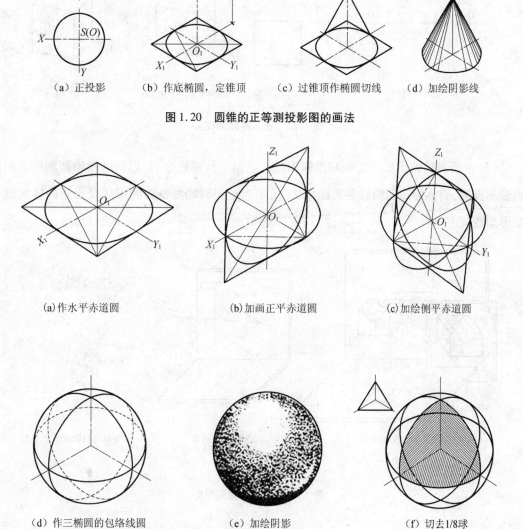

图 1.20 圆锥的正等测投影图的画法

图 1.21 球的正等测投影图的画法

(2)正二等轴测(正二测)投影。图 1.22 所示为正二测投影,其轴测轴的画法如图 1.22(a)所示,三个轴测轴 O_1X_1,O_1Y_1,O_1Z_1 上的轴向变形系数分别为 0.94,0.47,0.94,为了作图简便,可简化为 1,0.5,1。

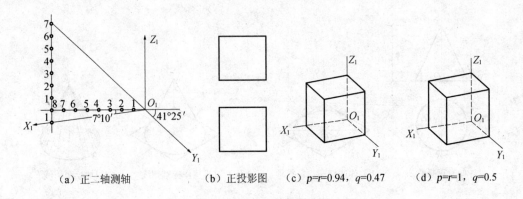

(a) 正二轴测轴　　(b) 正投影图　　(c) $p=r=0.94$, $q=0.47$　　(d) $p=r=1$, $q=0.5$

图 1.22　正二等轴测投影

(3)正面斜轴测投影。正轴测投影面与正立面平行或重合时,得到的斜轴测则称为正面斜轴测投影,简称为正面斜轴测。图 1.23 所示为正面斜轴测投影的形成及常用的轴测轴和变形系数。

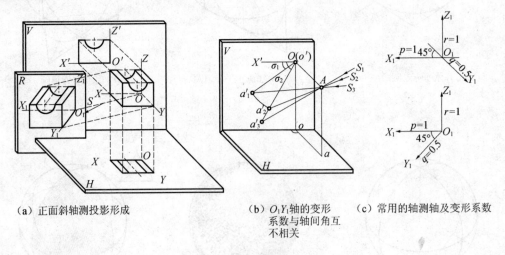

(a) 正面斜轴测投影形成　　(b) O_1Y_1 轴的变形系数与轴间角互不相关　　(c) 常用的轴测轴及变形系数

图 1.23　正面斜轴测投影

(4)水平面斜轴测投影。轴测投影面与水平面平行或重合时,得到的斜轴测则称为水平面斜轴测投影,简称为水平斜轴测。图 1.24 所示为水平面斜轴测投影的过程及常用的轴测轴和变形系数。

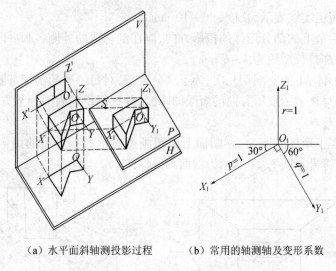

(a)水平面斜轴测投影过程　　　　(b)常用的轴测轴及变形系数

图1.24　水平面斜轴测投影

1.4　剖面图

1.4.1　剖面图的形成

如图1.25所示的杯形基础,其内孔被外形挡住。为了将正立面图中的内孔用实线表示,假想用一个正平面,沿基础对称平面将基础剖开,然后移走视图者与剖切平面之间的部分形体,做余下的部分形体的正面投影,所得的投影图就是剖面图,如图1.26所示。

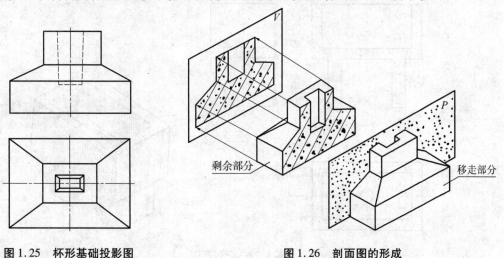

图1.25　杯形基础投影图　　　　图1.26　剖面图的形成

1.4.2　剖面图的标注

在制作剖面图时,常常使剖切面平行于基本投影面,则剖切面在它所垂直的投影面上的投影积聚为一条直线,这条直线表示剖切的位置,称为剖切位置直线,简称剖切线。在投影图中用断开的两段短粗实线表示,长度为 6~10 mm。

为表明剖切后余下的部分形体的投影方向,应在剖切线的外侧各画一段与之相垂直的短粗实线表示投影方向,长度约为 4~6 mm。

对某些复杂形体,可能要剖切几次,为了区分清楚,对每一次的剖切都要编号。规定用阿拉伯数字编号,书写在表示投影方向的短线的一侧,并在所得剖面图的下方,写上"1—1 剖面图"字样。

剖面图中包含了形体的断面,在断面上必须画上表示材料类型的图例。若没有指明材料,也要画上剖面符号。图 1.27 所示为剖面图的标注。

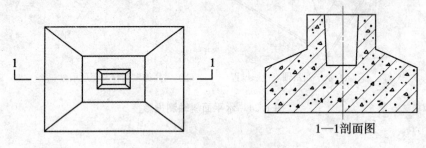

图 1.27　剖面图的标注

1.4.3　剖面图的分类

1. 全剖面图

假设用一个剖切平面将形体完完全全地剖开,然后画出其剖面图,这种剖面图称为全剖面图,如图 1.28 所示。

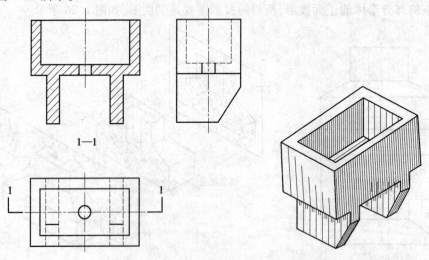

图 1.28　全剖面图

2. 半剖面图

当形体的内外形状均为左右或前后对称,而外形又比较复杂时,可将其投影的一半画成表示形体外部形状的正投影图,另一半画成表示内部结构的剖面图,中间用点划线分界。当对称中心线竖直时,将外形正投影图画在中心线左方,剖面图画在中心线右方;当对称中心线为水平时,将外形正投影图画在中心线上方,剖面图画在中心线下方,如图1.29所示。这种投影图的剖面图各占一半的图称为半剖面图。

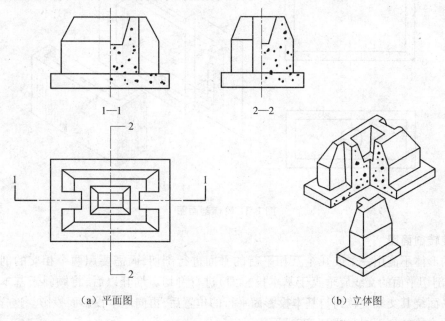

图1.29 半剖面图

3. 局部剖面图

当形体只有某一个局部需要剖开表达时,只需在它的投影图上将这一局部画成剖面图即可。这种局部剖切后得到的剖面图,称为局部剖面图。局部剖面图只是形体投影图的一个部分,因此不需要标注剖切线,但需将局部剖面与外形之间用波浪线分开,波浪线不得与轮廓线重合,也不得超出轮廓线之外,如图1.30所示。

图1.30 局部剖面图

4. 阶梯剖面图

当形体的内部结构复杂,用一个平面无法剖切到时,可假设用几个相互平行的剖切平面来剖切形体,这样得到的剖面图称为阶梯剖面图,如图1.31所示。

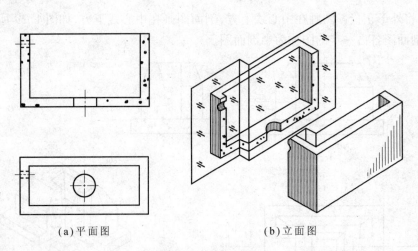

(a) 平面图　　　　　　(b) 立面图

图 1.31　阶梯剖面图

5.旋转剖面图

有的形体不能用一个或几个互相平行的平面进行剖切,而需要用两个相交的剖切平面(这两个剖切平面的交线应垂直于基本投影面)进行剖切。剖开以后,将倾斜于基本投影面的剖切平面绕其交线旋转到与基本投影面平行的位置后,再向基本投影面投影。这样得到的剖面图称为旋转剖面图,如图 1.32 所示。

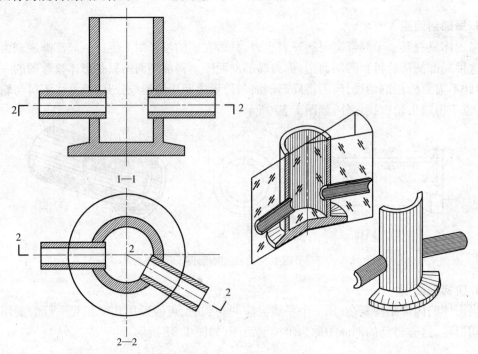

图 1.32　旋转剖面图

1.5 断面图

1.5.1 断面图的概念

用一个剖切平面将形体剖开后,剖切平面与形体接触的部位则称为断面,若把这个断面投射到与它平行的投影面上,所得到的投影图即为断面图。断面图也是用来表示形体内部形状的,能较好地表示出断面的实形。

1.5.2 断面图的标注

断面图的剖切符号用剖切位置线来表示,即粗实线,长度应为 6~10 mm。

断面的剖切符号要编号,编号方法和剖面图相同,注写在剖切位置线的一侧,数字所在的一侧即为投影方向。断面图的标注方法和剖面图相同。

断面图应在剖切平面与形体接触的部分绘出材料图例,如果不指明材料,则需要用45°斜细实线绘出断面线。

1.5.3 断面图的种类

1. 移出断面图

画在视图外的断面,称为移出断面。移出断面的轮廓线用粗实线绘制,轮廓线内画图例符号,如图 1.33 所示,梁的断面图中画出了钢筋混凝土的材料图例。断面图应画在形体投影图附近,便于识读。此外,断面图也可以适当地放大比例,以利于标注尺寸和清晰显示其内部构造。

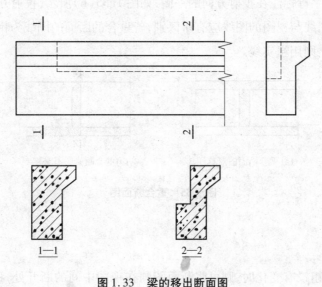

图 1.33 梁的移出断面图

当一个形体有多个断面图时,则可整齐地排列在视图的四周。如图 1.34 所示为梁、柱节点断面图,花篮梁的断面形状如 1—1 断面图所示,上方柱和下方柱分别用 2—2、3—3 断面图表示。这种处理方式,可适用于断面变化较多的形体,并且往往用较大比例画出。

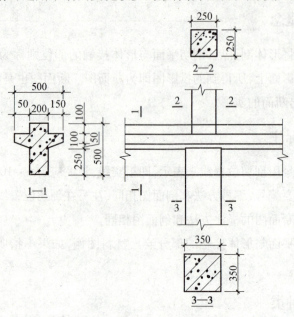

图 1.34　梁、柱节点断面图

2. 重合断面图

断面图绘制在投影图内,则称为重合断面图。重合断面图的轮廓线应用细实线绘制。对称的重合断面图可省略标注,如图 1.35(a)所示。不对称的重合断面图应标注出剖切位置线,用粗实线表示,字母标注在投射方向的一侧,如图 1.35(b)所示,投射方向是从左向右的。另外,重合断面的图线与视图的图线应有所区别,若重合的断面的图线为粗实线,视图的图线则应用细实线,反之则用粗实线。

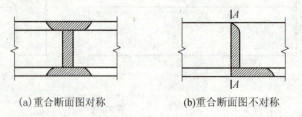

(a)重合断面图对称　　　　(b)重合断面图不对称

图 1.35　重合断面图

3. 中断断面图

当中断形体较粗没有变化时,则可将断面图画在视图中间的断开处,称为中间断面。中断断面图只适用于杆件较长、断面形状单一且对称的物体。中断断面图的轮廓线用粗实线绘制,投影图的中断处用波浪线或折断线绘制。中断断面图不需要标注剖切符号。

1.5.4 断面图与剖面图的区别

断面图与剖面图一样,都是用来表示形体内部形状,但两者也是有区别的,如图1.36所示。

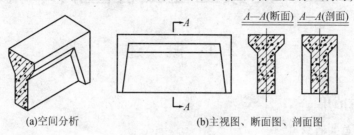

(a)空间分析　　　　(b)主视图、断面图、剖面图

图1.36　断面图与剖面图

断面图只应画出形体被剖开后断面的投影,面的投影;但是剖面图则要画出形体被剖开后整个余下部分的投影,体的投影。剖切符号的标注不同。断面图的剖切符号只画出剖切位置线,不画投射方向线,而是用编号的注写位置来表示剖切后的投射方向。编号写在剖切位置线的下侧,表示向下投影;注写在左侧,表示向左投射。剖面图中的剖切平面可转折,断面图中的剖切平面则不可转折。

第2章 市政工程工程量清单编制

2.1 概 述

2.1.1 工程量清单

1. 工程量清单的概念

工程量清单是表现拟建工程的分部分项工程项目、措施项目、其他项目、规费项目和税金项目的名称和相应数量的明细清单,由招标人按照《建设工程工程量清单计价规范》(GB 50500—2008)(以下简称《清单计价规范》)附录中统一的项目编码、项目名称、计量单位和工程量计算规则、招标文件及施工图、现场条件计算出的构成工程实体,可供编制招标控制价及投标报价的实物工程量的汇总清单,是工程招标文件的组成内容,其内容包括分部分项工程量清单、措施项目清单、其他项目清单、规费项目清单及税金项目清单。

2. 工程量清单的作用

工程量清单是工程量清单计价的基础,应作为编制招标控制价、投标报价、计算工程量、支付工程款、调整合同价款、办理竣工结算,以及工程索赔等的重要依据。

工程量清单的作用主要表现在以下几方面:
(1)工程量清单可作为编制招标控制价、投标报价的依据。
(2)工程量清单可作为支付工程进度款和办理工程结算的依据。
(3)工程量清单可作为调整工程量和工程索赔的依据。

2.1.2 工程量清单计价

1. 工程量清单计价的概念

工程量清单计价是指投标人完成由招标人提供的工程量清单所需的全部费用,包括分部分项工程费、措施项目费、其他项目费和规费、税金。

工程量清单计价是建设工程招标投标中,按照国家统一的工程量清单计价规范,由招标人提供工程数量,投标人自主报价,经评审低价中标的工程造价计价模式。采用工程量清单计价能反映工程个别成本,有利于企业自主报价和公平竞争。

2. 工程量清单计价的意义

实行工程量清单计价具有深远的意义,主要表现在以下几方面:
(1)实行工程量清单计价是深化工程造价管理改革,推进建设市场化的重要途径。
(2)在建设工程招标投标中实行工程量清单计价,是规范建筑市场秩序的治本措施之一,是适应社会主义市场经济的需要。
(3)实行工程量清单计价,是与国际接轨的需要。
(4)实行工程量清单计价,是促进建设市场有序竞争和企业健康发展的需要。
(5)实行工程量清单计价,有利于我国工程造价政府职能的转变。

2.2 工程量清单的编制

2.2.1 工程量清单编制的一般规定

(1)工程量清单应由具有编制能力的招标人或受其委托具有相应资质的工程造价咨询人编制。

(2)采用工程量清单方式招标,工程量清单必须作为招标文件的组成部分,其准确性和完整性由招标人负责。

(3)工程量清单是工程量清单计价的基础,应作为标准招标控制价、投标报价、计算工程量、支付工程款、调整合同价款、办理竣工结算及工程索赔等的依据。

(4)工程量清单应由分部分项工程量清单、措施项目清单、其他项目清单、规范项目清单和税金项目清单组成。

(5)编制工程量清单的依据:

1)《清单计价规范》。

2)国家或省级、行业建设主管部门颁发的计价依据和办法。

3)建设工程设计文件。

4)与建设工程项目有关的标准、规范、技术资料。

5)招标文件及补充通知、答疑纪要。

6)施工现场情况、工程特点及常规施工方案。

7)其他相关资料。

2.2.2 分部分项工程量清单

分部分项工程量清单是指表示拟建工程分项实体工程项目名称和相应数量的明细清单,其应包括项目编码、项目名称、项目特征、计量单位和工程量,这是构成分部分项工程量清单的五个要件,在分部分项工程量清单的组成中缺一不可。

1.项目编码

分部分项工程量清单项目编码以五级编码设置,各级编码设置如下:

(1)第一级分两位(一、二位),表示工程分类顺序码:建筑工程为01、装饰装修工程为02、安装工程为03、市政工程为04、园林绿化工程为05、矿山工程为06。

(2)第二级分两位(三、四位),表示专业工程顺序码。

(3)第三级分两位(五、六位),表示分部工程顺序码。

(4)第四级分三位(七、八、九位),表示分项工程项目顺序码。

(5)第五级分三位(十、十一、十二位),表示工程量清单项目顺序码。市政工程项目编码结构如图2.1所示。

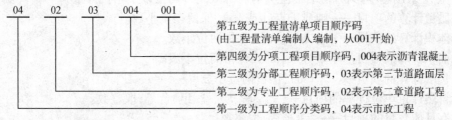

图 2.1 市政工程项目编码顺序结构图

当同一标段(或合同段)的一份工程量清单中含有多个单位工程且工程量清单是以单位工程为编制对象时,在编制工程量清单时应特别注意对项目编码十到十二位的设置不得有重码的规定。如一个标段(或合同段)的工程量清单中含有三个单位工程,每一单位工程中都有项目特征相同的圆木桩,在工程量清单中又需反映三个不同单位工程的圆木桩工程量时,则第一个单位工程的圆木桩的项目编码应为040301001001,第二个单位工程的圆木桩的项目编码应为040301001002,第三个单位工程的圆木桩的项目编码应为040301001003,并分别列出各单位工程圆木桩的工程量。

2. 项目名称

《清单计价规范》附录表中的"项目名称"为分项工程项目名称,它是形成分部分项工程量清单项目名称的基础,在此基础上增填相应项目特征,即清单项目名称。分项工程项目名称通常根据工程实体命名,项目名称如有缺项,招标人可按相应的原则进行补充,并报当地工程造价管理部门备案。

3. 项目特征

分部分项工程量清单项目特征应按《清单计价规范》附录中规定的项目特征,结合拟建工程项目的实际予以描述。

工程量清单的项目特征是确定一个清单项目综合单价不可缺少的主要依据。对工程量清单项目的特征描述具有十分重要的意义,其主要体现在以下几方面:

(1)项目特征是区分清单项目的依据。工程量清单项目特征是用来表述分部分项清单项目的实质内容,用于区分计价规范中同一清单条目下各个具体的清单项目。没有项目特征的准确描述,对于相同或相似的清单项目名称,就无从区分。

(2)项目特征是确定综合单价的前提。由于工程量清单项目的特征决定了工程实体的实质内容,必然直接决定了工程实体的自身价值。因此,工程量清单项目特征描述得准确与否,直接关系到工程量清单项目综合单价的准确确定。

(3)项目特征是履行合同义务的基础。实行工程量清单计价,工程量清单及综合单价是施工合同的组成部分,因此,如果工程量清单项目特征的描述不清甚至漏项、错误,从而引起在施工过程中的更改,都会引起分歧,导致纠纷。

编制工程量清单出现《清单计价规范》附录中未包括的项目,编制人应作补充,并报省级或行业工程造价管理机构备案,省级或行业工程造价管理机构应汇总报住房和城乡建设部标准定额研究所。

补充项目的编码由附录的顺序码与B和三位阿拉伯数字组成,并应从×B001起按顺序编制,同一招标工程的项目不得重码。工程量清单中需附有补充项目的名称、项目特征、计量单位、工程量计算规则、工程内容。

4. 计量单位

计量单位应采用基本单位,除各专业另有特殊规定外均按以下单位计量:

(1)以质量计算的项目——吨或千克(t或kg),保留三位小数。

(2)以体积计算的项目——立方米(m^3),保留两位小数。

(3)以面积计算的项目——平方米(m^2),保留两位小数。

(4)以长度计算的项目——米(m),保留两位小数。

(5)以自然计量单位计算的项目——个、套、块、樘、组、台等,取整数。

(6)没有具体数量的项目——宗、项等,取整数。

各专业有特殊计量单位的,另外加以说明。

5. 工程量

工程量主要通过工程量计算规则计算得到。工程量计算规则是指对清单项目工程量的计算规定。除另有说明外,所有清单项目的工程量应以实体工程量为准,并以完成后的净值计算,投标人投标报价时,应在单价中考虑施工中的各种损耗和需要增加的工程量。

2.2.3 措施项目清单

(1)措施项目清单应根据拟建工程的实际情况列项。通用措施项目可按表2.1选择列项,专业工程的措施项目可按《清单计价规范》附录中规定的项目选择列项。若出现《清单计价规范》中未列的项目,可根据工程实际情况进行补充。

表2.1 通用措施项目一览表

序号	项目名称
1	安全文明施工(含环境保护、文明施工、安全施工、临时设施)
2	夜间施工
3	二次搬运
4	冬雨期施工
5	大型机械设备进出场及安拆
6	施工排水
7	施工降水
8	地上、地下设施,建筑物的临时保护设施
9	已完工程及设备保护

(2)措施项目中可以计算工程量的项目清单宜采用分部分项工程量清单的方式编制,列出项目编码、项目名称、项目特征、计量单位和工程量计算规则;不能计算工程量的项目清单,以"项"为计量单位。

2.2.4 其他项目清单

1. 暂列金额

暂列金额是"招标人在工程量清单中暂定并包括在合同价款中的一笔款项"。暂列金额的定义是非常明确的,只有按照合同缩写程序实际发生后,才能成为中标人的应得金额,纳入合同结算价款中。扣除实际发生金额后的暂列金额余额仍归招标人所有。设立暂列金额并不能保证合同结算价格就不会再出现超过合同价格的情况,是否超出合同价格完全取决于工程量清单编制人对暂列金额预测的准确性,以及工程建设过程是否出现了其他事先未预测到的事件。

2. 暂估价

暂估价是指招标阶段直至签订合同协议时,招标人在招标文件中提供的用于支付必然要发生但暂时不能确定价格的材料,以及需另行发包的专业工程金额。一般而言,为方便合同管理和计价,需要纳入分部分项工程量清单项目综合单价中的暂估价则最好只是材料费,以方便投标人组价。以"项"为计量单位给出的专业工程暂估价一般应是综合暂估价,应当包括除规费、税金以外的管理费和利润等。

3. 计日工

计日工是为了解决现场发生的零星工作的计价而设立的。国际上常见的标准合同条款中,大多数都设立了计日工计价机制。计日工以完成零星工作所消耗的人工工时、材料数量、机械台班进行计量,并按照计日工表中填报的适用项目的单价进行计价支付。计日工适用的所谓零星工作通常是指合同约定之外的或者因变更而产生的、工程量清单中没有相应项目的额外工作,特别是那些时间不允许事先商定价格的额外工作。计日工为额外工作和变更的计价提供了一个方便快捷的途径。

4. 总承包服务费

总承包服务费是为了解决招标人在法律、法规允许的条件下进行专业工程发包及自行采购供应材料和设备时,要求总承包人对发包的专业工程提供协调和配合服务(如分包人使用总包人的脚手架、水电接剥等);对供应的材料、设备提供收、发和保管服务及对施工现场进行统一管理;对竣工资料进行统一汇总整理等发生并向总承包人支付的费用。招标人应当预计该项费用并按投标人的投标报价向投标人支付该项费用。

2.2.5 规费项目清单

规费是根据省级政府或省级有关权力部门规定必须缴纳的,应计入建筑安装工程造价的费用。根据原建设部、财政部"关于印发《建筑安装工程费用项目组成》的通知"(建标[2003]206号)的规定,规费包括工程排污费、工程定额测定费、社会保障费(养老保险、失业保险、医疗保险)、住房公积金、危险作业意外伤害保险。清单编制人对《建筑安装工程费用项目组成》未包括的规费项目,在编制规费项目清单时应根据省级政府或省级有关权力部门的规定列项。

规费项目清单中应按下列内容列项:
(1)工程排污费。
(2)工程定额测定费。
(3)社会保障费:包括养老保险费、失业保险费、医疗保险费。
(4)住房公积金。
(5)危险作业意外伤害保险。

2.2.6 税金项目清单

根据原建设部、财政部"关于印发《建筑安装工程费用项目组成》的通知"(建标[2003]206号)的规定,目前我国税法规定应计入建筑安装工程造价的税种包括营业税、城市建设维护税及教育费附加。如国家税法发生变化,税务部门依据职权增加了税种,应对税金项目清单进行补充。

税金项目清单应按下列内容列项:
(1)营业税。
(2)城市维护建设税。
(3)教育费附加。

2.3 工程量清单计价的编制

2.3.1 工程量清单计价的基本过程

工程量清单计价的基本过程是在统一的工程量计算规则的基础上,制定工程量清单项目设置规则,根据具体工程的施工图纸计算出各个清单项目的工程量,再根据各种渠道所获得的工程造价信息和经验数据计算得到工程造价。这一基本的计算过程如图2.2所示。

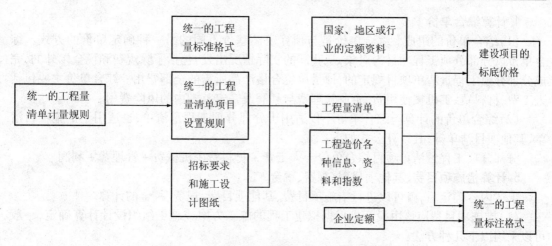

图 2.2 工程造价工程量清单计价过程示意图

从图中可以看出,其编制过程可以分为工程量清单格式的编制和利用工程量清单来编制投标报价两个阶段。投标报价是在业主提供的工程量计算结果的基础上,根据企业自身所掌握的各种信息和资料,结合企业定额编制出来的。

2.3.2 工程量清单计价编制步骤

1. 研究招标文件,熟悉图纸

(1)熟悉工程量清单。工程量清单是计价最重要的依据,必须全面了解所有清单项目的特征描述,熟悉其所含工作内容,做到不漏项,不重复计算。

(2)研究招标文件。工程招标文件的有关条款和要求是计算工程造价的重要依据。工作内容如下:

1)分专业对施工图进行工程量审查。

2)根据图纸说明和各种选用规范对工程量清单项目进行审查。

3)根据技术要求和招标文件的具体要求,对增加工程内容进行审查。

(3)熟悉施工图纸。

1)按设计要求,收集选用的标准图和大样图。

2)认真阅读设计说明,掌握施工要求及特点。

3)了解本专业施工与其他专业施工工序之间的关系。

4)对图中的错、漏及表示不清楚的地方予以记录,以便在招标答疑会上询问解决。

(4)熟悉工程量计算规则。

(5)了解施工组织设计。

(6)熟悉加工订货的有关情况。

(7)明确主材和设备的来源情况。

2. 计算工程量

清单计价的工程量计算主要有两部分:一是核算工程量清单所提供清单项目工程量是否准确;二是计算每个清单项目所组合的工程项目工程量,以便进行单价分析。

3. 确定措施项目清单内容

措施清单项目计价时,首先应详细分析其所含工程内容。编制措施项目清单应力求全面,可参照规范列项。若出现表中未列项目,可作补充,并在序号栏中以"补"示之。

4. 计算综合单价

(1)综合单价的组成。综合单价是与预算定额基价不同的另一种确定单价的方式。综合单价以分部分项工程项目为对象,从我国的实际情况出发,包括了除规费和税金以外的,完成分部分项工程量清单项目规定的,计量单位合格产品所需的全部费用。综合单价主要包括人工费、材料费、工机械使用费、企业管理费与利润及一定范围内的风险费用。

(2)综合单价的计算。综合单价不仅适用于分部分项工程量清单,也适用于措施项目清单、其他项目清单等,其计算公式如下:

分部分项工程量清单项目综合单价 = 人工费 + 材料费 + 机械费 + 管理费 + 利润

5. 计算措施项目费、其他项目费、规费、税金

上述内容确定后,就可以进行措施项目费、其他项目费、规费、税金的计算。

(1)措施项目费应该由投标人根据拟建工程的施工方案或施工组织设计计算确定,一般可以采用以下几种方法:

1)依据定额计算。脚手架、大型机械设备进出场及安拆费、垂直运输机械费等可以根据已有的定额计算确定。

2)按系数计算。临时设施费、安全文明施工增加费和夜间施工增加费等,可以按直接费为基础乘以适当的系数确定。

3)按收费规定计算。室内空气污染测试费和环境保护费等可以按有关规定计取费用。

(2)其他项目费。招标人部分的其他项目费可按估算金额确定;投标人部分的总承包服务费应根据招标人提出要求按所发生的费用确定;计日工费应根据"计日工表"确定。

其他项目清单中的暂列金额、材料暂估价和计日工费均为预测和估算数额,虽在投标时计入投标人的报价中,但不应属于投标人所有。竣工结算时,应按承包人实际完成的工作内容结算,剩余部分仍归招标人所有。

6. 工程量清单计价方法及计价程序

工程量清单计价方法及计价程序应按各地的有关规定计算,见表2.2。

表2.2 工程量清单计价程序

序号	名称	计算方法
1	分部分项工程费	∑(清单工程量 + 综合单价)
2	措施项目费	按规定计算
3	其他项目费	按规定计算
4	规费	(1 + 2 + 3) × 费率
5	不含税工程造价	1 + 2 + 3 + 4
6	税金	按税务部门规定计算
7	含税工程造价	5 + 6

2.4 工程量清单计价模式下费用组成与计算

工程量清单计价模式的费用构成包括分部分项工程费、措施项目费、其他项目费,以及规费和税金。

工程量清单计价模式下的市政工程费用构成如图2.3所示。

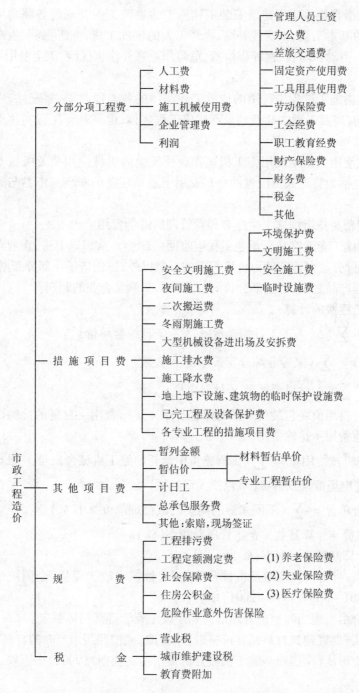

图 2.3 工程量清单计价模式下的市政工程费用组成示意图

2.4.1 分部分项工程费

1. 分部分项工程费的组成

分部分项工程费是指完成工程量清单中的一个规定计量单位项目所需的人工费、材料费、施工机械使用费、企业管理费和利润,并考虑风险因素。

(1)人工费是指直接从事于建筑安装工程施工的生产工人开支的各项费用。人工费主要包括生产工人的基本工资、工资性补贴、生产工人的辅助工资、职工福利、生产工人劳动保护费、住房公积金、劳动保险费、医疗保险费、危险作业意外伤害保险、工会费用和职工教育经费等。

(2)材料费是指施工过程中耗用的构成工程实体的各类原材料、零配件、成品及半成品等主要材料的费用,以及工程中耗费的虽不构成工程实体,但有利于工程实体形成的各类消耗性材料费用的总和。

(3)施工机械使用费是指使用施工机械作业所发生的机械使用费及机械安拆和进出场费。施工机械不包括为管理人员配置的小车及用于通勤任务的车辆等不参与施工生产的机械设备的台班费。

(4)企业管理费是指组织施工生产和经营管理所需的费用。

(5)利润是指施工企业完成所承包工程应收回的酬金。从理论上讲,企业全部劳动成员的劳动,除掉因支付劳动力按劳动力价格所得的报酬以外,还创造了一部分新增的价值,这部分价值凝固在工程产品之中,即这部分价值的价格形态就是企业的利润。

2. 分部分项工程费的计算

(1)人工费 = $\sum [\Delta(人工工日消耗量 \times 人工工日综合单价)]$。

综合工日单价 = $\sum (某专业综合工日单价 \times 权数)$。

(2)材料费 = $\sum (\Delta 材料消耗量 \times 材料单价)$。

材料单价 = 材料原价 + 包装费 + 采购保管费用 + 运输费用 + 材料的检验试验费用 + 其他费用 + 运输费用。

(3)施工机械机械使用费 = $\sum$(工程施工中消耗的施工机械台班量 × 机械台班综合单价) + 施工机械进出场费及安拆费(不包括大型机械)。

机械台班综合单价 = $\sum$(不同来源的同类机械台班单价 × 权数)。

(4)企业管理费 = 计算基数 × 企业管理费费率(%)。

(5)利润 = 计算基础 × 利润率(%)。

综合工日定额、材料消耗定额及机械台班定额,根据市政工程从《全国统一市政工程预算定额》(GYD—301~309—1999~2001)中查取。

人工工日单价由当地当时物价管理部门和建设工程管理部门等制定。

材料单价可从《地区建筑材料预算价格表》中查取,或按照当地当时的材料零售价格。

机械台班单价可从《全国统一施工机械台班费用编制规则》(2001)中查取。

2.4.2 措施项目费

1. 措施项目费组成

措施费是指为完成工程项目施工,发生于该工程施工前和施工过程中非工程实体项目的费用。具体内容如下所示:

(1)环境保护费。环境保护费是指施工现场为达到环保部门要求所需要的各项费用。

(2)文明施工费。文明施工费是指施工现场文明施工所需要的各项费用。

(3)安全施工费。安全施工费是指施工现场安全上所需要的各项费用。

(4)临时设施费。临时设施费是指施工企业为进行建筑工程施工所必须搭设的生活和生产用的临时建筑物、构筑物和其他临时设施费用等。

临时设施包括临时宿舍、文化福利及公用事业房屋与构筑物,仓库、办公室、加工厂及规定范围内道路、水、电、管线等临时设施和小型临时设施。

临时设施费用包括临时设施的搭设、维修、拆除费或摊销费。

(5)夜间施工费。夜间施工费是指因夜间施工所发生的夜班补助费、夜间施工降效、夜间施工照明设备摊销及照明用电等费用。

(6)二次搬运费。二次搬运费是指因施工场地狭小等特殊情况而发生的一次搬运费用。

(7)大型机械设备进出场及安拆费。大型机械设备进出场及安拆费是指机械整体或分体自停放地点运至施工现场或由一施工地点运至另一施工地点,所发生的机械进出场运输及转移费用及机械在施工现场进行安装、拆卸所需的人工费、材料费、机械费、试运转费和安装所需的辅助设施的费用。

(8)混凝土、钢筋混凝土模板及支架费。混凝土、钢筋混凝土模板及支架费是指混凝土施工过程中需要的各种钢模板、木模板、支架等的支、拆、运输费用及模板、支架的摊销(或租赁)费用。

(9)脚手架费。脚手架费是指施工需要的各种脚手搭、拆、运输费用及脚手架的摊销(或租赁)费用。

(10)已完工程及设备保护费。已完工程及设备保护费是指竣工验收前,对已完工程及设备进行保护所需费用。

(11)施工排水、降水费。施工排水、降水费是指为确保工程在正常条件下施工,采取各种排水、降水措施所发生的各种费用。

2. 措施项目费计算

(1)按费率计算的措施项目费有:环境保护费、文明施工费、安全施工费、临时设施费、夜间施工费、二次搬运费等。

按费率计算,是指按费率乘以直接费或人工费计算,其计算公式为

措施项目费 = 人工费 × 费率 或:措施项目费 = 直接工程费 × 费率

1)措施项目费的计算基数可以是人工费,也可以是直接工程费。

人工费是指分部分项工程费中人工费的总和;直接工程费是指分部分项工程费中人工费、材料费、机械费的总和。措施项目费的计算基数应以当地的具体规定为准。

2)措施项目费的费率。根据我国目前的实际情况,措施项目费的费率有按当地行政主管部门规定计算和企业自行确定两种情况。

① 按当地行政主管部门规定计算。为防止建筑市场的恶性竞争,确保安全生产、文明施工,以及安全文明施工措施的落实到位,切实改善施工从业人员的作业条件和生产环境,防止安全事故发生,《清单计价规范》中规定,措施项目清单中的安全文明施工费应按照国家或省级、行业建设主管部门的规定计价,不得作为竞争性费用。

环境保护费,应按照当地环境保护部门的规定计算。

② 企业自行确定。企业根据自己的情况并结合工程实际自行确定措施费的计算费率。

费用包括夜间施工费、二次搬运费。

(2)按综合单价计算。按综合单价计算,即按工程量乘以综合单价计算,即

$$措施费 = \sum (工程量 \times 综合单价)$$

其计算方法同分部分项工程费的计算方法。按综合单价计算的费用包括大型机械设备进出场及安装拆除费、混凝土及钢筋混凝土模板及支架费、脚手架费、施工排水降水费、垂直运输机械费等。

混凝土及钢筋混凝土模板及支架费(简称模板费),各地定额的规定不同,其计算方法也不同。有的地区规定按混凝土构件的体积乘以综合单价计算,有的地区规定按混凝土模板的接触面积乘以综合单价计算。

(3)按经验计算。措施项目费的计算一般可根据上述两种方法计算,也可根据经验计算。如:混凝土及钢筋混凝土模板费、脚手架费、垂直运输费。

1)混凝土及钢筋混凝土模板费可根据以往经验,按建筑面积分不同的结构类型,并结合市场价格计算。

2)垂直运输费可根据工程的工期及垂直运输机械的租金计算。

3)脚手架费可根据不同的结构类型及建筑物的高度,按每平方米面积多少价值综合计算。

措施项目费计算,应在实际工作中不断积累经验,形成自己的经验数据,以便正确的计算措施项目费。

2.4.3 其他项目费

1. 其他项目费的组成

其他项目费包括暂列金额、暂估价(包括材料暂估单价、专业工程暂估价)、计日工、总承包服务费及其他费用(如:索赔、现场签证等)。暂列金额是招标人在工程量清单中暂定并包括在合同价款中的一笔款项。用于施工合同签订时尚未确定或者不可预见的所需材料、设备、服务的采购,施工中可能发生的工程变更、合同约定调整因素出现时的工程价款调整,以及发生的索赔、现场签证确认等费用。暂估价是招标人在工程量清单中提供的用于支付必然发生但暂时不能确定价格的材料的单价,以及专业工程的金额。计日工是在施工过程中,完成发包人提出的施工图纸以外的零星项目或工作,按合同中约定的综合单价计价。总承包服务费是总承包人为配合协调发包人进行的工程分包自行采购的设备、材料等进行管理、服务,以及施工现场管理、竣工资料汇总整理等服务所需的费用。索赔是在合同履行过程中,对于非己方的过错而应由对方承担责任的情况造成的损失,向对方提出补偿的要求。现场签证是发包人现场代表与承包人现场代表就施工过程中涉及的责任事件所作的签认证明。

2. 其他项目费的计算

(1)暂列金额。暂列金额由招标人根据工程特点,按有关计价规定进行估算确定。为保证工程施工建设的顺利实施,在编制招标控制价时应对施工过程中可能出现的各种不确定因素对工程造价的影响进行估算,列出一笔暂列金额。暂列金额可根据工程的复杂程度、设计深度、工程环境条件(包括地质、水文、气候条件等)进行估算,一般可按分部分项工程费的10%~15%作为参考。

(2)暂估价。暂估价包括材料暂估价和专业工程暂估价。暂估价中的材料单价应按照工程造价管理机构发布的工程造价信息或参考市场价格确定;暂估价中的专业工程暂估价应分不同专业,按有关计价规定估算。

(3)计日工。计日工包括计日工人、材料和施工机械。在编制招标控制价时,对计日工中的人工单价和施工机械台班单价应按省级、行业建设主管部门或其授权的工程造价管理机构公布的单价计算;材料应按工程造价管理机构发布的工程造价信息中的材料单价计算,工程造价信息未发布材料单价的材料,其价格应按市场调查确定的单价计算。

(4)总承包服务费。招标人应根据招标文件中列出的内容和向总承包人提出的要求,参照下列标准计算:

1)招标人仅要求对分包的专业工程进行总承包管理和协调时,按分包的专业工程估算造价的1.5%计算。

2)招标人要求对分包的专业工程进行总承包管理和协调,并同时要求提供配合服务时,根据招标文件中列出的配合服务内容和提出的要求,按分包的专业工程估算造价的3%~5%计算。

3)招标人自行供应材料的,按招标人供应材料价值的1%计算。

2.4.4 规费

1. 规费的组成

(1)工程排污费:是指施工现场按规定缴纳的工程排污费。

(2)工程定额测定费:是指按规定支付工程造价(定额)管理部门的定额测定费。

(3)社会保障费,包括以下几点:

1)养老保险费:是指企业按规定标准为职工缴纳的基本养老保险费。

2)失业保险费:是指企业按照国家规定标准为职工缴纳的失业保险费。

3)医疗保险费:是指企业按照规定标准为职工缴纳的基本医疗保险费。

(4)住房公积金:是指企业按规定标准为职工缴纳的住房公积金。

(5)危险作业意外伤害保险:是指按照建筑法规定,企业为从事危险作业的建筑安装施工人员支付的意外伤害保险费。

2. 规费的计算

(1)根据本地区典型工程发承包价的分析资料综合取定规费计算中所需的数据。

1)每万元发承包价中的人工费和机械费含量。

2)人工费占直接费的比例。

3)每万元发承包价中所含规费缴纳标准的各项基数。

(2)规费费率的计算公式。

1)以直接费为计算基础:

$$规费费率(\%) = \frac{\sum 规费缴纳标准 \times 每万元发承包价计算基数}{每万元发承包价中的人工费含量} \times 人工费占直接工程费比例(\%)$$

2)以人工费为计算基础:

$$规费费率(\%) = \frac{\sum 规费缴纳标准 \times 每万元发承包价计算基数}{每万元发承包价中的人工费含量} \times 100\%$$

3)以人工费和机械费合计为计算基础:

$$规费费率(\%) = \frac{\sum 规费缴纳标准 \times 每万元发承包价计算基数}{每万元发承包价中的人工费和机械费含量} \times 100\%$$

规费费率一般以当地政府或有关部门制定的费率标准执行。

(3)规费计算:

规费 = 计算基数 × 规费费率(%)

投标人在投标报价时,规费的计算,一般按国家及有关部门规定的计算公式及费率标准计算。

2.4.5 税金

1. 税金的组成

税金是国家税法规定的应计入建筑安装工程造价内的营业税、城市维护建设税及教育费附加等。

(1)营业税。营业税是按计税营业额乘以营业税税率确定。其中,建筑安装企业营业税税率为3%。计税营业额是含税营业额,指从事建筑、安装、修缮、装饰及其他工程作业收取的全部收入,包括建筑、修缮、装饰工程所用原材料及其他物资和动力的价款。当安装的设备的价值作为安装工程产值时,也包括所安装设备的价款。但建筑安装工程总承包方将工程分包或转包给他人的,其营业额中不包括付给分包或转包方的价款。营业税的纳税地点为应税劳务的发生地。

(2)城市维护建设税。纳税人所在地为市区的,按营业税的7%征收;纳税人所在地为县城镇的,按营业税的5%征收;纳税人所在地为农村的,按营业税的1%征收。城建税的纳税地点与营业税纳税地点相同。

(3)教育费附加。教育费附加一律按营业税的3%征收,建筑安装企业的教育费附加要与其营业税同时缴纳。即使办有职工子弟学校的建筑安装企业也应当先缴纳教育费附加,教育部门可根据企业的办学情况,酌情返还给办学单位,作为对办学经费的补助。

2. 税金的计算

税金计算公式如下:

应纳税额 = (直税前造价 + 利润) × 税率(%)

税率的计算因企业所在地的不同而不同。

(1)纳税地点在市区的企业:

$$税率(\%) = \frac{1}{1 - 3\% - (3\% \times 7\%) - (3\% \times 3\%)} - 1$$

(2)纳税地点在县城、镇的企业:

$$税率(\%) = \frac{1}{1 - 3\% - (3\% \times 5\%) - (3\% \times 3\%)} - 1$$

(3)纳税地点不在市区、县城、镇的企业:

$$税率(\%) = \frac{1}{1 - 3\% - (3\% \times 1\%) - (3\% \times 3\%)} - 1$$

第3章 土石方工程工程量清单计价

3.1 清单工程量计算规则

3.1.1 挖土方工程

挖土方工程工程量清单项目设置及工程量计算规则应按表 3.1 中的规定执行。

表 3.1 挖土方（编码：040101）

项目编码	项目名称	项目特征	计量单位	工程量计算规则	工程内容
040101001	挖一般土方	1.土壤类别 2.挖土深度	m³	按设计图示开挖线以何种计算	1.土方开挖 2.围护、支撑 3.场内运输 4.平整、夯实
040101002	挖沟槽土方			原地面线以下按构筑物最大水平投影面积乘以挖土深度（原地面平均标高至槽坑底高度）以体积计算	
040101003	挖基坑土方			原地面线以下按构筑物最大水平投影面积乘以挖土深度（原地面平均标高至坑底高度）以体积计算	
040101004	竖井挖土方			按设计图示尺寸以体积计算	1.土方开挖 2.围护、支撑 3.场内运输
040101005	暗挖土方	土壤类别		按设计图示断面每间以长度以体积计算	1.土方开挖 2.围护、支撑 3.洞内运输 4.场内运输
040101006	挖淤泥	挖淤泥深度		按设计图示的位置及界限以体积计算	1.挖淤泥 2.场内运输

注：1.挖方应按天然密实度体积计算，填方应按压实后体积计算。

2.沟槽、基坑、一般土石方的划分应符合下列规定：

(1)底宽 7 m 以内，底长大于底宽 3 倍以上应按沟槽计算。

(2)底长小于底宽 3 倍以下，底面积在 150 m² 以内应按基坑计算。

(3)超过上述范围应按一般土石方计算。

3.1.2 挖石方工程

挖石方工程工程量清单项目设置及工程量计算规则应按表3.2中的规定执行。

表3.2 挖石方(编码:040102)

项目编码	项目名称	项目特征	计量单位	工程量计算规则	工程内容
040102001	挖一般石方			按设计图示开挖线以体积计算	1.石方开凿 2.围护、支撑 3.场内运输 4.修整底、边
040102002	挖沟槽石方	1.岩石类别 2.开凿深度	m³	原地面线以下按构筑物最大水平投影面积每间挖石深度(原地面平均标高至槽底高度)以体积计算	
040102003	挖基坑石方			按设计图示尺寸以体积计算	

注:沟槽、基坑、一般土石方的划分应符合下列规定:
(1)底宽7 m以内,底长大于底宽3倍以上应按沟槽计算。
(2)底长小于底宽3倍以下,底面积在150 m² 以内应按基坑计算。
(3)超过上述范围应按一般土石方计算。

3.1.3 填方及土石方运输工程

填方及土石方运输工程工程量清单项目设置及工程量计算规则应按表3.3中的规定执行。

表3.3 填方及土石方运输(编码:040103)

项目编码	项目名称	项目特征	计量单位	工程量计算规则	工程内容
040103001	填方	1.填方材料品种 2.密实度		1.按设计图示尺寸以体积计算 2.按挖方清单项目工程量减基础、构筑物埋入体积加原地面线至设计要求标高间的体积计算	1.填方 2.压实
040103002	余方弃置	1.废弃料品种 2.运距	m³	按挖方清单项目工程量减利用回填方体积(正数)计算	余方点装料运输至弃置点
040103003	缺方内运	1.填方材料品种 2.运距		按挖方清单项目工程量减利用回填方体积(负数)计算	取料点装料运输至缺方点

注:填方应按压实后体积计算。

3.2 清单项目相关说明

3.2.1 挖土方工程

1. 挖一般土方

(1)挖一般土方在编列清单项目时,按划分的原则进行列项。

(2)挖一般土方的清单工程量按原地面线与开挖达到设计要求线间的体积计算。

(3)挖一般土方,就市政工程来说一般是路基挖方和广场挖方。路基挖方一般用平均横断面法计算,广场挖方一般采用方格网法进行计算。如遇到原有道路拆除,拆除部分应另列清单项目。道路的挖方量应不包括拆除量。

2. 挖沟槽土方

(1)挖沟槽土方在编列清单项目时,按划分原则进行列项。

(2)挖沟槽土方的清单工程量按原地面线以下构筑物最大水平投影面积乘以挖土深度(原地面平均标高至坑、槽底平均标高的高度)以体积计算,如图3.1所示。

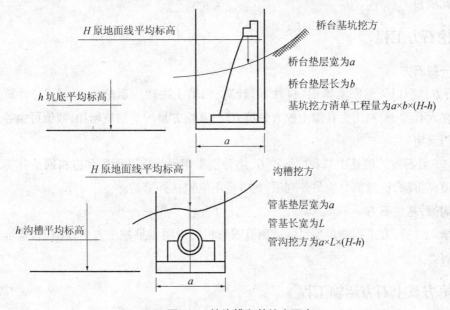

图3.1 挖沟槽和基坑土石方

(3)挖沟槽土方的清单工程量按原地面以下的构筑物最大水平投影乘以水平挖方深度计算。

3. 挖基坑土方

挖基坑土方与挖沟槽土方相同,其清单工程量也按原地面以下的构筑物最大水平投影乘以水平挖方深度计算。

4. 竖井挖土方

（1）竖井挖土方是指在土质隧道、地铁中除用盾构法挖竖井外，其他方法挖竖井土方用此项目。

（2）市政管网中各种井的井位挖方计算。因为管沟挖方的长度按管网铺设的管道中心线的长度计算，所以管网中的各种井的井位挖方清单工程量必须扣除与管沟重叠部分的方量，如图3.2所示只计算斜线部分的方量。

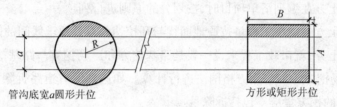

图3.2 井位挖方示意图

5. 暗挖土方

暗挖土方是指在土质隧道、地铁中除用盾构掘进和竖井挖土方外，用其他方法挖洞内土方工程用此项目。

3.2.2 挖石方工程

1. 挖一般石方

（1）石方体积以天然密实体积（自然方）计算，回填土按碾压后的体积（实方）计算。有的地区存在大孔隙土，利用大孔隙土挖方做填方时，其挖方量的系数应增加，数值可由各地定额管理部门确定。

（2）挖一般石方一般是中基和广场挖方，应分别采用平均横断面法和方格网法计算。如遇到原有道路拆除，拆除部分应另外列项，挖方量不应包括拆除量。

2. 挖沟槽、基坑石方

挖沟槽、基坑石方工程清单项目的适用范围与相关说明参见挖土方中挖沟槽、基坑土方的相关内容。

3.2.3 填方及土石方运输工程

1. 填方

（1）填方包括用各种不同的填筑材料填筑，填筑的填方均用此项目。

（2）填方以压实（夯实）后的体积计算。

（3）道路填方按设计线与原地面线之间的体积计算如图3.3所示。

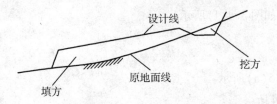

图 3.3 道路填方示意图

(4)沟槽及基坑填方按沟槽或基坑挖方清单工程量减埋入构筑物的体积计算,如有原地面以上填方则再加上这部分体积,即填方量。

(5)路基填方按路基设计线与原地面线之间的体积计算。

(6)沟槽、基坑填方的清单工程量按相关的挖方清单工程量减包括垫层在内的构筑物埋入体积计算,如设计填筑线在原地面以上的话,还应加上原地面线至设计线之间的体积。

2. 土方运输

每个单位工程的挖方与填方应进行平衡,多余部分应列余方弃置的项目。如招标文件中指明弃置地点的,应列明弃置点及运距;如招标文件中没有列明弃置点的,将由投标人考虑弃置点及运距。缺少部分(即缺方部分)应列缺方内运清单项目。如招标文件中指明取方点的,则应列明到取方点的平均运距;如招标文件和设计图及技术文件中,对填方材料品种、规格有要求的也应列明,对填方密实度有要求的应列明密实度。

3.3 土石方工程量计算方法

3.3.1 挖沟槽土石方工程量计算

外墙沟槽:$V_{挖} = S_{断} L_{外中}$

内墙沟槽:$V_{挖} = S_{断} L_{基底净长}$

管道沟槽:$V_{挖} = S_{断} L_{中}$

其中沟槽断面有如下形式:

(1)钢筋混凝土基础有垫层。

1)两面放坡如图 3.4(a)所示:

$S_{断} = [(b+2\times0.3)+mh]h+(b'+2\times0.1)h'$

2)不放坡无挡土板如图 3.4(b)所示:

$S_{断} = (b+2\times0.3)h+(b'+2\times0.1)h'$

3)不放坡加两面挡土板如图 3.4(c)所示:

$S_{断} = (b+2\times0.3+2\times0.1)h+(b'+2\times0.1)h'$

4)一面放坡一面挡土板如图 3.4(d)所示:

$S_{断} = (b+2\times0.3+0.1+0.5mh)h+(b'+2\times0.1)h'$

(2)基础有其他垫层。

1)两面放坡如图 3.4(e)所示:

$S_{断} = [(b'+mh)h+b'h']$

2)不放坡无挡土板如图3.4(f)所示：
$S_{断} = b'(h + h')$

(3)基础无垫层。

1)两面放坡如图3.5(a)所示：
$S_{断} = [(b + 2c) + mh]h$

2)不放坡无挡土板如图3.5(b)所示：
$S_{断} = (b + 2c)h$

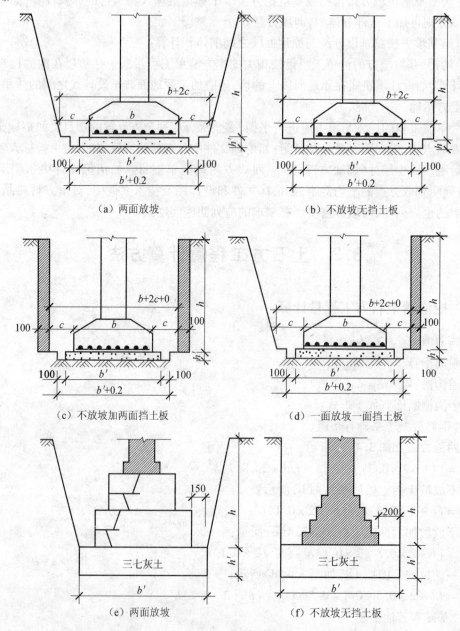

(a) 两面放坡　　　　　　　　(b) 不放坡无挡土板

(c) 不放坡加两面挡土板　　　(d) 一面放坡一面挡土板

(e) 两面放坡　　　　　　　　(f) 不放坡无挡土板

图3.4　沟槽断面

注：(a)~(d)图为基础有垫层时，(e)、(f)图为基础有其他垫层时。

3) 不放坡加两面挡土板如图 3.5(c) 所示：
$S_{断} = (b + 2c + 2 \times 0.1)h$
4) 一面放坡一面挡土板如图 3.5(d) 所示：
$S_{断} = (b + 2c + 0.1 + 0.5mh)h$

式中　$S_{断}$——沟槽断面面积，m^2；

　　　m——放坡系数；

　　　c——工作面宽度，m；

　　　h——从室外设计地面至基础底深度，即垫层上基槽开挖深度，m；

　　　h'——基础垫层高度，m；

　　　b——基础底面宽度，m；

　　　b'——垫层宽度，m。

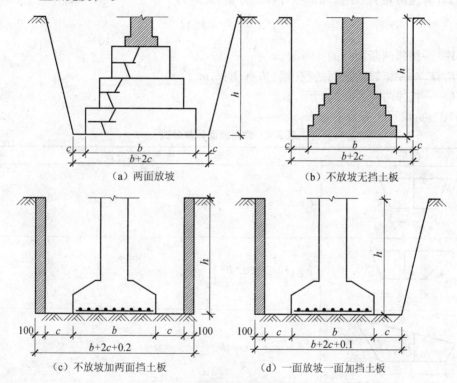

图 3.5　沟槽断面示意图

注：(a)~(d) 图为基础无垫层时。

3.3.2　大型土石方工程量计算

1. 横截面计算方法

横断面法适用于地形起伏变化较大或形状狭长的地带。方法是：

首先，根据地形图及总平面图，在要计算的场地上划出若干个横断面，相邻两横断面之间的间隔距离视地形变化而定。在起伏变化大的地段，布置密一些（即距离短一些）；反之则可适当长一些。如线路横断面在平坦地区，可取 50 m 间隔，山坡地区可取 20 m，遇到变化大的地段再加测断面。

然后，实测每个横断面上各特征点的标高，量出各点之间的距离（如果测区已有比较精确的大比例尺地形图,也可在图上设置横断面,用比例尺直接量取距离,按等高线求算高程,方法简捷,就其精度来说没有实测的高),按比例把每个横断面绘制到厘米方格纸上,并套上相应的设计断面,则自然地面和设计地面两轮廓线之间的部分,即需要计算的施工部分。

具体计算步骤如下所示:

(1)划横断面:根据地形图(或直接测量)及竖向布置图,将要计算的场地划分横断面 $A-A'$、$B-B'$、$C-C'$…。划分原则为垂直于等高线,或垂直于主要建筑物边长。横断面之间的间距可不等,地形变化复杂的间距宜小,反之宜大些,但最大不大于 100 m。

(2)画断面图形:按比例画制每个横断面的自然地面和设计地面的轮廓线。设计地面轮廓线与自然地面轮廓线之间的部分为填方和挖方的断面。

(3)计算横断面面积:按表3.4中的面积计算公式,计算每个断面的填方或挖方断面积。

(4)计算土方量:根据截面面积计算土方量,公式为

$$V = \frac{1}{2}(F_1 + F_2)l$$

式中　V——相邻两断面间的土方量,m^3;

F_1,F_2——相邻两断面的挖(填)方截面积,m^2;

L——相邻两断面间的间距,m。

(5)汇总:填写土方量汇总表。

表3.4　常用断面计算公式

图示	面积计算公式
	$F = h(b + nh)$
	$F = h\left[b + \dfrac{b(m+n)}{2}\right]$
	$F = b\dfrac{h_1 + h_2}{2} + nh_1 h_2$
	$F = h_1 \dfrac{a_1 + a_2}{2} + h_2 \dfrac{a_2 + a_3}{2} + h_3 \dfrac{a_3 + a_4}{2} + h_4 \dfrac{a_4 + a_5}{2}$
	$F = \dfrac{a}{2}(h_0 + 2h + h_n) h = h_1 + h_2 + h_3 + h_4 + h_5 + h_6$

2.方格网计算方法

方格网法适用于地形比较平坦或面积比较大的工程项目,如大型工业厂房及住宅区、车站、机场、广场等的场地平整。

方格网法与断面法一样,既可实测,也可在图上进行。如果施工区域已有1:500或1:1 000近期测定的比较准确的地形图,即可在图上进行。根据地形起伏情况,选择适当的方格网,一般常用20 m×20 m的方格。如地形复杂或精度要求高,可选用10 m×10 m或5 m×5 m方格;反之,可用大方格;但最大不宜超过50 m×50 m,按比例绘制到地形图上,按等高线求算每方格点地面的高程(此过程相当于实测过程),然后按坐标关系将设计标高套到方格网上,并算出每方格点的设计高程,根据地面高和设计高,求出每点施工高,标出正负,以示挖填。从方格点和方格边上找出挖填零点(即设计高和地面高相等,不挖不填的点),连接相邻零点,即可绘出开挖零线,据此,用几何方法按每格(可能是整方格,也可能是三角形或五边形)所围面积乘以各角点的平均高,得每格体积,按挖填分别相加汇总,即可得总工程量。此方格网图下一步可作为土方平衡调配之用。

实测方格网的区别仅在于按坐标在现场放出方格网,用水准点或三角高程测定每个方格点的地面高程,其余步骤均与上法(在地形图上定方格网)相同。

实际上,横断面法和方格网法的几何原理是相同的。只不过前者是纵向分段,用断面积乘水平距离来计算体积;后者是纵横分格,用平面积乘垂直距离(平均高)来计算体积。

具体计算步骤如下所示:

(1)划方格网:根据已有地形图划分方格网,方格大小一般为20 m×20 m、40 m×40 m,并根据地形图套出方格各点的设计标高和地面标高,求出各点的施工挖土或填土高度。

(2)计算零点位置:计算确定方格网中两端角点施工高度符号不同的方格边上零点位置,标于图上,并将各零点连接起来,即得到各种不同底面积的计算图形,建筑场地被零线划分为挖方区和填方区。

(3)计算土方量:按底面积图形和表3.5的体积计算公式,计算每个方格内的挖、填土方量。也可以用查表法来计算,见表3.6、表3.7。

(4)汇总:将计算出来的每个方格的挖填土方量汇总,即得该建筑场地挖、填的总土方量。

表3.5 常用方格网点计算公式

内容	图示	计算公式
零点线计算		$b_1 = \dfrac{ah_1}{h_1 + h_2}$ $c_1 = \dfrac{ah_2}{h_2 + h_4}$ $b_2 = \dfrac{ah_4}{h_4 + h_2} = a - c_1$ $c_2 = \dfrac{ah_3}{h_3 + h_1} = a - b_1$
一点填方或挖方 (三角形)		$V = \dfrac{1}{2}bc\dfrac{\sum h}{3} = \dfrac{bc \sum h}{6}$ 当 $b = c = a$ 时 $V = \dfrac{a^2 \sum h}{6}$

续表3.5

内容	图示	计算公式
二点填方或挖方(梯形)		$V = \dfrac{b+c}{2} a \dfrac{\sum h}{4} = \dfrac{(b+c)a \sum h}{8}$
三点填方或挖方(五角形)		$V = \left(a^2 - \dfrac{bc}{2}\right) \dfrac{\sum h}{5}$
四点填方或挖方(正方形)		$V = \dfrac{a^2}{4} \sum h = \dfrac{a^2}{4}(h_1 + h_2 + h_3 + h_4)$

注:1. a——一个方格的边长(m);b、c——零点到一角的边长(m);h_1、h_2、h_3、h_4——各角点的施工高程(m),用绝对值代入;$\sum h$——填方或挖方施工高程的总和(m);V——挖、填方体积(m³)。

2. 本表公式按各计算图形底面积乘以平均施工高程而得出的。

表3.6 计算土方体积以施工高度总和 $\sum h$ 按0.1 m 时底面为三角形,五边形的体积

b/m	20	19	18	17	16	15	14	13	12	11	10	9	8	7	6	5	4	3	2	1	b/m
																				c/m	
1	0.333	0.317	0.300	0.283	0.267	0.250	0.233	0.217	0.200	0.183	0.167	0.150	0.133	0.117	0.100	0.083	0.067	0.050	0.033	0.017	20
2	0.667	0.633	0.600	0.567	0.533	0.500	0.467	0.433	0.400	0.367	0.333	0.300	0.267	0.233	0.200	0.167	0.133	0.100	0.067	7.990	19
3	1.000	0.950	0.900	0.850	0.800	0.750	0.700	0.650	0.600	0.550	0.500	0.450	0.400	0.350	0.300	0.250	0.200	0.150	7.960	7.980	18
4	1.333	1.267	1.200	1.133	1.067	1.000	0.933	0.867	0.800	0.733	0.667	0.600	0.533	0.467	0.400	0.333	0.267	7.910	7.940	7.970	17
5	1.667	1.583	1.500	1.417	1.333	1.250	1.167	1.083	1.000	0.917	0.833	0.750	0.677	0.583	0.500	0.417	7.840	7.880	7.920	7.960	16
6	2.000	1.900	1.800	1.700	1.600	1.500	1.400	1.300	1.200	1.100	1.000	0.900	0.800	0.700	0.600	7.750	7.800	7.850	7.900	7.950	15
7	2.333	2.217	2.100	1.933	1.867	1.750	1.633	1.517	1.400	1.283	1.167	1.050	0.933	0.817	7.620	7.700	7.760	7.820	7.880	7.940	14
8	2.667	2.533	2.400	2.267	2.133	2.000	1.867	1.733	1.600	1.467	1.333	1.200	1.067	7.510	7.580	7.650	7.720	7.790	7.860	7.930	13
9	3.000	2.850	2.700	2.550	2.400	2.250	1.100	1.950	1.800	1.650	1.500	1.350	7.360	7.440	7.520	7.600	7.680	7.760	7.840	7.920	12
10	3.333	3.167	3.000	2.833	2.667	2.500	2.333	2.167	2.000	1.833	1.667	7.190	7.280	7.370	7.460	7.550	7.640	7.730	7.820	7.910	11
11	3.667	3.483	3.300	3.117	3.933	2.750	2.567	2.383	2.200	2.017	7.000	7.100	7.200	7.300	7.400	7.500	7.600	7.700	7.800	7.900	10
12	4.000	3.800	3.600	3.400	3.200	3.000	2.800	2.600	2.400	6.790	6.900	7.010	7.120	7.230	7.340	7.450	7.560	7.670	7.780	7.890	9
13	4.333	4.117	3.900	3.683	3.467	3.250	3.033	2.817	6.560	6.680	6.800	6.920	7.040	7.160	7.280	7.400	7.520	7.640	7.760	7.880	8
14	4.667	4.433	4.200	3.967	3.733	3.500	3.267	6.440	5.570	6.700	6.830	6.960	7.090	7.220	7.350	7.480	7.610	7.740	7.870	7	
15	5.000	4.750	4.500	4.250	4.000	3.750	6.060	6.180	6.320	6.460	6.600	6.740	6.880	7.020	7.160	7.300	7.440	7.580	7.720	7.860	6
16	5.333	5.067	4.800	4.533	4.267	5.750	5.900	6.050	6.200	6.350	6.500	6.650	6.800	6.950	7.100	7.250	7.400	7.550	7.700	7.850	5
17	5.667	5.383	5.100	4.817	5.440	5.600	5.760	5.920	6.080	6.240	6.400	6.560	6.720	6.880	7.040	7.200	7.360	7.520	7.680	7.840	4
18	6.000	5.700	5.400	5.100	5.280	5.450	5.620	5.790	5.960	6.130	6.300	6.470	6.640	6.810	6.980	7.150	7.320	7.490	7.660	7.830	3
19	6.333	6.017	4.760	4.940	5.120	5.300	5.480	5.660	5.840	6.020	6.200	6.380	6.560	6.740	6.920	7.100	7.280	7.460	7.640	7.820	2
20	6.667	4.390	4.580	4.779	4.960	5.150	5.340	5.530	5.720	5.910	6.100	6.290	6.480	6.670	6.860	7.050	7.240	7.430	7.620	7.810	1
	1	2	3	4	5	6	7	8	9	10	11	12	13	14	15	16	17	18	19	c/m	

表3.7 施工高度总和按0.1 m时底面为梯形的截棱柱体积表

计算边长之和 $b+c$	高度总和 0.1 m	计算边长之和 $b+c$	高度总和 0.1 m	计算边长之和 $b+c$	高度总和 0.1 m	计算边长之和 $b+c$	高度总和 0.1 m
2	0.500	12	3.000	22	5.500	32	8.000
3	0.750	13	3.250	23	5.750	33	8.250
4	1.000	14	3.500	24	6.000	34	8.500
5	1.250	15	3.750	25	6.250	35	8.750
6	1.500	16	4.000	26	6.500	36	9.000
7	1.750	17	4.250	27	6.750	37	9.250
8	2.000	18	4.500	28	7.000	38	9.500
9	2.250	19	4.750	29	7.250	39	9.750
10	2.500	20	5.000	30	7.500	40	10.000
11	2.750	21	5.250	31	7.750		

3.3.3 边坡土方工程量计算

为了保持土体的稳定和施工安全,挖方和填方的周边都应修筑成适当的边坡。边坡的表示方法如图3.6(a)所示。图中的 m 为边坡底的宽度 b 与边坡高度 h 的比,称为坡度系数。当边坡高度 h 为已知时,所需边坡底宽 b 即等于 $mh(1:m=h:b)$。若边坡高度较大,可在满足土体稳定的条件下,根据不同的土层及其所受的压力,将边坡修筑成折线形,如图3.6(b)所示,以减小土方工程量。

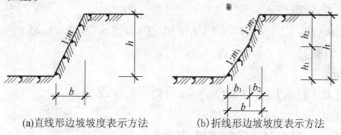

(a)直线形边坡坡度表示方法　　(b)折线形边坡坡度表示方法

图3.6 土体边坡表示方法

边坡的坡度系数(边坡宽度:边坡高度)根据不同的填挖高度(深度)、土的物理性质和工程的重要性,在设计文件中应有明确的规定。常用的挖方边坡坡度和填方高度限值,见表3.8和表3.9。

表3.8 水文地质条件良好时永久性土工构筑物挖方的边坡坡度

项次	挖方性质	边坡坡度
1	在天然温度、层理均匀,不易膨胀的黏土、粉质黏土、粉土和砂土(不包括细砂、粉砂)内挖方,深度不超过3 m	1:1 ~ 1:1.25
2	土质同上,深度为3 ~ 12 m	1:1.25 ~ 1:1.50
3	干燥地区内土质结构未经破坏的干燥黄土及类黄土,深度不超过12 m	1:0.1 ~ 1:1.25
4	在碎石的泥灰岩土内的挖方,深度不超过12 m,根据土的性质、层理物性和挖方深度确定	1:0.5 ~ 1:1.5

表3.9 填方边坡为1:1.5时的高度限制

项次	土的种类	填方高度/m	项次	土的种类	填方高度/m
1	黏土类土、黄土、类黄土	6	4	中砂和粗砂	10
2	粉质黏土、泥灰岩土	6~7	5	砾石和碎石土	10~12
3	粉土	6~8	6	易风化的岩石	12

3.4 土石方工程工程量计算实例

【例3.1】 某挖沟槽工程,管沟支护示意图如图3.7所示,其中:$L=120$ m,$H=5.2$ m,$h=1.45$ m。钢筋混凝土管的管道直径为500 mm,混凝土基础宽度$b_1=0.9$ m。试分别计算清单工程量、工程量清单计价工程量、施工工程量。

【解】 (1)清单工程量:

$V/\text{m}^3 = b_1 \times (H-h) \times L = 0.9 \times (5.2-1.45) \times 120 = 405$

(2)工程量清单计价工程量:

1)当支护开挖时,按照选用的综合定额工程量计算规则:

$b_3/\text{m} = 0.9 + 2 \times 0.3 + 0.2 = 1.7$

$V/\text{m}^3 = b_3 \times (H-h) \times L = 1.7 \times (5.2-1.45) \times 120 = 765$

2)当放坡开挖时,按照选用的综合定额工程量计算规则:

$b_2/\text{m} = 0.9 + 2 \times 0.3 = 1.5$

3)若边坡为1:0.5,则

$V/\text{m}^3 = [b_2 + m(H-h)] \times (H-h) \times L = [1.7 + 0.5 \times (5.2-1.45)] \times (5.2-1.45) \times 120 = 1\,518.75$

4)定额工程量:

$V_1/\text{m}^3 = b_2 \times (H-h) \times L = 1.5 \times (5.2-1.45) \times 120 = 675$

5)放坡增加工程量:

$V_2/\text{m}^3 = V - V_1 = 1\,518.75 - 675 = 843.75$

6)施工工程量:选择支护开挖方案。管基、稳管、管座、抹带采用"四合一"施工方法,考虑排管的需要,开挖加宽一侧为0.45 m,另一侧为0.35 m,则

$b_3/\text{m} = 0.9 + 0.45 + 0.35 = 1.7$

$V/\text{m}^3 = b_3 \times (H-h) \times L = 1.7 \times (5.2-1.45) \times 120 = 765$

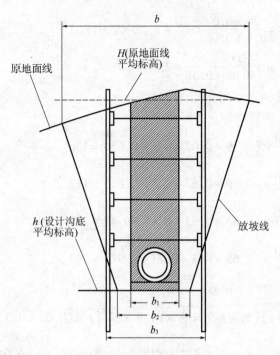

图 3.7 管沟支护示意图

【例 3.2】 某建筑场地的方格网布置、设计标高和自然地面标高如图 3.8(a) 所示。场地总面积为 80 m×40 m,各方格的边长均为 20 m。根据设计要求,泄水坡度为 $i_x = 0.3\%$,$i_y = 0.2\%$。试计算挖土方、填土方工程量。

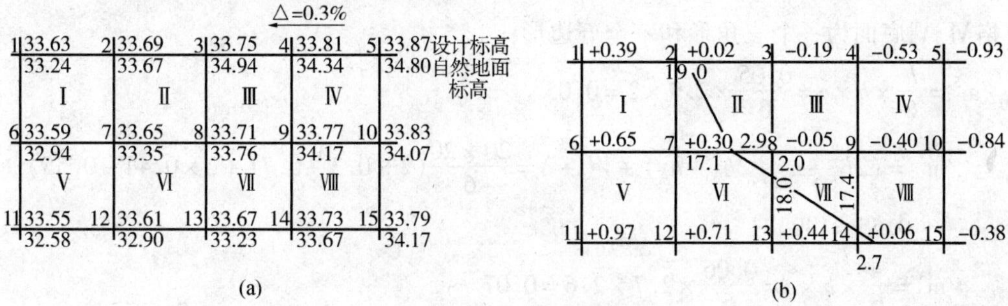

图 3.8 方格网布置

【解】 以 5 点的 33.87 m 为起点,算出每一点的设计标高,标注在图上。计算出每一点的施工高度,注在图 3.8(b) 上。

计算零点位置：

在 2~3 线上, $b/m = \dfrac{20 \times 0.02}{0.02 + 0.19} = 1.9$

在 7~8 线上, $b/m = \dfrac{20 \times 0.3}{0.3 + 0.05} = 17.1$

在 8~13 线上, $b/m = \dfrac{20 \times 0.44}{0.44 + 0.05} = 18$

在 9~4 线上,$b/m = \dfrac{20 \times 0.0}{0.4 + 0.06} = 17.4$

在 14~15 线上,$b/m = \dfrac{20 \times 0.06}{0.06 + 0.38} = 2.7$

计算各方面工程量:

方格 Ⅰ、Ⅲ、Ⅳ、Ⅴ,底面均为正方形:

$$V_{\text{Ⅰ}(-)}/m^3 = \dfrac{20 \times 20}{4} \times (0.39 + 0.02 + 0.3 + 0.65) = 136$$

$$V_{\text{Ⅲ}(+)}/m^3 = \dfrac{20 \times 20}{4} \times (0.19 + 0.53 + 0.4 + 0.05) = 117$$

$$V_{\text{Ⅳ}(+)}/m^3 = \dfrac{20 \times 20}{4} \times (0.53 + 0.93 + 0.84 + 0.4) = 270$$

$$V_{\text{Ⅴ}(-)}/m^3 = \dfrac{20 \times 20}{4} \times (0.65 + 0.3 + 0.71 + 0.97) = 263$$

方格 Ⅱ、Ⅶ,底面均为两个梯形:

$$V_{\text{Ⅰ}(-)}/m^3 = \dfrac{a}{8}(b+c)(h_1+h_2) = \dfrac{20}{8} \times (1.9 + 17.1) \times (0.02 + 0.3) = 15.2$$

$$V_{\text{Ⅱ}(+)}/m^3 = \dfrac{a}{8}(d+e)(h_3+h_4) = \dfrac{20}{8} \times (18.1 + 2.9) \times (0.19 + 0.05) = 12.6$$

$$V_{\text{Ⅶ}(+)}/m^3 = \dfrac{20}{8} \times (2 + 17.4) \times (0.05 + 0.4) = 21.88$$

$$V_{\text{Ⅷ}(-)}/m^3 = \dfrac{20}{8} \times (18 + 2.6) \times (0.44 + 0.06) = 25.75$$

方格 Ⅵ、Ⅶ 底面为一个三角形和一个五边形:

$$V_{\text{Ⅵ}}/m^3 = \dfrac{h}{6} \times b \times c = \dfrac{0.05}{6} \times 2.9 \times 2 = 0.05$$

$$V_{\text{Ⅶ}(-)}/m^3 = (2h_1 + h_2 + 2h_3 - h_4) + V(+) = \dfrac{20 \times 20}{6}(2 \times 0.3 + 0.71 + 2 \times 0.44 - 0.55) + 0.55 = 142.71$$

$$V_{\text{Ⅶ}(-)}/m^3 = \dfrac{h}{6} \times b \times c = \dfrac{0.06}{6} \times 2.7 \times 2.6 = 0.07$$

$$V_{\text{Ⅶ}(+)}/m^3 = \dfrac{20 \times 20}{6}(2 \times 0.4 + 0.84 + 2 \times 0.38 - 0.06) + 0.07 = 156.07$$

工程量汇总:

$$\sum V_{\text{挖}}/m^3 = 117 + 270 + 12.6 + 21.83 + 0.05 + 156.07 = 577.55$$

$$\sum V_{\text{填}}/m^3 = 136 + 263 + 15.2 + 25.75 + 142.71 + 0.07 = 582.73$$

【例 3.3】 如图 3.9 所示,某构筑物基础为满堂基础,基础垫层为无筋混凝土,长宽方向的外边线尺寸为 8.04 m 和 5.6 m,垫层厚 20 mm,垫层顶面标高为 -4.55 m,室外地面标高为 -0.65 m,地下常水位置高为 -3.5 m,人工挖土,试计算挖土方工程量。

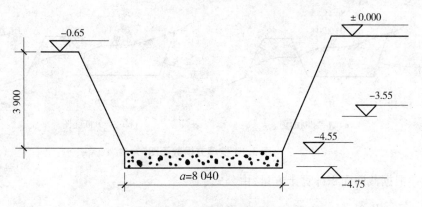

图3.9 满堂基础基坑

【解】 查表3.10 放坡系数表可得:$k=0.33$。

表3.10 放坡系数表

土壤类别	放坡起点	人工挖土	机械挖土	
			在坑内作业	在坑上作业
一、二类土	1.20	1:0.5	1:0.33	1:0.75
三类土	1.50	1:0.33	1:0.25	1:0.67
四类土	2.00	1:0.25	1:0.10	1:0.33

基础埋至地下常水位以下,坑内有干、湿土,应分别计算:

(1)挖干湿土总量。设垫层部分的土方量为V_1,垫层以上的土方量为V_2,总土方量为V_0,则

$$V_0/\text{m}^3 = V_1 + V_2 =$$
$$a \times b \times 0.2 + (a+kh)(b+kh) \times h + \frac{1}{3}k^2h^3 =$$
$$8.04 \times 5.6 \times 0.2 + 9.487 \times 7.087 \times 3.9 + 2.15 =$$
$$273.37$$

(2)挖湿土量。按图3.9放坡部分挖湿土深度为1.05 m,则 $\frac{1}{3}k^2h^3 = \frac{1}{3} \times 0.33^2 \times 1.05^3 = 0.04$,设湿土量为$V_3$,则

$$V_3/\text{m}^3 = V_1 + (8.04+0.33 \times 1.05)(5.6+0.33 \times 1.05) \times 1.05 + 0.04 = 61.41$$

(3)挖干土量:

$$V_4/\text{m}^3 = V_0 - V_3 = 273.37 - 61.41 = 211.96$$

【例3.4】 图3.10为某市政道路挖填方工程截面图。图3.10(a)中桩号0+0.20的填方横断面积为4.8 m^2,挖方横断面面积为15.38 m^2,两桩间的距离为35 m;图3.10(b)中设桩号0+0.00的填方横截面积为5.6 m^2,挖方横截面积为8.35 m^2。试计算其挖填方量。

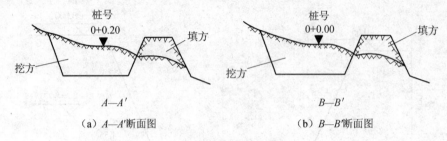

(a) $A—A'$断面图　　　　(b) $B—B'$断面图

图 3.10 挖填方横截面图

【解】 根据截面面积计算土方量,由公式

$$V = \frac{1}{2}(F_1 + F_2)L$$

可得挖方、填方工程量如下:

$$V_{挖方}/m^3 = \frac{1}{2}(8.35 + 15.68) \times 35 = 420.53$$

土方量汇总表见表 3.11。

表 3.11 土方量汇总表

断面	填方面积/m²	挖方面积/m²	截面间距/m	填方体积/m³	挖方体积/m³
$A—A'$	4.8	15.68	35	81.9	283.59
$B—B'$	5.6	8.35	35	100.1	136.94
合计				182	420.53

【例 3.5】 某市涵洞工程尺寸示意图如图 3.11~3.13 所示。工程所在地土壤为潮湿而松散的黄土,不需考虑地下水,基坑开挖,多余的土方运至 2 km 处弃置,试计算该涵洞工程土方清单工程量。

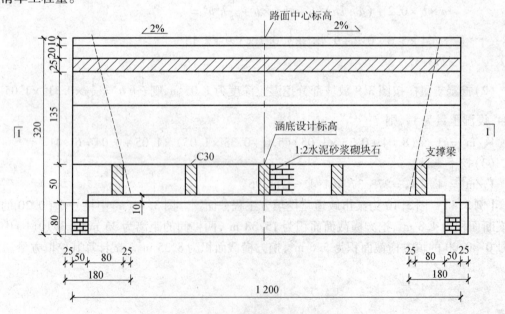

图 3.11 涵洞洞身纵断面

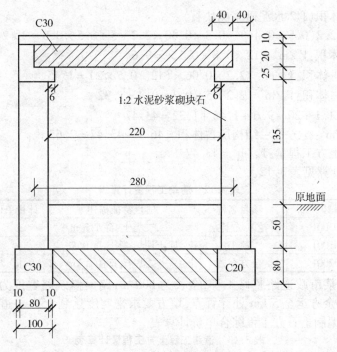

图 3.12 涵洞中部断面

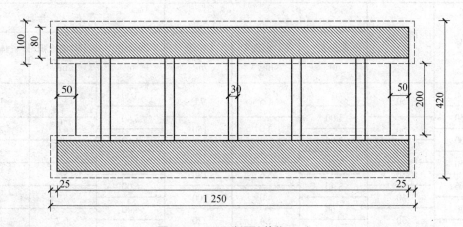

图 3.13 1—1 剖面(单位:cm)

【解】 (1)挖基坑土方(一、二类土,挖深 1.3 m)。

如图所示,该涵洞有五个支撑梁,采用 1:2 水泥砂浆砌块石,标准跨径为 2.8 m,净跨径为 2.20 m,C30 混凝土台帽,C30 混凝土现浇支撑梁。

涵台基坑挖土量:$V_1/m^3 = 12.5 \times 1.00 \times 1.30 \times 2 = 32.5$

铺砌基坑挖土量:$V_2/m^3 = 12 \times (2.2 - 0.1 \times 2) \times 1.30 - (12 - 0.5 \times 2) \times (2.2 - 0.1 \times 2) \times$
$\qquad 0.8 = 31.2 - 17.6 = 13.6$

合计:$V/m^3 = (32.5 + 13.6) = 46.1$

(2)基坑回填(原土回填密实度达到95%)。

1)基础所占体积(现浇 C30 混凝土基础):

$V_1/m^3 = 1 \times 0.8 \times (12 + 2 \times 0.25) \times 2 = 20$

2)铺砌所占体积(1:2 水泥砂浆砌块石):
$V_2/m^3 = 12 \times 2.2(0.5 - 0.44) - 0.3 \times 0.40 \times 2.2 \times 5 + 0.5 \times 0.8 \times 2 \times 2 = 11.1$
3)台身所占体积:$V_3/m^3 = 12 \times 0.8 \times 0.5 \times = 9.6$
4)砂垫层所占体积:$V_4/m^3 = 2.2 \times 0.06 \times (12 - 0.5 \times 2) = 1.45$
5)座支撑所占体积:$V_5/m^3 = 2.2 \times 5 \times 0.3 \times 0.4 = 1.32$
6)合计/m^3:11.1 + 20 + 9.6 + 1.45 + 1.32 = 43.47
7)回填土方/m^3:挖方量 - 结构所占体积 = 46.1 - 43.47 = 2.63
8)余土外运土方工程量:$V_6/m^2 = 43.47$
清单工程量计算见表3.12。

表3.12 清单工程量计算表

序号	项目编号	项目名称	项目特征描述	计量单位	工程量
1	040101003001	挖基坑土方	一、二类土,深1.3 m	m^3	46.1
2	040103001001	填土	原土回填,密实度95%	m^3	2.63
3	040103002001	余方弃置	一、二类土,运距2 km	m^3	43.47

【例3.6】 某市政道路整修工程,全长为600 m,路面修筑路宽度为14 m,路肩各宽1 m,土质为四类,余方运至5 km处弃置点,填方要求密实度达到95%。道路工程土方计算表见表3.13。试编制土石方工程综合单价计算表。

表3.13 道路工程土方工程量计算表

工程名称:某市道路工程　　　　　标段:K0 +000 ~ K0 +600　　　　　第 页 共 页

桩号	距离/m	挖 土			填 土		
		断面积/m^2	平均断面积/m^2	体积/m^3	断面积/m^2	平均断面积/m^2	体积/m^3
0 + 000		0			3.00		
	50		1.5	75		3.2	160
0 + 050		3.00			3.40		
	50		3.0	150		4.0	200
0 + 100		3.00			4.60		
	50		3.4	170		4.5	225
0 + 150		3.80			4.40		
	50		3.6	180		5.2	260
0 + 200		3.40			6.00		
	50		4.0	200		5.2	260
0 + 250		3.60			4.40		
	50		4.4	220		6.2	310
0 + 300		4.20			8.00		
	50		4.6	230		6.6	330
0 + 350		5.00			5.20		
	50		5.1	255		8.1	405
0 + 400		5.20			11.00		
	50		6.0	300			
0 + 450		6.80					
	50		4.8	240			
0 + 500		2.80					
	50		2.4	120			
0 + 550		2.00					
	50		6.8	340			
0 + 600		11.60					
合 计				2 480			2 150

【解】 (1)工程量清单编制。根据道路土方工程量计算表我们可以看到土方平衡后,有330 m^2 需要余土弃置。现编制表3.14所示的道路土方工程分部分项工程量清单与计价表。

表3.14 分部分项工程量清单与计价表

工程名称:某市道路工程　　　标段:K0+000~K0+600　　　第 页 共 页

序号	项目编号	项目名称	项目特征描述	计量单位	工程数量	金额/元		
						综合单价	合价	其中:暂估价
1	040101001001	挖一般土方	四类土	m³	2 480			
2	040103001001	填方	密实度95%	m³	2 150			
3	040103002001	余方弃置	运距:5 km	m³	330			
			合计					

(2)工程量清单计价。

施工方案如下:

1)挖土数量不大,拟用人工挖土。

2)土方平衡部分场内运输考虑用手推车运土,从道路工程土方计算表中可看出运距在200 m内。

3)余方弃置拟用人工装车,自卸汽车运输。

4)路基填土压实拟用路基碾压、碾压厚度每层不超过30 cm,并分层检验密实度,达到要求的密实度后再填筑上一层。

5)路床碾压为保证质量按路面宽度每边加宽30 cm,则

路床碾面积/m³:(14+0.6)×600=8 760

6)路肩整形碾压面积/m²:2×600=1 200

参照定额及管理费、利润的取定如下:

1)定额拟按《全国统一市政工程预算定额》计取。

2)管理费按直接费的10%考虑,利润按直接费的5%考虑。

工程量清单综合单价分析表见表3.15~3.17,分部分项工程量清单与计价表见表3.18。

表3.15 工程量清单综合单价分析表

工程名称:某市道路工程　　　标段:K0+000~K0+600　　　第 页 共 页

项目编码	040101001001	项目名称		挖一般土石方(四类土)			计量单位		m³	
清单综合单价组成明细										
定额编号	定额名称	定额单位	数量	单价				合价		
				人工费	材料费	机械费	管理费和利润	人工费	材料费	机械费	管理费和利润
1-3	人工挖路槽土方(四类土)	100 m³	0.01	1 129.34	—	—	169.40	11.29	—	—	1.69
1-45	双轮斗车运土(运距50 m以内)	100 m³	0.01	431.65			64.75	4.32			0.65
1-46	双轮斗车运土(增运距150 m)	100 m³	0.01	85.39			20.27	2.56			0.61
人工单价				小计				18.17	—	—	2.95
22.47元/工日				未计价材料费				—			
清单项目综合单价								21.12			

注:"数量"栏为"投标方工程量÷招标方工程量÷定额单位数量",如"0.01"为"2 480÷2 480÷100"。

表 3.16 工程量清单综合单价分析表

工程名称:某市道路工程　　　　标段:K0+000~K0+600　　　　第　页　共　页

项目编码	040101001001	项目名称	填方(密实度95%)	计量单位	m^3

清单综合单价组成明细

定额编号	定额名称	定额单位	数量	单价				合价			
				人工费	材料费	机械费	管理费和利润	人工费	材料费	机械费	管理费和利润
1-359	填土压路机碾压（密实度95%）	1 000 m^3	0.001	134.82	6.75	1 803.45	291.75	0.13	0.01	1.80	0.29
2-1	路床碾压检验	100 m^2	0.035	8.09	—	73.69	12.27	0.28	—	2.58	0.43
2-2	路肩整形碾压	100 m^2	0.006	38.65	—	7.91	6.98	0.23	—	0.05	0.04
人工单价			小计					0.64	0.01	4.43	0.76
22.47元/工日			未计价材料费					—			
清单项目综合单价								5.84			

注:"数量"栏为"投标方工程量÷招标方工程量÷定额单位数量",如"0.001"为"2 150÷2 150÷1 000"。

表 3.17 工程量清单综合单价分析表

工程名称:某市道路工程　　　　标段:K0+000~K0+600　　　　第　页　共　页

项目编码	040103001001	项目名称	余方弃置(运距5 km)	计量单位	m^3

清单综合单价组成明细

定额编号	定额名称	定额单位	数量	单价				合价			
				人工费	材料费	机械费	管理费和利润	人工费	材料费	机械费	管理费和利润
1-49	人工装汽车(土方)	100 m^3	0.01	370.76	—	—	55.614	3.70	—	—	0.56
1-272	自卸汽车运土（运距5 km）	1 000 m^3	0.001	—	5.40	10 691.79	1 604.58	—	0.01	10.70	1.60
人工单价			小计					3.70	0.01	10.70	2.16
22.47元/工日			未计价材料费					—			
清单项目综合单价								16.57			

注:"数量"栏为"投标方工程量÷招标方工程量÷定额单位数量",如"0.01"为"330÷330÷100"。

表 3.18 分部分项工程量清单与计价表

工程名称:某市道路工程　　　　标段:K0+000~K0+600　　　　第　页　共　页

序号	项目编码	项目名称	项目特征描述	计量单位	工程数量	金额/元		其中:暂估价
						综合单价	合价	
1	040101001001	挖一般土方	四类土	m^3	2 480	21.12	52 377.60	
2	040103001001	填方	密实度95%	m^3	2 150	5.84	12 556.00	
3	040103002001	余方弃置	运距:5 km	m^3	330	16.57	5 468.10	
			合计				70 401.70	

第4章 道路工程识图与工程量清单计价

4.1 道路工程制图与识图

4.1.1 道路平面图

1. 道路平面图的内容

(1)地形部分。

1)比例。为了清晰地表示图样,根据地形起伏情况的不同,地形图采用不同的比例。一般在山岭区采用1:2 000,丘陵和平原地区采用1:5 000。

2)坐标网与指北针。在路线平面图上应画出坐标网或指北针,作为指出公路所在地区的方位与走向,同时坐标或指北针又可作为拼接图线时校对之用。

3)等高线。地形情况一般采用等高线或地形点表示。由于城市道路一般比较平坦,因此多采用大量的地形点来表示地形高程。等高线愈密,表示地势愈陡,等高线愈稀,表示地势愈平坦。

(2)路线部分。

1)路线表示。道路规划红线是道路的用地界限,常用双点画线表示。道路规划红线范围内为道路用地,一切不符合设计要求的建筑物、构筑物、各种管线等需拆除。

城市道路中心线一般采用细点画线表示。由于路线平面图所采用的绘图比例较小,公路的宽度无法按实际尺寸画出,因此,在路线平面图中,路线用粗实线沿着路线中心线表示。

2)里程桩号。里程桩号反映了道路各段长度及总长,一般在道路中心线上。从起点到终点,沿前进方向注写里程桩,通常用⊕表示;也可向垂直道路中心线方向引一细直线,再在图样边上注写里程桩号。如K120+500,即距路线起点为120 500 m。如里程桩号直接注写在道路中心线上,则"+"号位置即为桩的位置。

3)平面线形。路线的平面线形有直线形和曲线形。对于曲线形路线的公路转弯处,在平面图中是用交角点编号来表示。路线平面图中,对曲线还需标出曲线起点 ZY(直圆)、曲线中点 QZ(曲中)、曲线终点 YZ(圆直)的位置;对带有缓和曲线的路线则需标出 ZH(直缓)、HY(缓圆)、QZ(圆中)、YH(圆缓)、HZ(缓直)的位置。

2. 道路平面图的绘制

(1)道路平面图绘制步骤。

1)先画地形图,然后画路线中心线。

2)等高线按先粗后细步骤徒手画出,要求线条顺滑,并注明等高线高程和已知水准点的位置及编号。

3)路线中心线用绘图仪器按先曲线、后直线的顺序画出。为了使中心线与等高线有显著的区别,一般以两倍左右的计曲线(粗等高线)的粗度画出。

4)平面图的植物图例,应朝上或向北绘制。

5)画出图纸的拼接位置及符号,注明该图样名称,图号顺序,道路名称。

(2)道路平面图绘制要点。

1)城市道路平面图采用比例尺为 1:500 或 1:1 000,两侧范围在规划红线以外各 20~50 m。

2)在平面图上需要标明规划红线、规划中心线、现状中心线、现状路边线,以及设计车行道线(机动车道、非机动车道)、人行道线、停靠站、分隔带、交通岛、人行横道线、沿线建筑物出入口(接坡)、支路、电杆、雨水进水口和窨井,路线转点及相交道路交叉口里程桩和坐标,交叉口缘石半径等。

3)对于有弯道的路线,应详细标明平曲线的各项要素(坐标值、R、T、L、E 等)、交叉路口的交角。图上应绘出指北针,并附图例和比例尺。一般取图的正上方为北方向。

4)有需要的地方要做简单的工程注释。如工程范围、起讫点、采用的坐标体系、设计标高和水准点的依据,同时,还要注明道路两旁的机关、学校、医院、商店等重要建筑物出入口的处理等情况。

3.道路平面图的识读

道路平面图的识读,按以下步骤进行:

(1)仔细观察图形,根据平面图图例及等高线的特点,了解该图样反映的地形地物状况、地面各控制点高程、构筑物的位置、道路周围建筑的情况及性质、已知水准点的位置及编号、坐标网参数或地形点方位等。

(2)依次阅读道路中心线、规划红线、机动车道、非机动车道、人行道、分隔带、交叉口及道路中心曲线设置情况等。

(3)道路方位及走向,路线控制点坐标、里程桩号等。

(4)根据道路用地范围了解原有建筑物及构筑物的拆除范围,以及拟拆除部分的性质、数量,所占农田性质及数量等。

(5)结合路线纵断面图掌握道路的填挖工程量。

(6)查出图中所标注水准点位置及编号,根据其编号到有关部门查出该水准点的绝对高程,以备施工中控制道路高程。

4.道路平面图识读实例

如图 4.1 所示为某道路工程平面图,试对图示内容进行简单的分析。

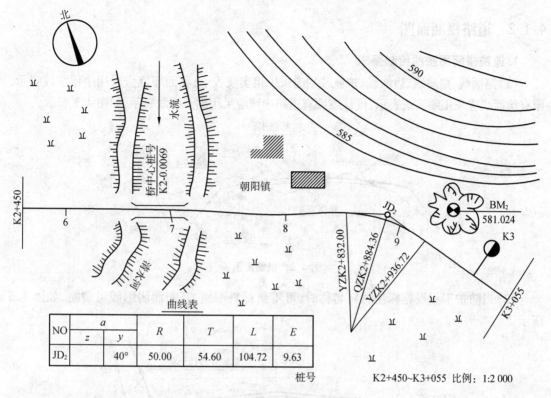

图 4.1　某道路工程平面图

【解】　根据对图 4.1 的识读可以得出：

(1)图形概况。从左下角角标可知,绘制桩号范围为 K2+550～K3+055,其内容包括地形部分和路线部分。

(2)地形部分。在地形图上,等高线每隔 4 根加粗一根,如 585、590 等高线,并注明标高,称为计曲线;图示中两等高线的高差为 1 m,沿线地形平坦。东北地域有一小山毗邻,路北有两幢房屋建筑,路南为大片的农田。路线跨越一条小河,其上架设一桥梁,小河两岸设有堤坝。

(3)路线部分。由于受到图中比例的限制,路线的宽度无法按实际尺寸画出,故设计路线采用加粗的实线表示。

图中表示 3 公里桩的位置。垂直于中心线的短线表示了百米桩的位置,百米桩数字如 6、7、8、9 注在短线的端部,字头向上。

(4)平面线型。该段路线的平面线型由直线段和曲线段组成,在桩号 K2+900 附近有一第 2 号交角点(JD_2)。由图中的曲线表可知,该圆曲线沿路线前进方向的右偏角 α_y 为 40°。曲线半径 R 为 50、切线长 T 为 54.60、曲线长 L 为 104.72、外矢距 E 为 9.63 等数值。2 号水准点(BM_2)标高为 581.024。

4.1.2 道路横断面图

1. 道路横断面图的绘制要求

（1）路面线、路肩线、边坡线、护坡线均应采用粗实线表示；路面厚度应采用中粗实线表示；原有地面线应采用细实线表示，设计或原有道路中线应采用细点画线表示，如图4.2所示。

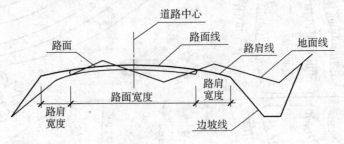

图4.2 横断面图

（2）当防护工程设施标注材料名称时，可不画材料图例，其断面阴影线可省略，如图4.3所示。

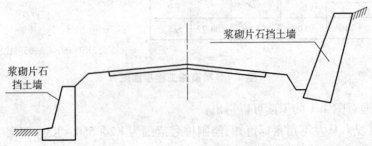

图4.3 防护工程设施的标注

（3）当道路分期修建、改建时，应在同一张图纸中示出规划、设计、原有道路横断面，并注明各道路中线之间的位置关系。规划道路中线应采用细双点画线表示。规划红线应采用粗双点画线表示。在设计横断面图上，应注明路侧方向，如图4.4所示。

（4）横断面图中，管涵、管线的高程应根据设计要求标注。管涵、管线横断面应采用相应图例，如图4.5所示。

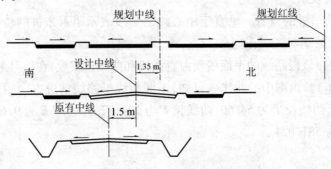

图4.4 不同设计阶段横断面

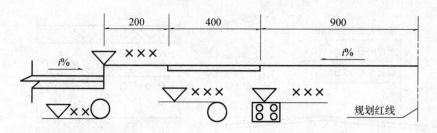

图 4.5　横断面图中管涵、管线的标注

(5)道路的超高、加宽应在横断面图中示出,如图 4.6 所示。

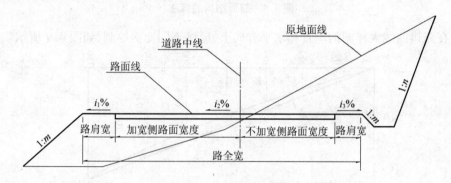

图 4.6　道路超高、加宽的标注

(6)用于施工放样及土方计算的横断面图应在图样下方标注桩号。图样右侧应标注填高、挖深,填方、挖方的面积,并采用中粗点画线示出征地界线,如图 4.7 所示。

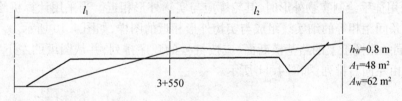

图 4.7　横断面图中填挖方的标注

(7)路面结构图应符合下列规定:

1)当路面结构类型单一时,可在横断面图上,用竖直引出线标注材料层次及厚度,如图 4.8(a)所示。

2)当路面结构类型较多时,可按各路段不同的结构类型分别绘制,并标注材料图例(或名称)及厚度,如图 4.8(b)所示。

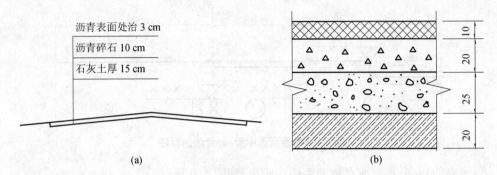

图 4.8 路面结构的标注

(8)在路拱曲线大样图的垂直和水平方向上,应按不同比例绘制,如图 4.9 所示。

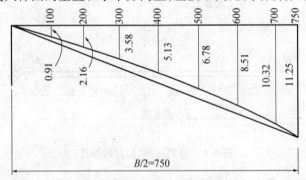

图 4.9 路拱曲线大样

(9)当采用徒手绘制实物外形时,其轮廓应与实物外形相近。当采用计算机绘制此类实物时,可用数条间距相等的细实线组成与实物外形相近的图样,如图 4.10 所示。

(10)在同一张图纸上的路基横断面,应按桩号的顺序排列,并从图纸的左下方开始,先由下向上,再由左向右排列,如图 4.11 所示。

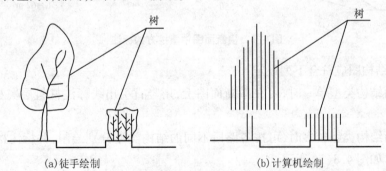

图 4.10 实物外形的绘制

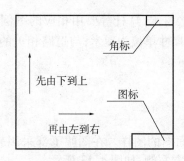

图 4.11 横断面的排列顺序

2. 道路横断面图的内容与识读

(1)图示内容。

1)各中心桩处设计路基横断面情况,如边坡的坡度、水沟形式等。

2)原地面横向地面起伏情况。

3)各桩号设计路线中心线处的填方高度 h_T、挖方高度 h_w、填方面积 A_T、挖方面积 A_w。

(2)道路断面图识读。

1)城市道路横断面的设计结果是采用标准横断面设计图表示。图样中要表示出机动车道、非机动车道、人行道、绿化带及分隔带等几大部分。

2)城市的道路地上有电力、电信等设施,地下有给水管、排水管、污水管、煤气管、地下电缆等公用设施的位置、宽度、横坡度等,称为标准横断面图,如图 4.12 所示。

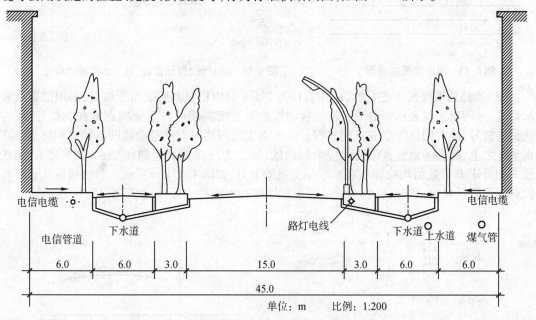

图 4.12 城市道路横断面图

3)城市道路横断面图的比例,一般视等级要求及路基断面范围而定,一般采用 1:100、1:200 的比例,很少采用 1:1 000、1:2 000 的比例。

4)用细点画线段表示道路中心线,车行道、人行道用粗实线表示,并注明构造分层情况,标明排水横坡度,图示出红线位置。

5)图中的绿地、房屋、河流、树木、灯杆等要用相应的图例示出;用中实线图示出分隔带设置情况;标明各部分的尺寸,尺寸单位为厘米;与道路相关的地下设施用图例示出,并注以文字及必要的说明。

4.1.3 道路纵断面图

1. 图样表示方法

(1)在图幅上部布置纵断面图的图样。在图幅下部采用表格形式布置测设数据。高程标尺应布置在测设数据表的上方左侧,如图4.13所示。

测设数据表应如图4.13所示的顺序进行排列。表格可根据不同设计阶段和不同道路等级的要求进行增减。纵断面图中的距离与高程应按不同比例绘制。

(2)采用粗实线表示道路设计线;采用细实线表示原地面线;采用细双点画线及水位符号表示地下水位线;地下水位测点可仅用水位符号表示,如图4.14所示。

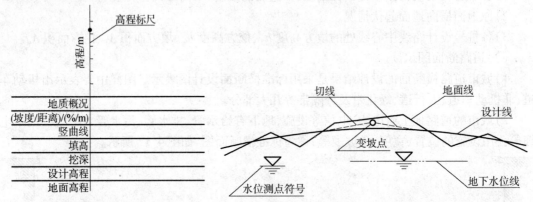

图4.13 纵断面图的布置　　图4.14 设计线、原地面线、地下水位线的标注

(3)当路线坡度发生变化时,应用直径为2 mm的中粗线圆圈表示变坡点;采用细虚线表示切线;采用粗实线表示竖曲线。标注竖曲线的竖直细实线应对准变坡点所在的桩号,线左侧标注桩号,线右侧标注变坡点的高程。水平细实线两端应对准竖曲线的起始点和终点。在水平线之上,两端的短竖直细实线应为凹曲线;反之为凸曲线。竖曲线要素,如半径R、切线长T和外矩E等数值均应标注在水平细实线的上方,如图4.15(a)所示。竖曲线标注也可布置在测设数据表内,此时,变坡点的位置应在坡度和距离栏内标出,如图4.15(b)所示。

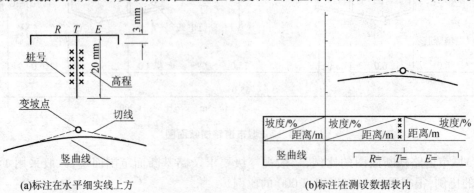

(a)标注在水平细实线上方　　　　(b)标注在测设数据表内

图4.15 竖曲线的标注

(4)在测设数据表中的平曲线栏中,用凹、凸折线分别表示道路的左、右转弯。当不设缓和曲线段时,如图4.16(a)所示进行标注;当设缓和曲线段时,如图4.16(b)所示进行标注。在曲线的一侧标注交点编号、桩号、偏角、半径和曲线长。

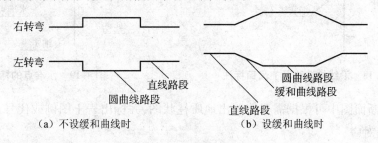

图4.16 平曲线的标注

2. 图例与标注

(1)当路线短链时,道路设计线应在相应桩号处断开,并如图4.17(a)所示进行标注。路线局部改线而发生长链时,利用已绘制的纵断面图,当高差较大时,应如图4.17(b)所示进行标注;当高差较小时,应如图4.17(c)所示进行标注。长链较长的且不能利用原纵断面图时,应另绘制长链部分的纵断面图。

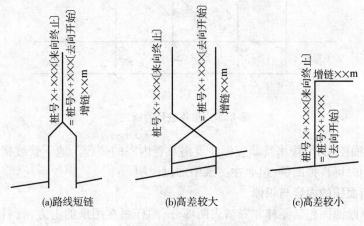

图4.17 断链的标注

(2)道路沿线的构造物、交叉口可在道路设计线的上方,用竖直引出线标注。竖直引出线应对准构造物或交叉口的中心位置。线左侧标注桩号,水平线上方标注构造物的名称、规格和交叉口名称,如图4.18所示。

(3)水准点应如图4.19所示进行标注。竖直引出线应对准水准点桩号,线左侧标注桩号,水平线上方标注编号和高程;线下方标注水准点的位置。

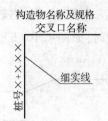 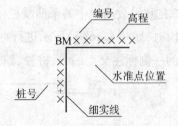

图 4.18　沿线构造物及交叉口标注　　　　图 4.19　水准点的标注

(4) 在纵断面图中可根据需要绘制出地质柱状图,并标出岩土图例或代号。各地层高程应与高程标尺对应。

探坑应按宽为 0.5 cm、深为 1:100 的比例进行绘制,在图样上应标注出高程及土壤类别图例。钻孔可按 0.2 cm 绘制,仅标注编号及深度,深度过长时可采用折断线标出。

(5) 在测设数据表中,设计高程、地面高程、填高和挖深的数值应对准其桩号,单位以米计算。

(6) 里程桩号应按由左向右进行排列,将所有固定桩及加桩桩号标出。桩号数值的字底应与所表示桩号位置对齐。整公里桩应标注"K",其余桩号的公里数可省略,如图 4.20 所示。

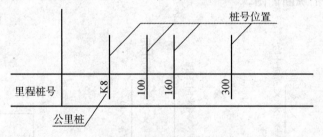

图 4.20　里程桩号的标注

(7) 在纵断面图中,给排水管涵应标注规格及管内底的高程。地下管线横断面应采用相应图例。无图例时可自拟图例,但要在图纸中加以说明。

3. 道路纵断面图的内容与识读

道路工程纵断面图包括图样和资料表两部分,图样画在图纸的上方,资料表列在图纸的下方。现参考图 4.21 进行识读介绍。

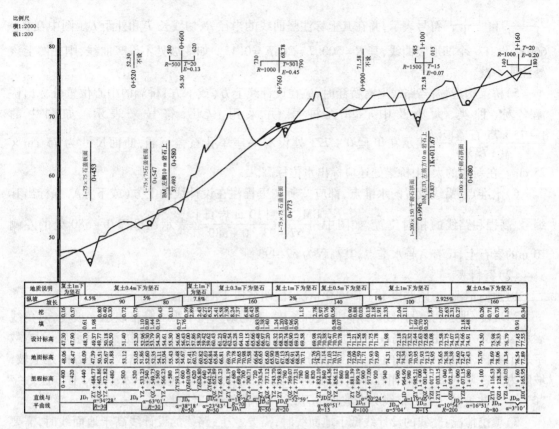

图 4.21 路线纵断面图

【解】 根据对图 4.21 的识读可以得出：

(1)图样部分。

1)比例：图样中水平方向表示路线长度，垂直方向表示高程。由于地面线和设计线的高差比起路线的长度小得多，如果铅垂向与水平向用同一比例画就很难把高差明显地表达出来。为了清晰反映垂直方向的高差，所以规定铅垂向的比例比水平向的比例放大 10 倍，一般在山岭区，水平向采用 1∶2 000，垂直方向为 1∶200，在丘陵区和平原区因地形变化较小，所以水平向采用 1∶5 000，铅垂向采用 1∶500。一条公路纵断面图有若干张，应在第一张的适当位置(在图纸右下角图标内或左侧竖向标尺处)注明铅垂、水平向所用比例。本图铅垂向比例采用 1∶200，水平向比例采用 1∶2 000，图上所画出的图线实际坡度大，看起来明显。从图中可知，纵断面图共有 13 张，本图图纸序号为 2。

2)地面线：图样中不规则的细折线表示沿道路设计中心线处的地面线。具体画法是将水准测量所得各桩的高程按铅垂向 1∶200 的比例，点绘在相应的里程桩上；然后顺次把各点用直尺连接起来，即为地面线，地面应用实线画出。

3)路面设计高程线：图上比较规则的直线与曲线相间的粗实线称为设计坡度，简称设计线，表示路基边缘的设计高程。它是根据地形、技术标准等设计出来的，设计线用粗实线画出。

4)竖曲线：在设计路面纵向坡度变更处，两相邻坡度之差的绝对值超过一定数值时，为有利于车辆行驶，应在坡度变更处设置圆形竖曲线。竖曲线分为凸形和凹形两种，分别用

"⌐⌐"和"⌐⌐"符号表示,并在其上标注竖曲线的半径 R、切线长 T 和外距 E。图中在 $0+660$ 处设有一个凹形竖曲线,其 $R=500$、$T=20$、$E=0.13$。如变坡处不设竖曲线,则在图上该处注明不设。

5)桥梁构造物:当路线上有桥涵时,应在设计线上方(或下方)桥涵的中心位置处标出桥涵名称、种类、大小及中心里程桩号,并采用"○",符号来表示。如图中 $\frac{1-75\times75\text{石盖板涵}}{0+733}$ 表示在里程 $0+773$ 处设有一座单孔石盖板涵,断面尺寸为 75 cm × 75 cm。在新建的大、中桥梁处还应标出水位标高。

6)水准点:沿线设置的水准点,都应按所在里程注在设计线的上方(或下方),并标出其编号、高程和路线的相对位置,如图中 $\frac{BM_2 \text{左侧} 10 \text{ m 岩石上}}{57.493 \quad 0+580}$ 表示在里程 $0+580$ 处的左侧 10 m 的岩石上,设有 2 号水准点,其高程为 57.493。

(2)资料表。

1)地质情况:道路路段上土质变化情况,注明各段土质名称。

2)坡度/坡长:指设计线的纵向坡度和长度,表的第二栏中第一分格表示一坡,对角线表示坡度的方向,先低后高表示上坡,先高后低表示下坡。对角线上方数字表示坡度,下方数字表示坡长,坡长以 m 为单位。如第三分格内注有"5%/80",表示顺路线前进方向是上坡,坡度为 5%、坡长 80 m。如在不设坡度的平路范围内,则在格中画一水平线,上方注数字"0",下方注坡长。各分格线为变坡点位置,应与竖曲线中心线对齐。

3)填挖情况:路线的设计线低于地面线时,需要挖土;路线的设计线高于地面线时,需要填土。这一项的各个数据是各点(桩号)的地面标高减设计标高的差。

4)标高:分设计标高和地面标高,它们和图样相对应,两者之差就是挖填的数值。

5)桩号:各点的桩号是按测量所测的里程填入表内,单位为 m。有些数据前有 ZY、QZ 和 YZ 符号,表示圆弧的起点、中点和终点;后面的数据表示起点、中点和终点的里程桩号,里程桩号之间的距离在表中按横向比例列入。因此,图中的设计线、地面线、竖曲线和涵洞等位置以及资料表中的各个项目都要与相应的桩号对齐。

6)平曲线:道路中心线示意图,平曲线的起止点用直角折线,"⌐⌐"表示左偏角的平曲线;"⌐⌐"表示右偏角的曲线。如图中 $\frac{JD_7 \ \alpha=34°28'}{R=30}$ 表示第 7 号交角点沿路线前进方向左转弯,转折角 $\alpha=34°28'$,平曲线半径 $R=30$ m。又如 $\frac{R=50}{JD_9 \ \alpha=38°18'}$ 表示第 9 号交角点沿路线前进方向右转弯,转折角 $\alpha=38°18'$,平曲线半径 $R=50$ m。两铅垂线间的距离为曲线长度。

当转折角小于某一定值时,不设平曲线,"定值"随公路等级而定。如四级公路的转折角 $\alpha\leq5°$ 时,不设平曲线,但需画出转折方向。如 JD20。用"∨"符号表示路线向左转弯,若是用"∧"符号则表示路线向右转弯。

4.1.4 道路路面结构图

1. 路面结构图

(1)典型路面的结构形式。典型的道路路面结构形式为磨耗层、上面层、下面层、连接层、上基层、下基层和垫层按由上向下的顺序排列,如图 4.22 所示。路面结构图的任务就是表达各结构层的材料和设计厚度。

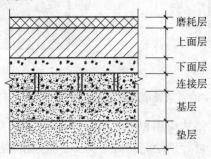

图 4.22 典型的道路路面结构

(2)单一型结构路面。当路面结构类型单一时,可在横断面上竖直引出标注,如图 4.8(a)所示。

(3)多层结构组成的路面。多层结构组成的路面,在同车道的结构层沿宽度一般无变化。因此,选择车道边缘处,即侧石位置一定宽度范围作为路面结构图图示的范围,这样既可图示出路面结构情况又可将侧石位置的细部构造及尺寸反映清楚,也可只反映路面结构分层情况,如图 4.23 所示。

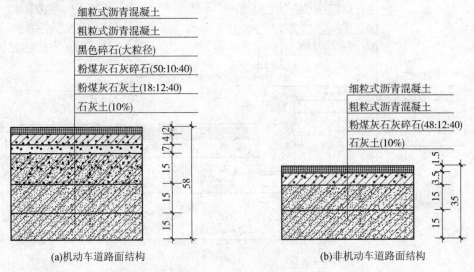

图 4.23 某城市道路路面结构图(单位:cm)

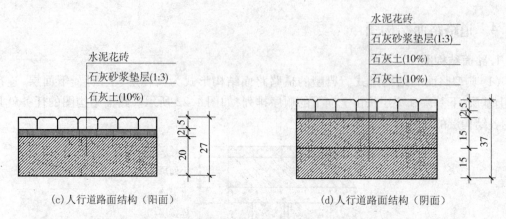

图 4.23 某城市道路路面结构图(单位:cm)续

路面结构图图样中,各层结构应用相应图例表达清晰(注明基层的厚度、性质、标准等)。当不同车道结构不同时,可分别绘制路面结构图,应注明图名、比例及文字说明等。

2. 路拱、机动车道与非机动车道结构图

(1)路拱大样图。路拱是为了满足道路的横向排水要求而设计的,其形式有抛物线、双曲线和双曲线中插入圆曲线等。路拱大样图的任务是表达清楚路面横向的形状。为了清晰地表达路拱的形状,应按垂直向比例大于水平向比例的方法绘制路拱大样图,如图4.9所示。

(2)机动车道与人行道结构图。如图4.24、图4.25所示为某市机动车道路面与人行道路面结构大样图,机动车道面层由三层沥青混合料组成。

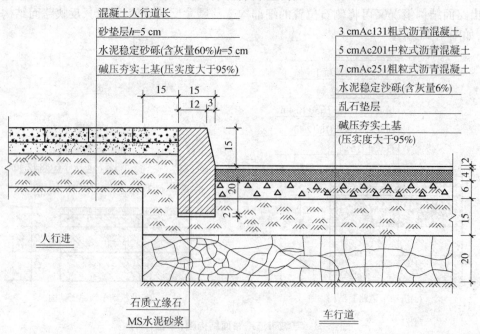

图 4.24 某市机动车道路面的结构大样示意图

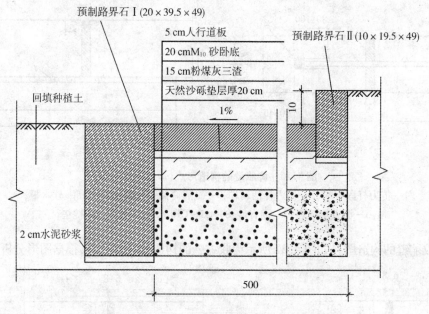

图 4.25　人行道路面结构大样示意图

3. 水泥路面接缝构造图

在水泥混凝土路面中,当前采用最广泛的是素混凝土路面。所谓素混凝土路面,是指除接缝区和局部范围外,不配置钢筋的混凝土路面。它的优点是:强度高、稳定性好、耐久性好、养护费用少、经济效益高、有利于夜间行车。但是,对水泥和水的用量大,路面有接缝,养护时间长,修复较困难。

(1)膨胀缝的构造图。

1)缝隙宽约 18~25 mm。在较高气温条件下施工时,或膨胀缝间距较短,应采用低限;反之用高限。缝隙上部约为厚板的 1/4 或 5 mm 深度内浇灌填缝料,下部则设置富有弹性的嵌缝板,它可由油浸或沥青制的软木板制成。

2)对行车量较大的道路,为确保荷载能在混凝土板间有效的传递,禁止形成错台,可在胀缝处板厚中央设置传力杆。传力杆一般为长 0.4~0.6 m,直径 20~25 mm 的光圆钢筋,每隔 0.3~0.5 m 设一根。杆的半段固定在混凝土内,另半段涂以沥青,套上长约 8~10 cm 的铁皮或塑料筒,筒底与杆端之间留出宽约 3~4 cm 的空隙,并用木屑与弹性材料填充,以利板的自由伸缩,如图 4.26(a)所示。在同一条胀缝上的传力杆,设有套筒的活动端最好在缝的两边交错布置。

3)由于设置传力杆需要钢材,故有时不设传力杆,而在板下用 C10 混凝土或其他刚性较大的材料,铺成断面为矩形或梯形的垫枕,如图 4.26(b)所示。为确保路面结实耐用,还可以在板与垫枕或基层之间铺一层或两层油毛毡或 2 cm 厚沥青砂,这样可以防止水经过胀缝渗入基层和土层。

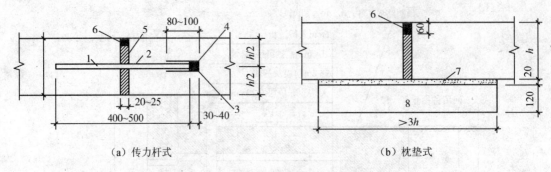

(a) 传力杆式　　　　　　　　　　(b) 枕垫式

图 4.26　膨胀缝的构造形式(单位:mm)

1—传力杆固定端;2—传力杆活动端;3—金属套筒;4—弹性材料;5—软木板;
6—沥青填缝料;7—沥青砂;8—C8～C10 水泥混凝土预制枕垫

(2)收缩缝的构造图。如图 4.27 所示为收缩缝的构造形式示意图,根据图形分析其构造。

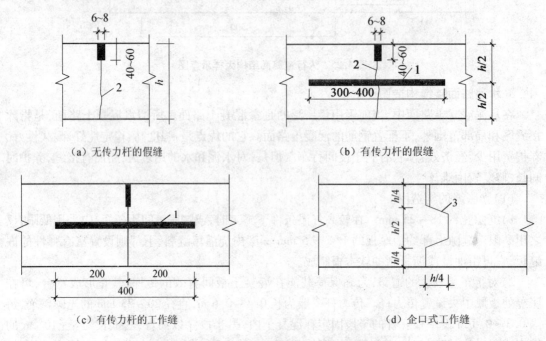

(a) 无传力杆的假缝　　　　　　　　(b) 有传力杆的假缝

(c) 有传力杆的工作缝　　　　　　　(d) 企口式工作缝

图 4.27　收缩缝的构造形式示意图(单位:mm)

1—传力杆;2—自行断裂缝;3—涂沥青

1)图 4.27(a)所示为收缩缝的假缝形式,即只在板的上部设缝隙,当板收缩时将沿此最薄弱断面有规则地自行断裂。

2)收缩缝缝隙宽约 5～10 mm,深度约为板厚的 1/4～1/3,一般为 4～6 m,纵向缩缝应与路中心线平行,一般做成企口缝形式或拉杆形式。

由于收缩缝缝隙下面板断裂面凹凸不平,能起一定的传荷作用,一般不必设置传力杆,对运载力较大的路段应在板厚中央设置传力杆。这种传力杆长度约为 0.3～0.4 m,直径 14～16 mm,每隔 0.30～0.75 m 设一根,如图 4.27(b)所示,一般全部锚固在混凝土内,以使缩缝下部凹凸面的传荷作用有所保证;但为便于板的翘曲,有时也将传力杆半段涂以沥青,称为滑动传力杆,而这种缝称为翘曲缝。应当补充指出,当在膨胀缝或收缩缝上设置传力杆时,传力杆与路面边缘的距离,应较传力杆间距小些。

(3)施工缝的构造图。

1)施工缝采用平头缝或企口缝的构造形式。平头缝上部应设置深为板厚1/4～1/3、宽为8～12 mm的沟槽,内浇灌填缝料。

2)为利于板间传递荷载,在板厚的中央也应设置传力杆,如图4.27(c)所示。传力杆长约0.40 m,直径20 mm,半段锚固在混凝土中,另半段涂沥青,亦称滑动传力杆。

3)如不设传力杆,则要专门的拉毛模板,把混凝土接头处做成凹凸不平的表面,以利于传递荷载。另一种形式是企口缝,如图4.27(d)所示。

4. 道路路面结构图识读实例

参考图4.28做出简单的识读分析。

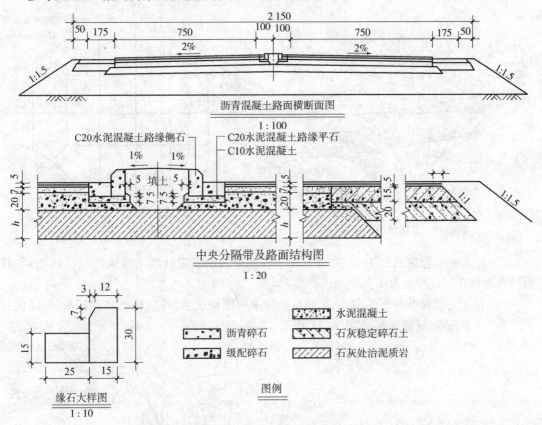

图4.28 沥青混凝土路面结构图

【解】 从图中可以看出:

(1)路面横断面图表示出行车道、路肩、中央分离带的尺寸,以及路拱的坡度。

(2)图中沥青混凝土的厚度为5 cm,沥青碎石的厚度为7 cm,石灰稳定碎石土的厚度为20 cm。行车道路面底基层与路肩的分界处,其宽度超出基层25 cm之后以1:1的坡度向下延伸。

(3)硬路肩的面层、基层和底基层的厚度分别为5 cm,15 cm,20 cm。硬路肩与土路肩的分界处,基层的宽度超出面层 10 cm 之后以 1:1 的坡度延伸至底基层的底部。

(4)中央分隔带处的尺寸标注及图示,说明两缘石中间需要填土,填土顶部从路基中线向两缘石倾斜,坡度为 1%。应标出路缘石和底座的混凝土强度等级、缘石的各部尺寸,以便按图施工。

4.1.5 道路交叉口施工图

1. 图样表示方法

(1)当交叉口改建、新旧道路衔接及旧路面加铺新路面材料时,可采用图例表示不同贴补厚度及不同路面结构的范围,如图 4.29 所示。

(2)水泥混凝土路面的设计高程数值应标注在板角处,并加注括号。在同一张图纸中,当设计高程的整数部分相同时,可省略整数部分,但应在图中说明,如图 4.30 所示。

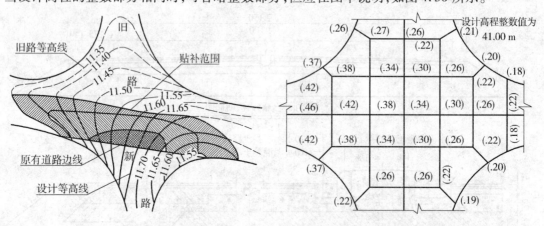

图 4.29　新旧路面的衔接　　　　图 4.30　水泥混凝土路面高程标注

(3)在立交工程纵断面图中,机动车与非机动车的道路设计线均应采用粗实线绘制,其测设数据可在测设数据表中分别列出。

(4)在立交工程纵断面图中,上层构造物应采用图例表示,并应标出其底部高程,图例的长度为上层构造物底部全宽,如图 4.31 所示。

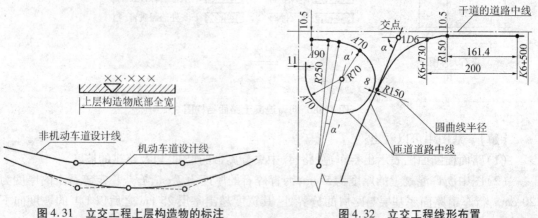

图 4.31　立交工程上层构造物的标注　　　　图 4.32　立交工程线形布置

(5)在互通式立交工程线形布置图中,匝道的设计线应采用粗实线表示,干道的道路中线应采用细点画线表示,如图4.32所示。并应列表表示出图中的交点、圆曲线半径、控制点位置、平曲线要素及匝道长度。

(6)在互通式立交工程纵断面图中,匝道端部的位置、桩号应采用竖直引出线标注,并在图中适当位置用中粗实线绘制线形示意图和标注各段的代号,如图4.33所示。

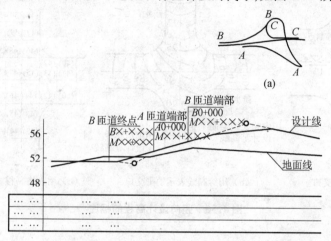

图4.33 互通式立交工程纵断面图匝道及线形

(7)在简单立交工程纵断面图中,应标注低位道路的设计高程;其所在桩号用引出线标注。当构造物中心与道路变坡点在同一桩号时,构造物应采用引出线标注,如图4.34所示。

(8)在立交工程交通量示意图中,如图4.35所示,交通量的流向应采用涂黑的箭头表示。

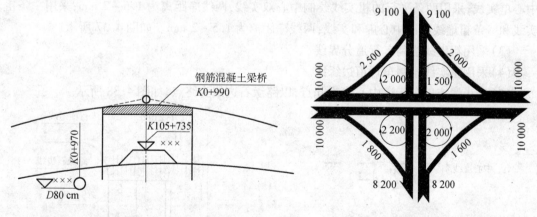

图4.34 简单立交中低位道路及构造物标注　　图4.35 立交工程交通量示意图

2. 交叉口竖向设计高程标注

交叉口竖向设计高程的标注应符合下列规定:

(1)较简单的交叉口仅需标注控制点的高程、排水方向及坡度,如图4.36(a)所示,排水方向可采用单边箭头表示。

(2)用等高线表示的平交口,等高线应用细实线表示,并每隔四条细实线绘制一条中粗实线,如图4.36(b)所示。

(3)用网格高程表示的平交路口,其高程数值应标注在网格交点的右上方,并加括号。

若高程整数值相同时,可省略,但要在图中说明。小数点前可不加"0"定位。网格应采用平行于设计道路中线的细实线绘制,如图4.36(c)所示。

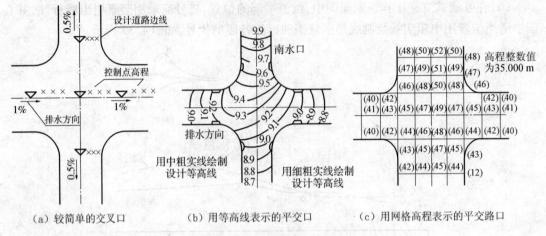

图 4.36 竖向设计高程的标注

4.1.6 道路交通工程图

1. 交通标线的图示内容

(1)应采用1~2 mm宽度的虚线或实线表示交通标线。

(2)车行道中心线的绘制应符合下列规定:采用粗虚线绘制中心虚线;采用粗实线绘制中心单实线;采用两条平行的粗实线绘制中心双实线,两线净距离为1.5~2 mm;采用一条粗实线和一条粗虚线绘制中心虚和实线,两线净距离为1.5~2 mm。如图4.37所示。

(3)采用粗虚线绘制车行道分界线。

(4)采用粗实线绘制车行道边缘线。

(5)停止线应以车行道中心线为起点,以路缘石边线为终点,如图4.38所示。

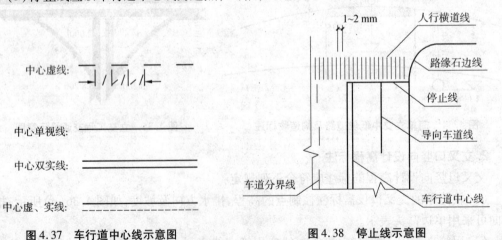

图 4.37 车行道中心线示意图　　　　图 4.38 停止线示意图

(6)采用竖条间隔1~2 mm的平行细实线绘制人行横道线。

(7)采用两条粗虚线绘制减速让行线。粗虚线间净距离为1.5~2 mm。

(8)采用斑马线绘制导流线。斑马线的线宽及间距应采用 2~4 mm,斑马线的图案可采用平行式或折线式如图 4.39 所示。

(9)停车位标线由中线和边线组成。采用一条粗虚线绘制中线,两条粗虚线绘制边线。中、边线倾斜的角度可按设计需要设定,如图 4.40 所示。

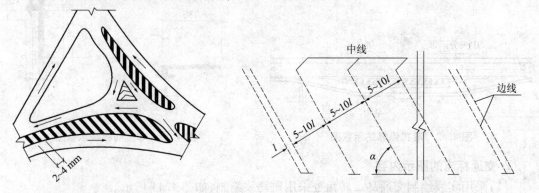

图 4.39 导流线示意图　　　　图 4.40 停车位标线示意图

(10)采用指向匝道的黑粗双边箭头表示出口标线。采用指向主干道的黑粗双边箭头表示入口标线。斑马线拐角尖的方向应与双边箭头的方向相反,如图 4.41 所示。

(11)港式停靠站标线由数条斑马线组成,如图 4.42 所示。

(12)采用黑粗双边箭头表示车流向标线,如图 4.43 所示。

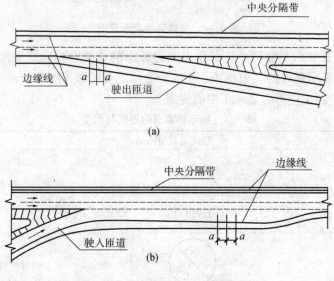

图 4.41 匝道出口、入口标线示意图

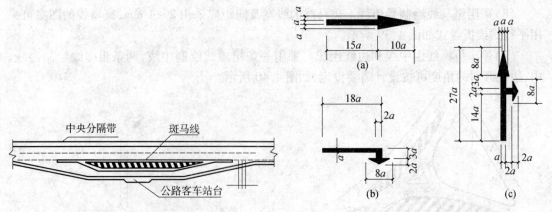

图 4.42 港式停靠站示意图　　图 4.43 车流向标线示意图

2. 交通标志的图示内容

（1）采用实线绘制交通岛。转角处采用斑马线绘制，如图 4.44 所示。

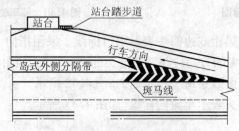

图 4.44 交通岛标志示意图

（2）在路线或交叉口平面图中应标注出交通标志的位置。标志应采用细实线绘制。标志的图号、图名应采用现行的国家标准《道路交通标志和标线》（GB 5768—2009）的规定表示。标志的尺寸与画法应符合表 4.1 中的规定。

表 4.1　标志示意图的形式与尺寸

规格种类	形式与尺寸/mm	画法
警告标志	等边三角形，（图号）（图名），15~20	等边三角形采用细实线绘制，顶角向上
禁令标志	圆形，（图号）45°（图名），15~20	图采用细实线绘制，图内斜线采用粗实线绘制
指示标志	圆形，（图号）（图名），15~20	图采用细实线绘制

第4章 道路工程识图与工程量清单计价

表 4.1 标志示意图的形式与尺寸

规格种类	形式与尺寸/mm	画法
指路标志	(图名)/(图号) 9/9 25~50	矩形框采用细实线绘制
高速公路指路标志	××高速/(图名)/(图名) a/3 a/3 a/3, a, a	正方形外框采用细实线绘制,边长为30~50 mm。方形内的粗、细实线间距为1 mm
辅助标志	(图名)/(图名) 9/9 30~50	长边采用粗实线绘制,短边采用细实线绘制

(3)采用粗实线绘制标志的支撑图式。支撑的画法见表4.2。

表 4.2 标志的支撑图示

名称	单柱式	双柱式	悬臂式	门式	附着式
图式	○	□	⊣□	⊢□⊣	将标志直接标注在结构物上

4.2 清单工程量计算规则

4.2.1 路基处理工程

路基处理工程工程量清单项目设置及工程量计算规则应按表4.3中的规定执行。

表 4.3 路基处理(编码:040201)

项目编码	项目名称	项目特征	计量单位	工程量计算规则	工程内容
040201001	强夯土方	密实度	m^2	按设计图示尺寸以面积计算	土方强夯
040201002	掺石灰	含灰量			掺石灰
040201003	掺干土	1.密实度 2.掺土率			掺干土
040201004	掺石	1.材料 2.规格 3.掺石率	m^3	按设计图示尺寸以体积计算	掺石
040201005	抛石挤淤	规格			抛石挤淤

续表 4.3

项目编码	项目名称	项目特征	计量单位	工程量计算规则	工程内容
040201006	袋装砂井	1. 直径 2. 填充料品种	m	按设计图示以长度计算	成孔、装袋砂
040201007	塑料排水板	1. 材料 2. 规格			成孔、打塑料排水板
040201008	石灰砂桩	1. 材料配合比 2. 桩径			成孔、石灰、砂填充
040201009	碎石桩	1. 材料规格 2. 桩径			1. 振冲器安装、拆除 2. 碎石填充、振实
040201010	喷粉桩	1. 桩径 2. 水泥含量			成孔、喷粉固化
040201011	深层搅拌桩				1. 成孔 2. 水泥浆制作 3. 压浆、搅拌
040201012	土工布	1. 材料品种 2. 规格	m²	按设计图示尺寸以面积计算	土工布铺设
040201013	排水沟、截水沟	1. 材料品种 2. 断面 3. 混凝土强度等级 4. 砂浆强度等级	m	按设计图示以长度计算	1. 垫层铺筑 2. 混凝土浇筑 3. 砌筑 4. 勾缝 5. 抹面 6. 盖板
040201014	盲沟	1. 材料品种 2. 断面 3. 材料规格	m		盲沟铺筑

4.2.2 道路基层工程

道路基层工程工程量清单项目设置及工程量计算规则应按表4.4中的规定执行。

表4.4 道路基层(编码:040202)

项目编码	项目名称	项目特征	计量单位	工程量计算规则	工程内容
040202001	垫层	1.厚度 2.材料品种 3.材料规格	m²	按设计图示尺寸以面积计算,不扣除各种井所占面积	1.拌和 2.铺筑 3.找平 4.碾压 5.养护
040202002	石灰稳定土	1.厚度 2.含灰量			
040202003	水泥稳定土	1.水泥含量 2.厚度			
040202004	石灰、粉煤灰、土	1.厚度 2.配合比			
040202005	石灰、碎石、土	1.厚度 2.配合比 3.碎石规格			
040202006	石灰、粉煤灰、碎(砾)石	1.材料品种 2.厚度 3.碎(砾)石规格 4.配合比			
040202007	粉煤灰	厚度			
040202008	砂砾石				
040202009	卵石				
040202010	碎石				
040202011	块石				
040202012	炉渣				
040202013	粉煤灰三渣	1.厚度 2.配合比 3.石料规格			
040202014	水泥稳定碎(砾)石	1.厚度 2.水泥含量 3.石料规格			
040202015	沥青稳定碎石	1.厚度 2.沥青品种 3.石料粒径			

4.2.3 道路面层工程

道路面层工程工程量清单项目设置及工程量计算规则应按表4.5中的规定执行。

表4.5 道路面层(编码:040203)

项目编码	项目名称	项目特征	计量单位	工程量计算规则	工程内容
040203001	沥青表面处治	1. 沥青品种 2. 层数	m²	按设计图示尺寸以面积计算,不扣除各种井所占面积	1. 洒油 2. 碾压
040203002	沥青贯入式	1. 沥青品种 2. 厚度			
040203003	黑色碎石	1. 沥青品种 2. 厚度 3. 石料最大粒径			1. 洒铺底油 2. 铺筑 3. 碾压
040203004	沥青混凝土	1. 水泥含量 2. 石料最大粒径 3. 厚度			
040203005	水泥混凝土	1. 混凝土强度等级、石料最大粒径 2. 厚度 3. 掺和料 4. 配合比			1. 传力杆及套筒制作、安装 2. 混凝土浇筑 3. 拉毛或压痕 4. 伸缝 5. 缩缝 6. 锯缝 7. 嵌缝 8. 路面养生
040203006	块料面层	1. 材质 2. 规格 3. 垫层厚度 4. 强度			1. 铺筑垫层 2. 铺砌块料 3. 嵌缝、勾缝
040203007	橡胶、塑料弹性面层	1. 材料名称 2. 厚度			1. 配料 2. 铺贴

4.2.4 人行道及其他工程

人行道及其他工程工程量清单项目设置及工程量计算规则应按表4.6中的规定执行。

表4.6 人行道及其他(编码:040204)

项目编码	项目名称	项目特征	计量单位	工程量计算规则	工程内容
040204001	人行道块料铺设	1. 材质 2. 尺寸 3. 垫层材料品种、厚度、强度 4. 图形	m^2	按设计图示尺寸以面积计算,不扣除各种井所占面积	1. 整形碾压 2. 垫层、基础铺筑 3. 块料铺筑
040204002	现浇混凝土人行道及进口坡	1. 混凝土强度等级、石料最大粒径 2. 厚度 3. 垫层、基础:材料品种、厚度、强度			1. 整形碾压 2. 垫层、基础铺筑 3. 混凝土浇筑 4. 养生
040204003	安砌侧(平、缘)石	1. 材料 2. 尺寸 3. 形状 4. 垫层、基础:材料品种、厚度、强度	m	按设计图示中心线长度计算	1. 垫层、基础铺筑 2. 侧(平、缘)石安砌
040204004	现浇侧(平、缘)石	1. 材料品种 2. 尺寸 3. 形状 4. 混凝土强度等级、石料最大粒径 5. 垫层、基础:材料品种、厚度、强度			1. 垫层铺筑 2. 混凝土浇筑 3. 养生
040204005	检查井升降	1. 材料品种 2. 规格 3. 平均升降高度	座	按设计图示路面标高与原有的检查井发生正负高差的检查井的数量计算	升降检查井
040204006	树池砌筑	1. 材料品种、规格 2. 树池尺寸 3. 树池盖材料品种	个	按设计图示数量计算	1. 树池砌筑 2. 树池盖制作、安装

4.2.5 交通管理设施工程

交通管理设施工程工程量清单项目设置及工程量计算规则应按表4.7中的规定执行。

表4.7 交通管理设施(编码:040205)

项目编码	项目名称	项目特征	计量单位	工程量计算规则	工程内容
040205001	接线工作井	1.混凝土强度等级、石料最大粒径 2.规格	座	按设计图示数量计算	浇筑
040205002	电缆保护管铺设	1.材料品种 2.规格 3.基础材料品种、厚度、强度	m	按设计图示以长度计算	电缆保护管制作、安装
040205003	标杆		套	按设计图示数量计算	1.基础浇捣 2.标杆制作、安装
040205004	标志板		块		标志板制作、安装
040205005	视线诱导器	类型	只		安装
040205006	标线	1.油漆品种 2.工艺 3.线型	km	按设计图示以长度计算	画线
040205007	标记	1.油漆品种 2.规格 3.形式	个	按设计图示以数量计算	
040205008	横道线	形式	m²	按设计图示尺寸以面积计算	
040205009	清除标线	清除方法			清除
040205010	交通信号灯安装	型号	套	按设计图示数量计算	
040205011	环形检测线安装	1.类型 2.垫层、基础:材料品种、厚度、强度	m	按设计图示长度计算	1.基础浇捣 2.安装
040205012	值警亭安装		座	按设计图示数量计算	
040205013	隔离护栏安装	1.部位 2.形式 3.规格 4.类型 5.材料品种 6.基础材料品种、强度	m	按设计图示以长度计算	1.基础浇筑 2.安装
040205014	立电杆	1.类型 2.规格 3.基础材料品种、强度	根	按设计图示数量计算	1.基础浇筑 2.安装
040205015	信号灯架空走线	规格	km	按设计图示以长度计算	架线

续表 4.7

项目编码	项目名称	项目特征	计量单位	工程量计算规则	工程内容
040205016	信号机箱	1. 形式 2. 规格 3. 基础材料品种、强度	只	按设计图示数量计算	1. 基础浇筑或砌筑 2. 安装 3. 系统调试
040205017	信号灯架		组		
040205018	管内穿线	1. 规格 2. 型号	km	按设计图示以长度计算	穿线

4.3 清单项目相关说明

4.3.1 路基处理工程

(1)弹软土基处理主要包括掺石灰、掺干土、掺石和抛石挤淤等项目,计量单位和计算方法是根据土基处理不同形式方法要求,按照不同厚度以立方米、延长米分别计入到列表中。

(2)弹软土基处理均按 15% 水量计算入材料消耗量,砂底层铺入垫层料均按 8% 用水量计入材料消耗量。

(3)主要材料、辅助材料凡能计量的均应按品种、规格、数量,并按材料损耗率规定增加损耗量后列出。其他材料以占材料费的百分比表示,不再计入定额材料消耗量。其他材料费道路工程综合取定为 0.50%。主要材料的压实密度,松方干密度、压实系数及材料损耗率及损耗系数按相关规定计取。

(4)排水沟、截水沟和暗沟多适用于中小城市及郊区公路的需要,其土质为综合取定:二类土占 50%,三类土占 25% 四类土占 25%。

(5)路基处理清单工程量按《清单计价规范》规定的计量单位和计算规则计算。

4.3.2 道路基层工程

(1)道路基层厚度以压实后的厚度为准。

(2)道路基层工程量按设计图示尺寸以面积计算,不扣除各种井所占面积。

(3)道路基层按不同结构分别分层设立清单项目。

4.3.3 道路面层工程

(1)道路面层按不同结构分层设立清单项目。

(2)道路面层的厚度以压实后的厚度为准。

(3)道路面层清单工程量按设计图示尺寸以面积计算,不扣除各井所占面积。

(4)常见沥青混凝土路面配合比及水泥混凝土路面配合比按相关规定计取。

4.3.4 行道及其他工程

(1)人行道及其他工程的不同项目分别按《清单计价规范》规定的计量单位和计算规则计算清单工程量。

(2)人行道及其他工程按不同规格材料及不同材料整层分列子目,供各地区选用。

4.3.5 交通管理设施工程

(1)作为完整的道路工程应设立交通管理设施这部分内容。

(2)交通管理设施的不同项目按《清单计价规范》规定的计量单位和计算规则计算清单工程量。

4.4 道路工程工程量计算实例

【例4.1】 某道路 K1+000~K1+225 标段为沥青混凝土结构,如图 4.45 所示路面宽度为 14 m,路面两边铺侧缘石,根据上述情况,进行道路工程工程量的编制。

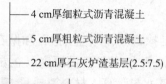

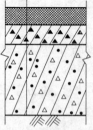

图 4.45 道路结构示意图

【解】 (1)石灰炉渣基层面积/m^2:

$14 \times (1\ 225 - 1\ 000) = 14 \times 225 = 3\ 150$

(2)沥青混凝土面层面积/m^2:

$14 \times 225 = 3\ 150$

(3)侧缘石长度/m:

$225 \times 2 = 450$

清单工程量计算表见表4.8。

表 4.8 清单工程量计算表

序号	项目编码	项目名称	项目特征描述	计算单位	工程量
1	040202004001	石灰、粉煤灰、土	石灰炉渣(2.5:7.5)基层22 cm厚	m^2	3 150
2	040203004001	沥青混凝土	5 cm厚粗粒式,石料最大粒径30 mm	m^2	3 150
3	040203004002	沥青混凝土	4 cm厚细粒式,石料最大粒径20 mm	m^2	3 150
4	040204003001	安砌侧(平、缘)石	C30混凝土缘石安砌,砂垫层	m	450

【例 4.2】 某一级道路为沥青混凝土结构(K1 + 100 ~ K1 + 1 325),结构如图 4.46 所示,路面宽度为 16 m,其中 K1 + 550 ~ K1 + 595 之间为过湿土基,用石灰砂桩进行处理,按矩形布置,桩间距为 90 cm。石灰桩示意图如图 4.47 所示,试计算道路工程量。

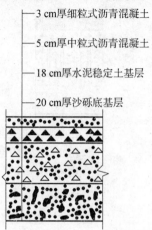
图 4.46 道路结构图

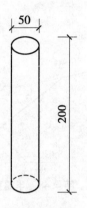
图 4.47 石灰桩示意图(单位:cm)

【解】 (1)砂砾底基层面积/m^2:
$16 \times 1\,225 = 19\,600$
(2)水泥稳定土基层面积/m^2:
$16 \times 1\,225 = 19\,600$
(3)沥青混凝土面层面积/m^2:
$16 \times 1\,225 = 19\,600$
(4)道路横断面方向布置桩数/个:
$16 \div 0.9 + 1 \approx 19$
(5)道路纵断面方向布置桩数/个:
$(1595 - 1550) \div 0.9 + 1 = 51$
(6)所需桩数/个:$19 \times 50 = 950$
(7)总桩长度/m:$950 \times 2 = 1\,900$
清单工程量计算表见表 4.9。

表 4.9 清单工程量计算表

序号	项目编码	项目名称	项目特征描述	计算单位	工程量
1	040202008001	砂砾石	20 cm 厚砂砾底基层	m^2	19 600
2	040202003001	水泥稳定土	18 cm 厚水泥稳定土基层	m^2	19 600
3	040203004001	沥青混凝土	5 cm 厚中粒式石油沥青混凝土,石料最大粒径 40 mm	m^2	19 600
4	040203004002	沥青混凝土	3 cm 厚细粒式石油沥青混凝土,石料最大粒径 20 mm	m^2	19 600
5	040201008001	石灰砂桩	桩径为 50 cm,水泥砂石比为 1:2.4:4,水灰比 0.6	m	1 900

【例4.3】 某道路全长 6 250 m,路面宽度为 20 m,路基每侧加宽值为 0.5 m。道路结构图、半路堑示意图如图 4.48、图 4.49 所示。需要在全线范围内设置边沟,在 K2+110~K2+890 之间为半路堑,在挖方一侧要设置截水沟,试计算该道路的工程量。

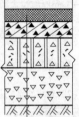

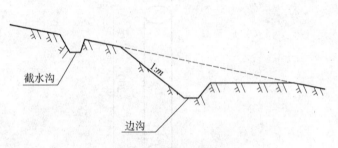

图 4.48 半路堑示意图　　　　图 4.49 道路结构图

【解】 (1)碎石底层的面积/m^2:
6 250×20=125 000
(2)水泥稳定碎石基层面积/m^2:
6 250×20=125 000
(3)沥青混凝土面层的面积/m^2:
6 250×20=125 000
(4)边沟的长度/m:
6 250×2=12 500
(5)截水沟的长度/m:
(2 890-2 110)m=780
清单工程量计算表见表 4.10。

表 4.10 清单工程量计算表

序号	项目编码	项目名称	项目特征描述	计算单位	工程量
1	040202010001	碎石	22 cm 厚碎石底层	m^2	125 000
2	040202004001	水泥稳定碎(砾)石	20 cm 厚水泥稳定碎石基层	m^2	125 000
3	040203004001	沥青混凝土	6 cm 厚粗粒式沥青混凝土	m^2	125 000
4	040203004001	沥青混凝土	2 cm 厚细粒式沥青混凝土	m^2	125 000
5	040201013001	排水、截水沟	排水边沟,梯形断面	m	12 500
6	040201013002	排水、截水沟	截水沟,梯形断面	m	780

【例4.4】 某市一号道路 K0+000~K0+100 为沥青混凝土结构,K0+100~K0+135 为混凝土结构,车行道道路结构如图 4.50 所示、人行道道路结构如图 4.51 所示。路面修筑宽度为 10 m,路肩各宽 1 m,为保证压实,每边各加 30 cm。路面两边铺侧缘石。试编制工程量清单和工程量清单计价表。

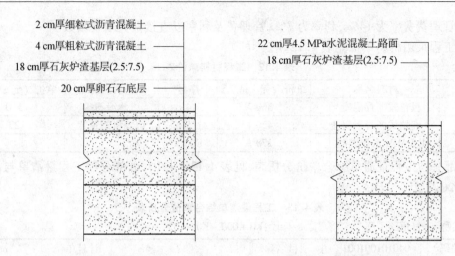

图 4.50 车行道道路结构图　　图 4.51 人行道道路结构图

【解】 (1) 工程量清单编制。分部分项工程量清单与计价表见表 4.11。

表 4.11 分部分项工程量清单与计价表

工程名称：一号道路工程　　　　段：K0+000~K0+135　　　　第 页 共 页

序号	项目编号	项目名称	项目特征描述	计量单位	工程数量	金额/元 综合单价	合价	其中：暂估价
1	040202009001	卵石	卵石底层，厚 20 cm	m²	1 000			
2	040202006001	石灰、粉煤灰、碎(砾)石	石灰炉渣 2.5:7.5，厚 20 cm	m²	350			
3	040202006002	石灰、粉煤灰、碎(砾)石	石灰炉渣 2.5:7.5，厚 18 cm	m²	1 000			
4	040203004001	沥青混凝土	厚 4 cm，最大粒径 5 cm，石油沥青	m²	1 000			
5	040203004002	沥青混凝土	厚 2 cm，最大粒径 3 cm，石油沥青	m²	1 000			
6	040203005001	水泥混凝土	4.5 MPa，厚 22 cm	m²	350			
7	040204003001	安砌侧(平缘)石	安砌侧(平缘)石	m	270			
			合计					

(2) 工程量清单计价。

施工方案如下：

1) 卵石底层用人工铺装、压路机碾压。

2) 石灰炉渣基层用拖拉机拌和、机械铺装、压路机碾压、顶层用洒水机养生。

3) 机械铺摊沥青混凝土，粗粒式沥青混凝土和细粒式沥青混凝土用厂拌运到现场，运距 5 km。

4) 水泥混凝土采取现场机械拌和、人工筑铺、用草袋覆盖洒水养生。

5) 设计侧缘石长 50 cm。

6) 采用切缝机钢锯片。

7)管理费费率为14%,利率为7%,管理费及利率以直接费为取费基数。
8)工程采用材料单价见表4.12。

表4.12 工程材料单价表

序号	材料名称	单价/(元·m^{-3})	序号	材料名称	单价/(元·片$^{-1}$)
1	粗粒式沥青混凝土	360	4	侧缘石	5.0
2	细粒式沥青混凝土	420	5	切缝机钢锯片	23
3	4.5 MPa 水泥混凝土	170			

分部分项工程量清单综合单价分析表,见表4.13~4.19,分部分项工程量清单与计价表见表4.20。

表4.13 工程量清单综合单价分析表

工程名称:一号道路工程　　　　标段:K0+000~K0+135　　　　第　页　共　页

项目编码	040101001001	项目名称	卵石	计量单位	m²

清单综合单价组成明细									
定额编号	定额名称	定额单位	数量	单价				合价		
				人工费	材料费	机械费	管理费和利润	人工费	材料费	机械费	管理费和利润
2-185	卵石	100 m²	0.011	272.79	1 172.37	63.29	316.78	3.00	12.90	0.70	3.48
人工单价				小计				3.00	12.90	0.70	3.48
22.47元/工日				未计价材料费						1.18	
清单项目综合单价										21.26	

材料费明细	主要材料名称、规格、型号	单位	数量	单价/元	合价/元	暂估单价/元	暂估合价/元
	卵石、杂色	m³	0.024	43.96	1.06		
	中粗砂	m³	0.002 7	44.23	0.12		
	其他材料费			—	—		—
	材料费小计			—	1.18		—

注:"数量"栏为"投标方工程量÷招标方工程量÷定额单位数量",如"0.011"为"1 060÷1 000÷100"。

表4.14 工程量清单综合单价分析表

工程名称:一号道路工程　　　　标段:K0+000~K0+135　　　　第　页　共　页

项目编码	040202006001	项目名称	石灰炉渣基层(厚20 cm)	计量单位	m²

清单综合单价组成明细									
定额编号	定额名称	定额单位	数量	单价				合价			
				人工费	材料费	机械费	管理费和利润	人工费	材料费	机械费	管理费和利润
2-151	石灰炉渣2.5:7.5,厚20 cm	100 m²	0.01	91.68	1748.98	157.89	419.70	0.92	17.49	1.58	4.2
2-177	顶层多合土养生	100 m²	0.01	1.57	0.66	10.52	2.68	0.02	0.01	0.11	0.03
人工单价				小计				0.94	17.50	1.69	4.23
22.47元/工日				未计价材料费						1.74	
清单项目综合单价										26.10	

续表 4.14

工程名称:一号道路工程　　　　　标段:K0+000~K0+135　　　　　第　页　共　页

项目编码	040202006001	项目名称	石灰炉渣基层(厚20 cm)	计量单位	m^2

清单综合单价组成明细

材料费明细	主要材料名称、规格、型号	单位	数量	单价/元	合价/元	暂估单价/元	暂估合价/元
	生石灰	t	0.006 4	120.0	0.77		
	中粗砂	m^3	0.024	39.97	0.97		
	水	m^3	0.005 5	0.45	0.002		
	其他材料费				—		
	材料费小计				1.74		

注:"数量"栏为"投标方工程量÷招标方工程量÷定额单位数量",如"0.01"为"350÷350÷100"。

表 4.15　工程量清单综合单价分析表

工程名称:一号道路工程　　　　　标段:K0+000~K0+100　　　　　第　页　共　页

项目编码	040202006002	项目名称	石灰炉渣基层(厚18 cm)	计量单位	m^3

清单综合单价组成明细

定额编号	定额名称	定额单位	数量	单价				合价			
				人工费	材料费	机械费	管理费和利润	人工费	材料费	机械费	管理费和利润
2-151	石灰炉渣 2.5:7.5,厚20 cm	100 m^2	0.011	91.68	1 748.98	157.89	419.7	1.01	19.24	1.74	4.62
2-152	石灰炉渣 2.5:7.5,厚18 cm	100 m^2	0.011	-2.92	-87.28	-0.83	-19.12	-0.03	-0.96	-0.01	-0.21
2-177	顶层多合土养生	100 m^2	0.011	1.57	0.66	10.52	2.68	0.02	0.01	0.12	0.03
人工单价				小计				1.00	18.29	1.85	4.44
22.47 元/工日				未计价材料费				1.58			
				清单项目综合单价				27.16			

材料费明细	主要材料名称、规格、型号	单位	数量	单价/元	合价/元	暂估单价/元	暂估合价/元
	生石灰	t	0.005 8	120.0	0.70		
	中粗砂	m^3	0.022	39.97	0.88		
	水	m^3	0.005 1	0.45	0.002		
	其他材料费				—		
	材料费小计				1.58		

注:"数量"栏为"投标方工程量÷招标方工程量÷定额单位数量",如"0.011"为"1 060÷1 000÷100"。

表 4.16 工程量清单综合单价分析表

工程名称:一号道路工程　　　　标段:K0+000~K0+100　　　　第　页　共　页

项目编码	040203004001	项目名称	沥青混凝土	计量单位	m²

清单综合单价组成明细

定额编号	定额名称	定额单位	数量	单价				合价			
				人工费	材料费	机械费	管理费和利润	人工费	材料费	机械费	管理费和利润
2-267	粗粒式沥青混凝土路面	100 m²	0.01	49.43	12.30	146.72	43.77	0.49	0.12	1.47	0.44
2-249	喷洒沥青油料	100 m²	0.01	1.8	146.33	19.11	35.12	0.02	1.46	0.19	0.35
人工单价				小计				0.51	1.58	1.66	0.79
22.47元/工日				未计价材料费				14.4			
清单项目综合单价								18.94			

材料费明细	主要材料名称、规格、型号	单位	数量	单价/元	合价/元	暂估单价/元	暂估合价/元
	沥青混凝土	m³	0.04	360	14.4		
	其他材料费				—		—
	材料费小计				—	14.4	—

注:"数量"栏为"投标方工程量÷招标方工程量÷定额单位数量",如"0.01"为"1 000÷1 000÷100"。

表 4.17 工程量清单综合单价分析表

工程名称:一号道路工程　　　　标段:K0+000~K0+100　　　　第　页　共　页

项目编码	040203004002	项目名称	沥青混凝土	计量单位	m²

清单综合单价组成明细

定额编号	定额名称	定额单位	数量	单价				合价			
				人工费	材料费	机械费	管理费和利润	人工费	材料费	机械费	管理费和利润
2-284	细粒式沥青混凝土路面	100 m²	0.01	37.08	6.24	78.74	25.63	0.37	0.62	0.79	0.26
人工单价				小计				0.37	0.62	0.79	0.26
22.47元/工日				未计价材料费				8.4			
清单项目综合单价								10.44			

材料费明细	主要材料名称、规格、型号	单位	数量	单价/元	合价/元	暂估单价/元	暂估合价/元
	细(微)粒沥青混凝土	m³	0.02	420	8.4		
	其他材料费				—		—
	材料费小计				—	8.4	—

注:"数量"栏为"投标方工程量÷招标方工程量÷定额单位数量",如"0.01"为"1 000÷1 000÷100"。

第4章 道路工程识图与工程量清单计价

表4.18 工程量清单综合单价分析表

工程名称:一号道路工程　　　　标段:K0+000~K0+135　　　　第　页　共　页

项目编码	040203005001	项目名称		水泥混凝土		计量单位			m²

清单综合单价组成明细

定额编号	定额名称	定额单位	数量	单价				合价			
				人工费	材料费	机械费	管理费和利润	人工费	材料费	机械费	管理费和利润
2-290	水泥混凝土路面	100 m²	0.01	814.54	138.65	92.52	219.60	8.15	1.39	0.93	2.20
2-294	伸缩缝	100 m²	0.007	77.75	756.66	—	175.23	0.54	5.30	—	1.23
2-298	锯缝机锯缝	100 m²	0.057	14.38	—	8.14	4.73	0.82	—	0.46	0.27
2-300	混凝土路面养护(草袋)	100 m²	0.01	25.84	106.59	—	27.81	0.26	1.07	—	0.28
人工单价			小计					9.77	7.76	1.39	3.98
22.47元/工日			未计价材料费					37.56			
清单项目综合单价								60.46			

材料费明细	主要材料名称、规格、型号	单位	数量	单价/元	合价/元	暂估单价/元	暂估合价/元
	混凝土	m³	0.22	170	37.40		
	钢锯片	片	0.007	23	0.16		
	其他材料费			—			
	材料费小计			—	37.56	—	

注:"数量"栏为"投标方工程量÷招标方工程量÷定额单位数量",如"0.01"为"350÷350÷100"。

表4.19 工程量清单综合单价分析表

工程名称:一号道路工程　　　　标段:K0+000~K0+135　　　　第　页　共　页

项目编码	040204003001	项目名称		安砌侧(平缘)石		计量单位			m

清单综合单价组成明细

定额编号	定额名称	定额单位	数量	单价				合价			
				人工费	材料费	机械费	管理费和利润	人工费	材料费	机械费	管理费和利润
2-331	砂垫层	100 m²	0.01	13.93	57.42	—	14.98	0.14	0.57	—	0.15
2-334	混凝土缘石	100 m	0.01	114.6	34.19		31.25	1.15	0.34		0.31
人工单价			小计					1.29	0.91	—	0.46
22.47元/工日			未计价材料费					5.1			

材料费明细	主要材料名称、规格、型号	单位	数量	单价/元	合价/元	暂估单价/元	暂估合价/元
	混凝土侧石	m	1.02	5.00	5.1		
	其他材料费			—			
	材料费小计			—	5.1	—	

注:"数量"栏为"投标方工程量÷招标方工程量÷定额单位数量",如"0.01"为"270÷270÷100"。

表4.20 分部分项工程量清单与计价表

工程名称：一号道路工程　　　　标段：K0+000~K0+135　　　　　第 页 共 页

序号	项目编号	项目名称	项目特征描述	计量单位	工程数量	金额/元		
						综合单价	合价	其中：暂估价
1	040202009001	卵石	卵石底层,厚20 cm	m²	1 000	21.26	21 260	
2	040202006001	石灰、粉煤灰、碎(砾)石	石灰炉渣2.5:7.5,厚20 cm	m²	350	26.10	9 135	
3	040202006002	石灰、粉煤灰、碎(砾)石	石灰炉渣2.5:7.5,厚18 cm	m²	1 000	27.16	27 160	
4	040203004001	沥青混凝土	厚4 cm,最大粒径5 cm,石油沥青	m²	1 000	18.94	18 940	
5	040203004002	沥青混凝土	厚2 cm,最大粒径3 cm,石油沥青	m²	1 000	10.44	10 440	
6	040203005001	水泥混凝土	4.5 MPa,厚22 cm	m²	350	60.46	21 161	
7	040204003001	安砌侧(平缘)石	安砌侧(平缘)石	m	270	7.76	2 095.2	
			合计				110 190.2	

第5章 桥涵工程识图与工程量清单计价

5.1 桥涵工程制图与识图

5.1.1 桥梁的组成

桥梁是跨越障碍物(如河流、沟谷、其他道路、铁路等)的结构物。在桥梁工程中,较常采用的是梁桥和拱桥,如图5.1和图5.2所示。除此两种以外,钢桥、悬索桥和斜拉桥的应用也日益广泛,成为桥梁工程不可缺少的组成部分。

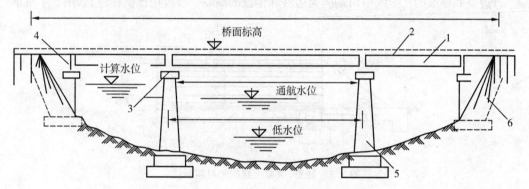

图5.1 梁桥基本组成部分
1—主梁;2—桥面;3—支座;4—桥台;5—桥墩;6—锥坡

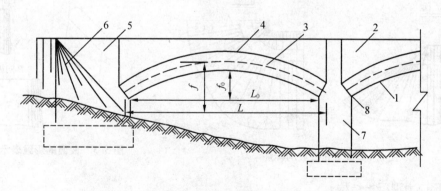

图5.2 拱桥基本组成部分
1—拱圈;2—拱上结构;3—拱轴线;4—拱顶;5—桥台;
6—锥坡;7—桥墩;8—拱脚

无论是梁桥,还是拱桥,一般都是由上部结构(桥跨结构)、下部结构和附属结构三部分组成:

（1）上部结构包括承重结构和桥面系，是在线路中断时跨越障碍的主要承重结构。它的作用是承受车辆等荷载，并通过支座传给墩台。

（2）下部结构由桥墩、桥台组成（单孔桥没有桥墩）。下部结构的作用是支撑上部结构，并将结构重力和车辆荷载等传给地基；桥台还与路堤连接并抵御路堤土压力。

（3）附属结构包括桥头锥形护坡、护岸导流结构物等。它的作用是抵御水流的冲刷，防止路堤土坍塌。

5.1.2 桥涵工程施工图的绘制

1. 桥涵结构图

（1）砖石、混凝土结构。

1）砖石、混凝土结构图中的材料标注，可在图形中适当位置用图例表示，如图5.3所示。当不方便绘制材料图例时，可采用引出线标注材料名称及配合比。

2）边坡和锥坡的长短线引出端应为边坡和锥坡的高端。坡度用比例标注，如图5.4所示。

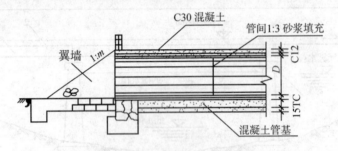

图5.3 砖石、混凝土结构的材料标注

3）当绘制构造物的曲面时，可采用疏密不等的影线表示，如图5.5所示。

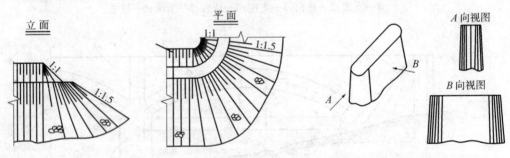

图5.4 边坡和锥坡的标注　　　　图5.5 曲面的影线表示法

（2）预应力混凝土结构。

1）预应力钢筋应采用粗实线或2 mm直径以上的黑圆点表示。图形轮廓线应采用细实线表示。当预应力钢筋与普通钢筋在同一视图中出现时，普通钢筋应采用中粗实线表示。一般构造图中的图形轮廓线应采用中粗实线表示。

2）在预应力钢筋布置图中，应标注预应力钢筋的数量、型号、长度、间距和编号。编号应以阿拉伯数字表示。编号格式应符合下列规定：

① 在横断面图中,应将编号标注在与预应力钢筋断面对应的方格内,如图5.6(a)所示。

② 在横断面图中,当标注位置足够时,可将编号标注在直径为4～8 mm的圆圈内,如图5.6(b)所示。

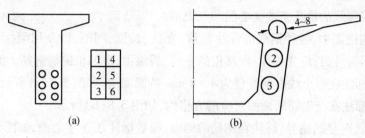

图5.6 预应力钢筋的标注

③ 在纵断面图中,当结构简单时,可将冠以 N 字的编号标注在预应力钢筋的上方。当预应力钢筋的根数大于1时,也可将数量标注在 N 字之前;当结构复杂时,可自拟代号,但要在图中加以说明。

3)在预应力钢筋的纵断面图中,可采用表格的形式,以每隔0.5～1 mm 的间距,标出纵、横、竖三维坐标值。

4)对弯起的预应力钢筋应列表或直接在预应力钢筋大样图中,标出弯起角度、弯曲半径切点的坐标(包括纵弯或既纵弯又平弯的钢筋)及预留的张拉长度,如图5.7所示。

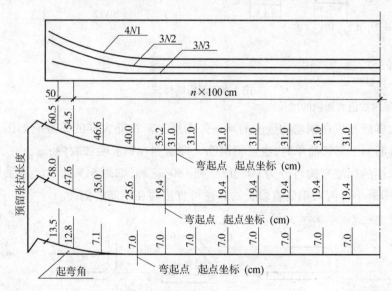

图5.7 预应力钢筋大样

5)预应力钢筋在图中的几种表示方法如下:

预应力钢筋或钢绞线　　　———–———

后张法预应力钢筋断面　　　⊕

无黏结预应力钢筋断面

预应力钢筋断面　　　　　　+

(3)钢筋混凝土结构。

1)钢筋构造图应置于一般构造之后。当结构外形简单时,二者可绘制在同一视图中。

2)在一般构造图中,外轮廓线应以粗实线表示,钢筋构造图中的轮廓线应以细实线表示。钢筋应以粗实线的单线条或实心黑圆点表示。

3)在钢筋构造图中,各种钢筋应标注数量、直径、长度、间距,以及用阿拉伯数字表示的编号。当给钢筋编号时,应先编主、次部位的主筋,后编主、次部位的构造筋。编号格式如下:

① 编号应标注在引出线右侧直径为 4~8 mm 的圆圈内,如图 5.8(a)所示。

② 编号可标注在与钢筋断面图对应的方格内,如图 5.8(b)所示。

③ 可将冠以 N 字的编号,标注在钢筋的侧面,根数标注在 N 字之前,如图 5.8(c)所示。

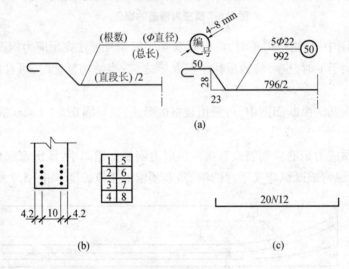

图 5.8 钢筋的标注

注:图中括号内数值为圆钢的增长值。

4)钢筋大样应布置在钢筋构造图的同一张图纸上。钢筋大样的编号应如图 5.8 所示进行标注。当钢筋加工形状简单时,也可将钢筋大样绘制在钢筋明细表内。

5)钢筋末端的标准弯钩可分为 90°、135°和 180°三种,如图 5.9 所示。当采用标准弯钩时(标准弯钩即最小弯钩),钢筋直段长的标注可直接写在钢筋的侧面。

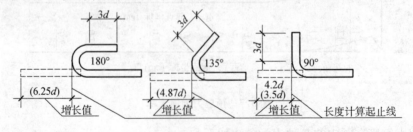

图 5.9 标准弯钩

6)当钢筋直径大于 10 mm 时,应修正钢筋的弯折长度。除标准弯折外,其他角度的弯折应在图中画出大样,并表示出切线与圆弧的差值。

7)焊接的钢筋骨架标注方法如图 5.10 所示。

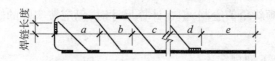

图5.10 焊接钢筋骨架的标注

8)箍筋大样可不绘出弯钩,如图5.11(a)所示,当为扭转或抗震箍筋时,应在大样图的右上角绘制两条倾斜45°的斜短线,如图5.11(b)所示。

9)在钢筋构造图中,当有指向阅图者弯折的钢筋时,应采用黑圆点表示;当有背向阅图者弯折的钢筋时,应采用"×"表示,如图5.12所示。

10)当钢筋的规格、形状和间距完全相同时,可仅用两根钢筋表示,但应表示出钢筋的布置范围及钢筋的数量、直径和间距,如图5.13所示。

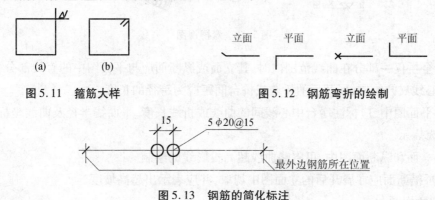

图5.11 箍筋大样　　　　图5.12 钢筋弯折的绘制

图5.13 钢筋的简化标注

2. 桥涵视图

(1)斜桥涵视图。

1)斜桥涵视图及主要尺寸的标注应符合下列规定:

① 斜桥涵的主要视图应为平面图。

② 斜桥涵的立面图应采用与斜桥纵轴线平行的立面或纵断面表示。

③ 各墩台里程桩号、桥涵跨径和耳墙长度均采用立面图中的斜投影尺寸,但墩台的宽度仍应采用正投影尺寸。

④ 斜桥倾斜角 α 应采用斜桥平面纵轴线的法线与墩台平面支撑轴线的夹角标注,如图5.14所示。

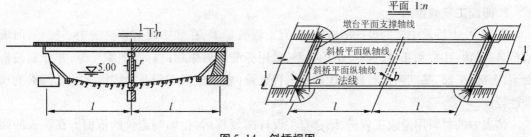

图5.14 斜桥视图

2)当绘制斜板桥的钢筋构造图时,可按需要的方向剖切。当倾斜角较大而使图面难以布置时,可按缩小后的倾斜角值绘制,但在计算尺寸时,仍应按实际的倾斜角计算。

(2)弯桥视图。

1)弯桥视图应符合下列规定:

① 当全桥在曲线范围内时,应以通过桥长中点的平曲线半径为对称线,立面或纵断面应与对称线垂直,并以桥面中心线展开后进行绘制,如图 5.15 所示。

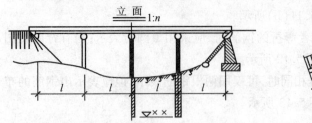 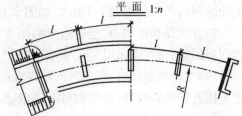

图 5.15　弯桥视图

② 当全桥仅一部分在曲线范围内时,其立面或纵断面应与平面图中的直线部分平行,并以桥面中心线展开绘制,展开后的桥墩或桥台间距应为跨径的长度。

③ 在平面图中,应标注墩台中心线间的曲线或折线长度、平曲线半径及曲线坐标。曲线坐标可列表表示。

④ 在立面和纵断面图中,可省略曲线超高投影线的绘制。

2)弯桥横断面应在展开后的立面图中切取,并应表示出超高坡度。

(3)坡桥视图。

1)在坡桥立面图的桥面上应标注坡度。墩台顶、桥面等地方均应注明标高。竖曲线上的桥梁也属于坡桥,除应按坡桥标注外,还应标出竖曲线坐标表。

2)斜坡桥的桥面四角标高值应在平面图中标注,立面图中可不标注桥面四角的标高。

5.1.3　桥梁工程施工图识图方法

1. 阅读设计说明

阅读设计图的总说明,以便弄清桥(涵)的设计依据、设计标准、技术指标、桥(涵)位置处的自然、地理、气候、水文、地质等情况;桥(涵)的总体布置,采用的结构形式,所用的材料,施工方法、施工工艺的特定要求等。

2. 阅读工程数量表

在特大、大桥及中桥的设计图纸中,列有工程数量表,在表中列有该桥的中心桩号、河流或桥名、交角、孔数和孔径、长度、结构类型、采用标准图时采用的标准图编号等;并分别按桥面系、上部、下部、基础列出有材料用量或工程数量(包括交通工程及沿线设施通过桥梁的预埋件等)。

该表中的材料用量或工程量,结合有关设计图复核后,是编制造价的依据。在该表的阅读中,应重点复核各结构部位工程数量的正确性、该工程量名称与有关设计图中名称的一致性。

3. 阅读桥位平面图

特大、大桥及复杂中桥有桥位平面图,在该图中示出了地形,桥梁位置、里程桩号、直线或平曲线要素,桥长、桥宽,墩台形式、位置和尺寸、锥坡、调治构造物布置等。通过该图的阅读,应对该桥有一个较深的总体概念。

4. 阅读桥型布置图

由于桥梁的结构形式很多,因此,通常要按照设计所取的结构形式,绘出桥型布置图。该图在一张图纸上绘有桥的立面(或纵断面)、平面、横断面;并在图中示出了河床断面、地质分界线、钻孔位置及编号、特征水位、冲刷深度、墩台高度及基础埋置深度、桥面纵坡,以及各部尺寸和高程;弯桥或斜桥还示出有桥轴线半径、水流方向和斜交角;特大、大桥,该图中的下部各栏中还列出有里程桩号、设计高程、坡度、坡长、竖曲线要素、平曲线要素等。在桥型布置图的读图和熟悉过程中,要重点读懂和弄清桥梁的结构形式、组成、结构细部组成情况、工程量的计算情况等。

5. 阅读桥梁细部结构设计图

在桥梁上部结构、下部结构、基础及桥面系等细部结构设计图中,详细绘制出了各细部结构的组成、构造并标示了尺寸等;如果是采用的标准图来作为细部结构的设计图,则在图册中对其细部结构可能没有一一绘制,但在桥型布置图中一定会注明标准图的名称及编号。在阅读和熟悉这部分图纸时,重点应读懂并弄清其结构的细部组成、构造、结构尺寸和工程量;并复核各相关图纸之间细部组成、构造、结构尺寸和工程量的一致性。

6. 阅读调治构造物设计图

如果桥梁工程中布置有调治构造物,如导流堤、护岸等构造物,则在其设计图册中应绘制有平面布置图、立面图、横断面图等。在读图中应重点读懂并弄清调治构造物的布置情况、结构细部组成情况及工程量计算情况等。

7. 阅读小桥、涵洞设计图

小桥、涵洞的设计图册中,通常有布置图、结构设计图和小桥、涵洞工程数量表、过水路面设计图和工程数量表等。

在小桥布置图中,绘出了立面(或纵断面)、平面、横断面、河床断面,标明了水位、地质概况、各部尺寸、高程和里程等。

在涵洞布置图中,绘出了设计涵洞处原地面线及涵洞纵向布置,斜涵尚绘制有平面和进出口的立面情况、地基土质情况、各部尺寸和高程等。

对结构设计图,采用标准图的,则可能未绘制结构设计图,但在平面布置图中则注明有标准图的名称及编号;进行特殊设计的,则绘制有结构设计图;对交通工程及沿线设施所需要的预埋件、预留孔及其位置等,在结构设计图中也予以标明。

图册中应列有小桥或涵洞工程数量表,在表中列有小桥或涵洞的中心桩号、交角(若为斜交)、孔数和孔径、桥长或涵长、结构类型;涵洞的进出口形式,小桥的墩台、基础形式;工程及材料数量等。

对设计有过水路面的,在设计图册中则有过水路面设计图和工程数量表。在过水路面设计图中,绘制有立面(或纵断面)、平面、横断面设计图;在工程数量表中,列出有起讫桩号、长度、宽度、结构类型、说明、采用标准图编号、工程及材料数量等。

在对小桥、涵洞设计图进行阅读和理解的过程中,应重点读懂并熟悉小桥、涵洞的特定布置、结构细部、材料或工程数量、施工要求等。

5.1.4 桥梁工程施工图识图实例

1.钢筋工程施工图识图

如图 5.16 所示为矩形桥梁的钢筋图,试根据图形做出简单的读图分析。

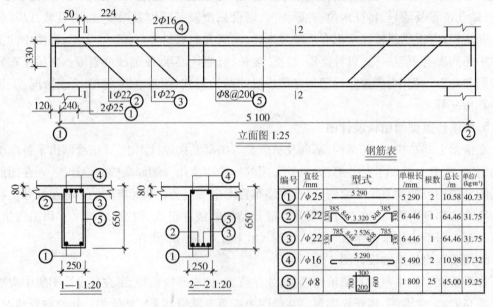

图 5.16 矩形梁的钢筋图

【解】读图步骤如下:

(1)从图中可以看出,梁的外形由立面图和 1—1、2—2 两个断面图的细实线来表达,从图中可知是矩形梁,构件外形的尺寸为长 5 340 mm、宽 250 mm、高 650 mm。

(2)在对钢筋编号识读过程中,如从立面图可知:①号钢筋在梁的底部,结合 1—1(跨中)、2—2(支座)断面图看出,①号钢筋布置在梁底部的两侧,为两根直径为 25mm 贯通的 HRB335 级直钢筋。依次识读其他编号的钢筋。如立面图上画的⑤号钢筋表示箍筋,钢筋直径为 8 mm,共 25 根,箍筋间距为 200 mm。从符号可知④、⑤钢筋均为 HPB300 级钢筋。

(3)分析读图所得的各种钢筋的形状、直径、根数、单根长是否与钢筋成型图、钢筋表中的相应内容相符。

梁内部的钢筋布置立体效果如图 5.17 所示。

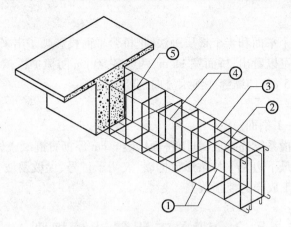

图 5.17 矩形梁的钢筋布置立体图

2. 钢构桥总体布置图识图

钢构桥总体布置图包括立面图、平面图、侧面图及数据表等。

如图 5.18 所示为某市钢筋混凝土钢构拱桥的总体布置图,试根据图形做出简单的读图分析。

【解】 从图中可以看出:

(1)立面图识读。

1)该桥总长 63.274 m,净跨径 45 m,净矢高 5.625 m,重力式 U 形桥台,刚架拱桥面宽 12 m。

2)立面用半个外形投影图和半个纵剖面图合成。

3)图中反映了刚架拱桥的内外结构构造情况,在立面的半纵剖面图中,将横系梁断面,主梁、次梁侧面,主拱腿和次拱腿侧面形状表达清楚,对右桥台的结构形式及材料,左桥台的锥坡立面也作了表示。

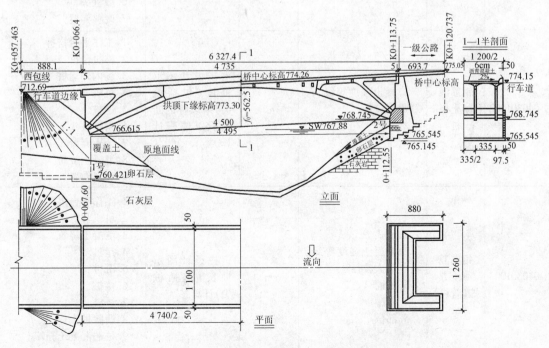

图 5.18 某市钢筋混凝土钢构拱桥的总体布置图

(2)平面图识读。

1)平面图采用半个平面和半个揭层画法,把桥台平面投影画了出来。

2)从尺寸标注上可以看出,桥面宽 11 m,两边各 50 cm 防撞护栏,对照立面,可见左侧次梁与桥台相接处留有 5 cm 伸缩缝。河水流向是朝向读者。

(3)侧面图及数据表。

1)侧面图采用 1—1 剖面。

2)四片钢架拱由横系梁连接成,其上桥面铺装 6 cm 厚沥青混凝土做行车部分。

3)总体布置图的最下边是一长条形数据表,表明了桩号、纵坡及坡长,设计高和地面高,以作为校核和指导施工放样的控制数据。

5.2 清单工程量计算规则

5.2.1 桩基工程

桩基工程工程量清单项目设置及工程量计算规则应按表 5.1 中的规定执行。

表 5.1 桩基(编码:040301)

项目编码	项目名称	项目特征	计量单位	工程量计算规则	工程内容
040301001	圆木桩	1.材质 2.尾径 3.斜率	m	按设计图示以桩长(包括桩尖)计算	1.工作平台搭拆 2.桩机竖拆 3.运桩 4.桩靴安装 5.沉桩 6.截桩头 7.废料弃置
040301002	钢筋混凝土板桩	1.凝土强度等级、石料最大粒径 2.部位	m³	按设计图示桩长(包括桩尖)乘以桩的断面积以体积计算	1.工作平台搭拆 2.桩机竖拆 3.场内外运桩 4.沉桩 5.送桩 6.凿除桩头 7.余土弃置 8.混凝土浇筑 9.废料弃置
040301003	钢筋混凝土方桩(管桩)	1.形式 2.混凝土强度等级、石料最大粒径 3.断面 4.斜率 5.部位	m	按设计图示桩长(包括桩尖)计算	1.工作平台搭拆 2.桩机竖拆 3.混凝土浇筑 4.运桩 5.沉桩 6.接桩 7.送桩 8.凿除桩头 9.桩芯混凝土充填 10.废料弃置

续表5.1

项目编码	项目名称	项目特征	计量单位	工程量计算规则	工程内容
040301004	钢管桩	1. 材质 2. 加工工艺 3. 管径、壁厚 4. 斜率 5. 强度	m	按设计图示以桩长(包括桩尖)计算	1. 工作平台搭拆 2. 桩机竖拆 3. 钢管制作 4. 场内外运桩 5. 沉桩 6. 接桩 7. 送桩 8. 切割钢管 9. 精割盖帽 10. 管内取土 11. 余土弃置 12. 管内填心 13. 废料弃置
040301005	钢管成孔灌注桩	1. 桩径 2. 深度 3. 材料品种 4. 混凝土强度等级、石料最大粒径			1. 工作平台搭拆 2. 桩机竖拆 3. 沉桩及灌注、拔管 4. 凿除桩头 5. 废料弃置
040301006	挖孔灌注桩	1. 桩径 2. 深度 3. 岩土类别 4. 混凝土强度等级、石料最大粒径	m	按设计图示以长度计算	1. 挖桩成孔 2. 护壁制作、安装、浇捣 3. 土方运输 4. 灌注混凝土 5. 凿除桩头 6. 废料弃置 7. 余方弃置
040301007	机械成孔灌注桩	1. 桩径 2. 深度 3. 岩土类别 4. 混凝土强度等级、石料最大粒径	m	按设计图示以长度计算	1. 工作平台搭拆 2. 成孔机械竖拆 3. 护筒埋设 4. 泥浆制作 5. 钻、冲成孔 6. 余方弃置 7. 灌注混凝土 8. 凿除桩头 9. 废料弃置

5.2.2 现浇混凝土工程

现浇混凝土工程工程量清单项目设置及工程量计算规则应按表5.2中的规定执行。

表5.2 现浇混凝土(编码:040302)

项目编码	项目名称	项目特征	计量单位	工程量计算规则	工程内容
040302001	混凝土基础	1.混凝土强度等级、石料最大粒径 2.嵌料(毛石)比例 3.垫层厚度、材料品种、强度	m³	按设计图示尺寸以体积计算	1.垫层铺筑 2.混凝土浇筑 3.养生
040302002	混凝土承台	1.部位 2.混凝土强度等级、石料最大粒径	m³	按设计图示尺寸以体积计算	
040302003	墩(台)帽				
040302004	墩(台)身				
040302005	支撑梁及横梁				
040302006	墩(台)盖梁				
040302007	拱桥拱座	混凝土强度等级、石料最大限度粒径			
040302008	拱桥拱肋				
040302009	拱上构件	1.部位 2.混凝土强度等级、石料最大粒径	m³	按设计图示尺寸以体积计算	
040302010	混凝土箱梁				
040302011	混凝土连续板	1.部位 2.强度 3.形式			
040302012	混凝土板梁	1.部位 2.形式 3.混凝土强度等级、石料最大粒径			1.混凝土浇筑 2.养生
040302013	拱板	1.部位 2.混凝土强度等级、石料最大粒径	m³	按设计图示尺寸以体积计算	
040302014	混凝土楼梯	1.形式 2.混凝土强度等级、石料最大粒径			
040302015	混凝土防撞护栏	1.断面 2.混凝土强度等级、石料最大粒径	m	按设计图示尺寸以长度计算	
040302016	混凝土小型构件	1.部位 2.混凝土强度等级、石料最大粒径	m³	按设计图示尺寸以体积计算	

续表 5.2

项目编码	项目名称	项目特征	计量单位	工程量计算规则	工程内容
040302017	桥面铺装	1. 部位 2. 混凝土强度等级、石料最大粒径 3. 沥青品种 4. 硬度 5. 配合比	m²	按设计图示尺寸以面积计算	1. 混凝土浇筑 2. 养生 3. 沥青混凝土铺装 4. 碾压
040302018	桥头搭板	混凝土强度等级、石料最大粒径		按设计图示尺寸以体积计算	1. 混凝土浇筑 2. 养生
040302019	桥塔身	1. 形状 2. 混凝土强度等级、石料最大粒径	m³	按设计图示尺寸以实体积计算	1. 混凝土浇筑 2. 养生
040302020	连系梁				

5.2.3 预制混凝土工程

预制混凝土工程工程量清单项目设置及工程量计算规则应按表 5.3 中的规定执行。

表 5.3 预制混凝土(编码:040303)

项目编码	项目名称	项目特征	计量单位	工程量计算规则	工程内容
040303001	预制混凝土立柱	1. 形状、尺寸 2. 混凝土强度等级、石料最大粒径 3. 预应力、非预应力 4. 张拉方式	m³	按设计图示尺寸以体积计算	1. 混凝土浇筑 2. 养生 3. 构件运输 4. 立柱安装 5. 构件连接
040303002	预制混凝土板				
040303003	预制混凝土梁				1. 混凝土浇筑 2. 养生 3. 构件运输 4. 安装 5. 构件连接
040303004	预制混凝土桁架拱构件	1. 部件 2. 混凝土强度等级、石料最大粒径			
040303005	预制混凝土小型构件				

5.2.4 砌筑工程

砌筑工程工程量清单项目设置及工程量计算规则应按表 5.4 中的规定执行。

表 5.4 砌筑(编码:040304)

项目编码	项目名称	项目特征	计量单位	工程量计算规则	工程内容
040304001	干砌块料	1. 部位 2. 材料品种 3. 规格	m³	按设计图示尺寸以体积计算	1. 砌筑 2. 勾缝

续表 5.4

项目编码	项目名称	项目特征	计量单位	工程量计算规则	工程内容
040304002	浆砌块料	1. 部位 2. 材料品种 3. 规格 4. 砂浆强度等级	m³	按设计图示尺寸以体积计算	1. 砌筑 2. 砌体勾缝 3. 砌体抹面 4. 泄水孔制作、安装 5. 滤层铺设 6. 沉降缝
040304003	浆砌拱圈	1. 材料品种 2. 规格 3. 砂浆强度			1. 砌筑 2. 砌体勾缝 3. 砌体抹面
040304004	抛石	1. 要求 2. 品种规格			抛石

5.2.5 挡墙、护坡工程

挡墙、护坡工程工程量清单项目设置及工程量计算规则应按表 5.5 中的规定执行。

表 5.5 挡墙、护坡(编码:040305)

项目编码	项目名称	项目特征	计量单位	工程量计算规则	工程内容
040305001	挡墙基础	1. 材料品种 2. 混凝土强度等级、石料最大粒径 3. 形式 4. 垫层厚度、材料品种、强度	m³	按设计图示尺寸以体积计算	1. 垫层铺筑 2. 混凝土浇筑
040305002	现浇混凝土挡墙墙身	1. 混凝土强度等级、石料最大粒径 2. 泄水孔材料品种、规格 3. 滤水层要求			1. 混凝土浇筑 2. 养生 3. 抹灰 4. 泄水孔制作、安装 5. 滤水层铺筑
040305003	预制混凝土挡墙墙身	1. 混凝土强度等级、石料最大粒径 2. 泄水孔材料品种、规格 3. 滤水层要求	m³	按设计图示尺寸以体积计算	1. 混凝土浇筑 2. 养生 3. 构件运输 4. 安装 5. 泄水孔制作、安装 6. 滤水层铺筑
040305004	挡墙混凝土压顶	混凝土强度等级、石料最大粒径			1. 混凝土浇筑 2. 养生
040305005	护坡	1. 材料品种 2. 结构形式 3. 厚度	m²	按设计图示尺寸以面积计算	1. 修整边坡 2. 砌筑

5.2.6 立交箱涵工程

立交箱涵工程工程量清单项目设置及工程量计算规则应按表5.6中的规定执行。

表5.6 立交箱涵(编码:040306)

项目编码	项目名称	项目特征	计量单位	工程量计算规则	工程内容
040306001	滑板	1.透水管材料品种、规格 2.垫层厚度、材料品种、强度 3.混凝土强度等级、石料最大粒径	m³	按设计图示尺寸以体积计算	1.透水管铺设 2.垫层铺筑 3.混凝土浇筑 4.养生
040306002	箱涵底板	1.透水管材料品种、规格 2.垫层厚度、材料品种、强度 3.混凝土强度等级、石料最大粒径 4.石蜡层要求 5.塑料薄膜品种、规格			1.石蜡层 2.塑料薄膜 3.混凝土浇筑 4.养生
040306003	箱涵侧墙	1.混凝土强度等级、石料最大粒径 2.防水层工艺要求			1.混凝土浇筑 2.养生 3.防水砂浆 4.防水层铺涂
040306004	箱涵顶板				
040306005	箱涵顶进	1.断面 2.长度	kt·m	按设计图示尺寸以被顶箱涵的质量乘以箱涵的位移距离分节累计计算	1.顶进设备安装、拆除 2.气垫安装、拆除 3.气垫使用 4.钢刃角制作、安装、拆除 5.挖土实顶 6.场内外运输 7.中继间安装、拆除
040306006	箱涵接缝	1.材质 2.工艺要求	m	按设计图示止水带长度计算	接缝

5.2.7 钢结构工程

钢结构工程工程量清单项目设置及工程量计算规则应按表5.7中的规定执行。

表5.7 钢结构(编码:040307)

项目编码	项目名称	项目特征	计量单位	工程量计算规则	工程内容
040307001	钢箱梁	1. 材质 2. 部位 3. 油漆品种、色彩、工艺要求	t	按设计图示尺寸以质量计算(不包括螺栓、焊缝质量)	1. 制作 2. 运输 3. 试拼 4. 安装 5. 连接 6. 除锈、油漆
040307002	钢板梁				
040307003	钢桁梁				
040307004	钢拱				
040307005	钢构件				
040307006	劲性钢结构				
040307007	钢结构叠合梁				
040307008	钢拉索			按设计图示尺寸以质量计算	1. 拉索安装 2. 张拉 3. 锚具 4. 防护壳制作、安装
040307009	钢拉杆	1. 材质 2. 直径 3. 防护方式			1. 连接、紧锁件安装 2. 钢拉杆安装 3. 钢拉杆防腐 4. 钢拉杆防护壳制作、安装

5.2.8 装饰工程

装饰工程工程量清单项目设置及工程量计算规则应按表5.8中的规定执行。

表5.8 装饰(编码:040308)

项目编码	项目名称	项目特征	计量单位	工程量计算规则	工程内容
040308001	水泥砂浆	1. 砂浆配合比 2. 部位 3. 硬度	m^2	按设计图示尺寸以面积计算	砂浆抹面
040308002	水刷石饰面	1. 材料 2. 部位 3. 砂浆配合比 4. 形式、厚度			饰面
040308003	剁斧石饰面	1. 材料 2. 部位 3. 形式 4. 厚度			饰面
040308004	拉毛	1. 材料 2. 砂浆配合比 3. 形式 4. 厚度			砂浆、水泥浆拉毛

续表 5.8

项目编码	项目名称	项目特征	计量单位	工程量计算规则	工程内容
040308005	水磨石饰石	1. 材料 2. 砂浆配合比 3. 材料品种 4. 部位	m²	按设计图示尺寸以面积计算	饰面
040308006	镶贴面层	1. 材质 2. 规格 3. 厚度 4. 部位			镶贴面层
040308007	水质涂料	1. 材料品种 2. 部位			涂料涂刷
040308008	油漆	1. 材料品种 2. 部位 3. 工艺要求			1. 除锈 2. 刷油漆

5.2.9 其他工程

其他工程工程量清单项目设置及工程量计算规则应按表 5.9 中的规定执行。

表 5.9 其他(编码:040309)

项目编码	项目名称	项目特征	计量单位	工程量计算规则	工程内容
040309001	金属栏杆	1. 材质 2. 规格 3. 油漆品种、工艺要求	t	按设计图示尺寸以质量计算	1. 制作、运输、安装 2. 除锈、刷油漆
040309002	橡胶支座	1. 材质 2. 规格	个	按设计图示数量计算	支座安装
040309003	钢支座	1. 材质 2. 规格 3. 形式			
040309004	盆式支座	1. 材质 2. 承载力			
040309005	油毛毡支座	1. 材质 2. 规格	m²	按设计图示尺寸以面积计算	制作、安装
040309006	桥梁伸缩装置	1. 材料品种 2. 规格	m	按设计图示尺寸以延长米计算	1. 制作、安装 2. 嵌缝
040309007	隔音屏障	1. 材料品种 2. 结构形式 3. 油漆品种、工艺要求	m²	按设计图示尺寸以面积计算	1. 制作、安装 2. 除锈、刷油漆
040309008	桥面泄水管	1. 材料 2. 管径	m	按设计图示以长度计算	1. 进水口、泄水管制作、安装 2. 滤层铺设

续表 5.9

项目编码	项目名称	项目特征	计量单位	工程量计算规则	工程内容
040309009	防水层	1. 材料品种 2. 规格 3. 部位 4. 工艺要求	m²	按设计图示尺寸以面积计算	防水层铺涂
040309010	钢桥维修设备	按设计图要求	套	按设计图示数量计算	1. 制作 2. 运输 3. 安装 4. 除锈、刷油漆

5.3 清单项目相关说明

5.3.1 桩基工程

(1)桩基工程适用于城市桥梁和护岸工程。

(2)桩基包括了桥梁常用的桩种。清单工程量以设计桩长计量,只有混凝土板桩以体积计算。这与定额工程量计算是不同的,定额工程量一般桩以体积计算,钢管桩以重量计算。清单工程内容包括了从搭拆工作平台起到竖拆桩机、制桩、运桩、打桩(沉桩)、接桩和送桩,直至截桩头和废料弃置等全部内容。

5.3.2 现浇混凝土工程

(1)现浇混凝土工程适用于城市桥梁和护岸工程。

(2)现浇混凝土清单项目的工程内容包括混凝土制作、运输、浇筑、养护等全部内容。混凝土基础还包括垫层在内。

(3)嵌石混凝土的块石含量按15%计取,如与设计不符合时,可根据表5.10中的数据进行换算。

(4)常用现浇混凝土配合比按相关规定计取。

表5.10 混凝土块石掺量表

块石掺量/%	10	15	20	25
每立方米混凝土块石掺量/m³	0.159	0.238	0.381	0.397

注:1. 块石掺量另加损耗率,块石损耗为2%。

2. 混凝土用量扣除嵌石%数后,乘以损耗率1.5%。

5.3.3 预制混凝土工程

(1)预制混凝土工程适用于城市桥梁和护岸工程。

(2)预制混凝土清单项目的工程内容包括制作、运输、安装和构件连接等全部内容。

(3)各类构筑物每10 m³混凝土模板接触面积按相关规定计取。

5.3.4 砌筑、挡墙及护坡工程

(1)砌筑工程适用于城市桥梁和护岸工程。

(2)砌筑、挡墙及护坡清单项目的工程内容包括泄水孔、滤水层及勾缝在内。

(3)所有脚手架、支架、模板均划归措施项目。

(4)常用砌筑砂浆配合比按相关规定计取。

5.3.5 立交箱涵工程

(1)立交箱涵工程适用于城市桥梁和护岸工程。
(2)箱涵滑板下的肋楞,其工程量并入滑板内计算。
(3)箱涵混凝土工程量,不扣除单孔面积 0.3 m^2 以下的预留孔洞体积。

5.3.6 钢结构工程

(1)钢结构工程适用于城市桥梁和护岸工程。
(2)钢管每米重量见表 5.11。

表 5.11 钢管每米重量表

项目 公称直径/mm	钢管壁厚/mm								
	6	7	8	9	10	12	14	16	18
	重量/kg								
150	22.640	22.240							
200	31.520	36.600	41.630						
250	39.510	47.640	52.280						
300	47.200	54.890	62.540						
350	54.900	63.870	72.800	81.680	90.510				
400	62.150	72.330	82.470	92.650	102.600				
450	69.480	81.310	92.720	104.100	115.400				
500	77.390	90.110	120.790	115.400	128.000				
600	92.340	107.550	122.720	137.800	152.900				
700	105.650	123.090	140.470	157.800	175.100				
800	120.450	140.390	160.200	180.000	199.800				
900	135.240	157.610	180.390	202.200	224.400				
1 000	150.040	174.880	199.660	224.400	249.100				
1 100					273.730	327.800	381.840	435.590	489.160
1 200					298.390	357.470	416.360	475.050	533.540
1 400					347.710	416.660	485.410	553.960	622.320
1 500					372.370	446.250	519.930	593.420	666.710
1 600					397.030	475.840	554.460	632.870	711.100
1 800					446.350	535.020	623.500	711.790	799.870
2 000					495.670	594.210	692.550	790.700	888.650
2 200					544.990	653.390	761.600	869.610	977.420
2 400					594.360	712.575	830.647	948.522	1 066.200

5.3.7 装饰工程

(1)装饰工程适用于城市桥梁护岸工程。
(2)装饰工程所有项目均按面积计算。

5.4 桥涵工程工程量计算实例

【例5.1】 某T形预应力混凝土强制梁,梁长20.40 m,梁高95 cm,尺寸如图5.19所示,求该T形预应力混凝土预制梁工程量。

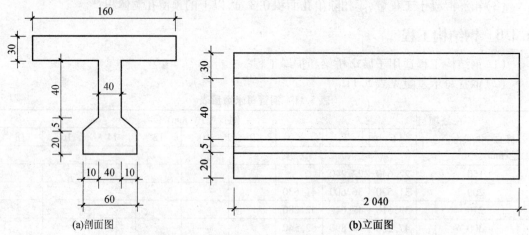

(a)剖面图　　　　　　　　　　　　(b)立面图

图5.19　T形预应力混凝土预制梁示意图(单位:cm)

【解】 T形梁横截面面积为

$$S/\text{m}^2 = 0.3 \times 1.6 + 0.4 \times 0.4 + \frac{1}{2} \times (0.44 - 0.6) \times 0.054 + 0.2 \times 0.6 = 0.79$$

T形梁混凝土工程量为

$$V/\text{m}^3 = SL = 0.79 \times 20.40 = 16.12$$

【例5.2】 某桥梁墩帽如图5.20所示,试计算其工程量。

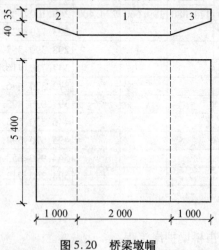

图5.20　桥梁墩帽

【解】 $V_1/\text{m}^3 = 2 \times 5.4 \times (0.035 + 0.04) = 0.81$

方法一:

$$V_2/\text{m}^3 = V_3 = \frac{1}{2} \times (0.035 + 0.075) \times 1 \times 5.4 = 0.30$$

方法二：

$V_2/m^3 = V_3 = [1 \times (0.035 + 0.04) \times 5.4 - \dfrac{1}{2} \times 0.04 \times 1 \times 5.4] m^3 = 0.40$

$V = V_1 + V_2 + V_3 = 0.81 + 0.30 + 0.40 = 1.51$

清单工程量计算表见表 5.12。

表 5.12 清单工程量计算表

项目编码	项目名称	项目特征描述	计量单位	工程量
040302003001	墩(台)帽	桥梁墩帽,C20 混凝土,石料最大粒径 20 mm	m³	1.51

【例 5.3】 某桥梁栏杆立柱及扶手的外观尺寸如图 5.21 所示,栏杆布置在桥梁两侧,总长为 125 m,栏杆端部分别有一立柱,高 1.8 m,沿栏杆长度范围内立柱间距 5 m,其他相关尺寸如图中标注。求该栏杆(包括立柱)的混凝土工程量。

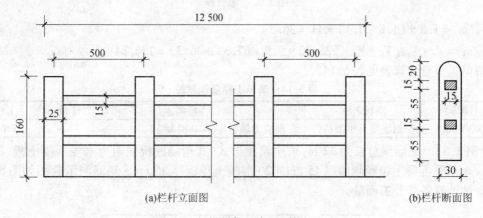

图 5.21 桥梁栏杆示意图(单位:cm)

【解】 单侧栏杆立柱个数为 $\dfrac{125}{5} + 1 = 26$ 个

单个立柱混凝土工程量：

$V/m^3 = [\dfrac{\pi}{2} \times 0.2^2 + (1.8 - 0.2) \times 0.3] \times 0.25 = 0.14$

栏杆扶手混凝土工程量：

$V/m^3 = 0.15 \times 0.15 \times (125 - 26 \times 0.25) \times 2 = 5.33$

合计/m² :2 × (26 × 0.14 + 5.33) = 17.94

清单工程量计算结果见表 5.13。

表 5.13 清单工程量计算表

项目编码	项目名称	项目特征描述	计量单位	工程量
040303005001	预制混凝土小型构件	栏杆长 125 m,立柱高 18 m,间距 5 m	m³	17.94

【例 5.4】 预应力墩台座如图 5.22 所示,已知台墩用 C30 混凝土,台墩宽度为 11 m,地基为砂质黏土,计算台墩的工程量。

【解】 $V_1/m^3 = (3.8 + 1.5) \times 0.4 \times 11 = 23.32$

$V_2/m^3 = \dfrac{1}{2} \times 1.5 \times 1.2 \times 11 = 9.9$

$V_3/m^3 = 1.8 \times (1.8 + 0.4 + 1.2) \times 11 = 67.32$

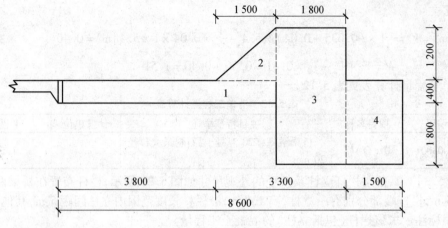

图 5.22 墩台座

$V_4/\text{m}^3 = 1.5 \times (1.8 + 0.4) \times 11 = 36.3$

$V/\text{m}^3 = V_1 + V_2 + V_3 + V_4 = (23.32 + 9.9 + 67.32 + 36.3) = 136.84$

清单工程量计算表见表 5.14。

表 5.14 清单工程量计算表

项目编码	项目名称	项目特征描述	计量单位	工程量
040303005001	预制混凝土小型构件	预应力墩台座,C20 混凝土	m³	136.84

【例 5.5】 某涵洞总长为 22 m,采用箱涵形式,其箱涵底板表面为水泥混凝土板,厚度为 25 cm,C20 混凝土箱涵侧墙厚 45 cm,C20 混凝土顶板厚 35 cm。箱涵洞示意图如图 5.23 所示。试计算各部分工程量。

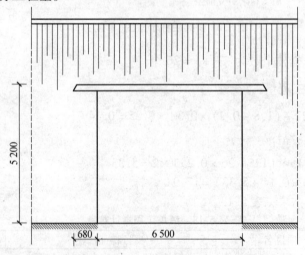

图 5.23 箱涵洞

【解】 (1)箱涵底板:
$V_1/\text{m}^3 = 6.5 \times 22 \times 0.25 = 35.75$

(2)箱涵侧墙:
$V_2/\text{m}^3 = 22 \times 5.2 \times 0.45 = 51.48$
$V/\text{m}^3 = 2V_2 = 2 \times 51.48 = 102.96$

(3)箱涵顶板：

$V/m^3 = (6.5 + 0.68 \times 2) \times 0.35 \times 22 = 60.52$

清单工程量计算表见表 5.15。

表 5.15　清单工程量计算表

序号	项目编码	项目名称	项目特征描述	计量单位	工程量
1	040306002001	箱涵底板	箱涵底板表面为水泥混凝土板,厚度为 20 cm	m³	35.75
2	040306003001	箱涵侧墙	侧墙厚 50 cm,C20 混凝土	m³	102.96
3	040306004001	箱涵顶板	顶板厚 30 cm,C20 混凝土	m³	60.52

【例 5.6】　某城市一座灌注桩桥梁,上部采用预制板梁,下部结构采用灌注桩,设计桥长 $L = (3 \times 6)$ m,桥梁宽 $B = 4.5$ m,如图 5.24 ~ 5.26 所示,试计算灌注桩清单计价工程量。

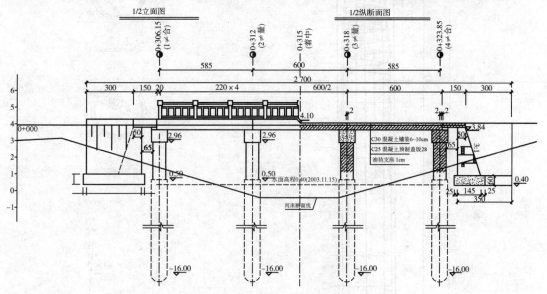

图 5.24　桥梁纵剖面图

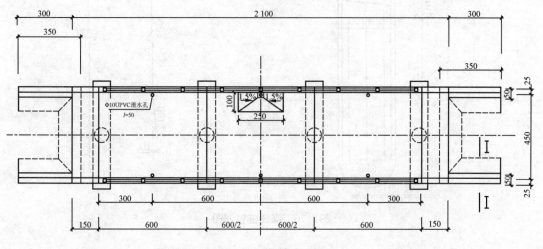

图 5.25　桥梁平面图

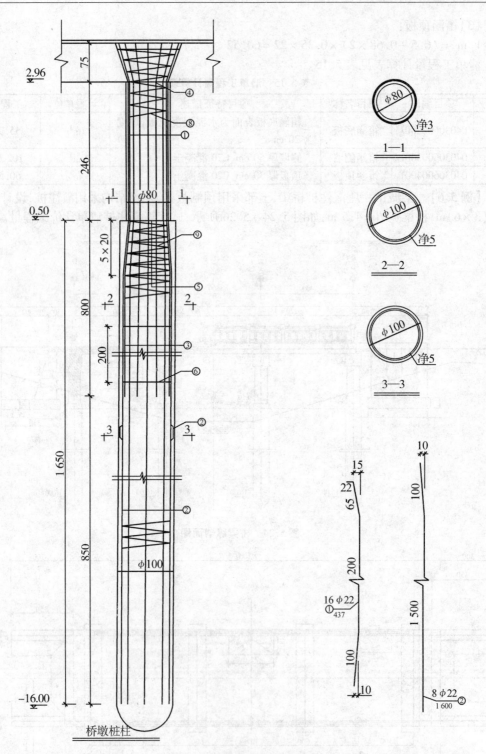

图 5.26 灌注桩钢筋图

【解】 (1)钻孔灌注桩水上支架:

1)每座桥台(墩桩)面积:$S_1/\text{m}^2 = (0.4+6.5) \times (6.5+5.85) = 85.22$

2)每座通道的面积:$S_2/\text{m}^2 = 6.5 \times [18-(6.5+5.85)] = 36.73$

3)灌注桩支架总面积:$S/\text{m}^2 = 4 \times 85.22 + 3 \times 36.73 = 451.07$

(2)成孔机械竖拆:只有在工程施工期间不能断航时,每座墩台或桩计算一次装、拆及设备运输(那么要扣除通道面积),则

$$\text{支架面积}:S/\text{m}^2 = 4 \times 85.22 = 340.88$$

(3)护筒埋设:预算时,直接按照计算规则计量,$(16+0.5) \times 4 = 66$ m,结算时,视现场签证情况增减深水作业所不能回收的护筒数量。

(4)钻孔数量,假设施工组织设计护筒顶标高为+2.0,则埋深

$$H/\text{m} = 16+2 = 18$$

钻孔数量$/\text{m}:18 \times 4 = 72$

(5)泥浆制作:$V_1/\text{m}^3 = 72 \times (1.0/2)2 \times 3.14 \times 3 = 169.56$

(6)泥浆外运:$V_2/\text{m}^3 = 72 \times (1.0/2)2 \times 3.14 = 56.52$

(7)水下灌注混凝土桩:$V_3/\text{m}^3 = (16.5+1) \times 4 \times (1.0/2)2 \times 3.14 = 54.95$

(8)凿除桩头(拆除工程)$/\text{m}^3:1 \times 4 \times (1.0/2)2 \times 3.14 = 3.14$

(9)废料弃置:视组织设计要求的运距计算,弃置量一般为拆除量。

【例5.7】 某一桥梁桥墩的截面尺寸如图5.27所示,先在柱径为250 mm的机械成孔灌注桩顶浇一混凝土承台,然后在承台上设柱径为480 mm的立柱,再在立柱上浇C30混凝土盖梁,盖梁宽度为4.5 m,承台宽度为3.2 m,计算图中各构成部分的工程量。

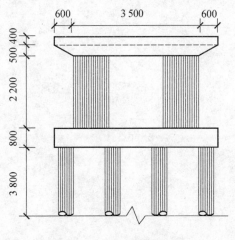

图5.27 桥墩的截面尺寸

【解】 (1)盖梁:

$V_1/\text{m}^3 = 0.4 \times (0.6 \times 2 + 3.5) \times 4.5 = 8.46$

$V_2/\mathrm{m}^3 = \dfrac{1}{2} \times (3.5 + 3.5 + 0.6 \times 2) \times 0.5 \times 4.5 = 9.23$

$V/\mathrm{m}^2 = V_1 + V_2 = 8.46 + 9.23 = 17.69$

（2）立柱：$V/\mathrm{m}^3 = 1.8 \times \pi \times \left(\dfrac{0.48}{2}\right)^2 \times 2 = 0.65$

（3）承台：$V/\mathrm{m}^3 = (3.5 + 0.6 \times 2) \times 0.8 \times 3.2 = 9.73$

（4）桩：$L/\mathrm{m} = 3.8 \times 4 = 15.2$

清单工程量计算见表5.16。

表5.16 清单工程量计算表

序号	项目编码	项目名称	项目特征描述	计量单位	工程量
1	040302006001	墩（台）盖梁	立柱上浇盖梁	m³	17.69
2	040303001001	预制混凝土立柱	直径480 mm	m³	0.65
3	040302002001	混凝土承台	灌注桩顶上浇混凝土承台	m³	9.73
4	040301007001	机械成孔灌注桩	桩径250 mm，高度4.2 m	m	15.2

第6章 隧道工程识图与工程量清单计价

6.1 隧道工程制图与识图

6.1.1 隧道组成

1. 洞身

洞身是隧道主体的重要组成部分,如图6.1(a)所示,在洞门容易坍塌地段,应接长洞身或加筑明洞洞口,如图6.1(b)所示。

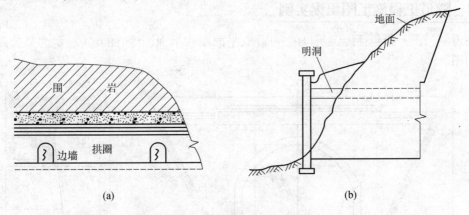

图6.1 隧道洞身示意图

2. 洞门

洞门的作用是保持洞口仰坡和路堑边坡的稳定,汇集和排除地面水流,保护洞门附近岩(土)体的稳定和确保行车安全。隧道两端的出入口都要修建洞门,隧道洞门口大体上分为端墙式和翼墙式两种。

(1)端墙式洞门:端墙式洞门适用于地形开阔、石质基本稳定的地区。端墙的作用在于支护洞门顶上的仰坡,保持其稳定,并将仰坡水流汇集排出,如图6.2所示。

(2)翼墙式洞门:当洞口地质条件较差时,在端墙式洞门的一侧或两侧加设挡墙,构成翼墙式洞门,如图6.3所示。

从图中可以看出,它是由端墙、洞口衬砌(包括拱圈和边墙)、翼墙、洞顶排水沟及洞内外侧沟等部分组成。隧道衬砌断面除直边墙式外,还有曲边墙式。

图6.2 端墙式隧道门   图6.3 翼墙式隧道门

6.1.2 隧道工程施工图识读实例

隧道洞门图一般包括隧道洞口的立面图、平面图和剖面图等,图6.4所示为某公路的隧道纵门图。

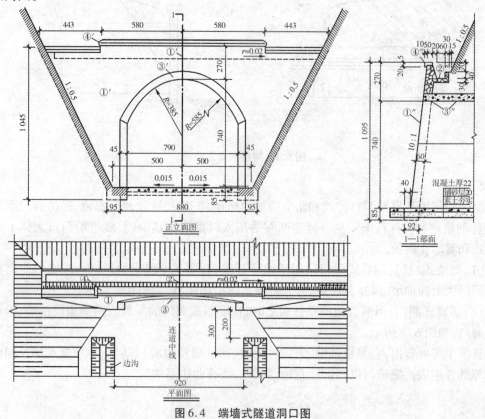

图6.4 端墙式隧道洞口图

1. 立面图

立面图是隧道洞门的正面图,它是沿线路方向对隧道门进行投射所得的投影。正立面图

反映出洞门墙的式样,洞门墙上面高出的部分为顶帽,同时也表示出洞口衬砌断面类型。从图6.5的立面图中可以看出:

(1)它是由两个不同半径($R=385$ cm 和 $R=585$ cm)的3段圆弧和2直边墙所组成,拱圈厚度为45 cm。

(2)洞口净空尺寸高为740 cm,宽为790 cm;洞门口墙的上面有一条从左往右方向倾斜的虚线,并注有 $i=0.02$ 箭头,这表明洞门顶部有坡度为2%的排水沟,用箭头表示流水方向。

(3)其他虚线反映了洞门墙和隧道底面的不可见轮廓线,它们被洞门前面两侧路堑边坡和公路路面遮住,所以用虚线表示。

2. 平面图

平面图是隧道洞门口的水平投影,平面图表示了洞门墙顶帽的宽度,洞顶排水沟的构造及洞门口外两边沟的位置(边沟断面未示出)。

3. 剖面图

图6.5所示的1—1剖面图是沿隧道中线所做的剖面图,图中可以看到洞门墙倾斜坡度为10:1,洞门墙厚度为60 cm,还可以看到排水沟的断面形状、拱圈厚度及材料断面符号等。

为读图方便,图6.5还在3个投影图上对不同的构件分别用数字注出。如洞门墙①′、①″;洞顶排水沟为②′、②、②″;拱圈为③′、③、③″;顶帽为④′、④、④″等。

6.2 清单工程量计算规则

6.2.1 隧道岩石开挖工程

隧道岩石开挖工程工程量清单项目设置及工程量计算规则应按表6.1中的规定执行。

表6.1 隧道岩石开挖(编码:040401)

项目编码	项目名称	项目特征	计量单位	工程量计算规则	工程内容
040401001	平洞开挖	1. 岩石类别 2. 开挖断面 3. 爆破要求	m³	按设计图示结构断面尺寸乘以长度以体积计算	1. 爆破或机械开挖 2. 临时支护 3. 施工排水 4. 弃碴运输 5. 弃碴外运
040401002	斜洞开挖				1. 爆破或机械开挖 2. 临时支护 3. 施工排水 4. 洞内石方运输 5. 弃碴外运
040401003	竖井开挖				1. 爆破或机械开挖 2. 施工排水 3. 弃碴运输 4. 弃碴外运

续表 6.1

项目编码	项目名称	项目特征	计量单位	工程量计算规则	工程内容
040401004	地沟开挖	1. 断面尺寸 2. 岩石类别 3. 爆破要求	m³	按设计图示结构断面尺寸乘以长度以体积计算	1. 爆破或机械开挖 2. 弃碴运输 3. 施工排水 4. 弃碴外运

6.2.2 岩石隧道衬砌工程

岩石隧道衬砌工程工程量清单项目设置及工程量计算规则应按表 6.2 中的规定执行。

表 6.2 岩石隧道衬砌（编码：040402）

项目编码	项目名称	项目特征	计量单位	工程量计算规则	工程内容
040402001	混凝土拱部衬砌	1. 断面尺寸 2. 混凝土强度等级、石料最大粒径	m³	按设计图示尺寸以体积计算	1. 混凝土浇筑 2. 养生
040402002	混凝土边墙衬砌				
040402003	混凝土竖井衬砌				
040402004	混凝土沟道				
040402005	拱部喷射混凝土	1. 厚度 2. 混凝土强度等级、石料最大粒径	m²	按设计图示尺寸以面积计算	1. 清洗岩石 2. 喷射混凝土
040402006	边墙喷射混凝土				
040402007	拱圈砌筑	1. 断面尺寸 2. 材料品种 3. 规格 4. 砂浆强度等级	m³	按设计图示尺寸以体积计算	1. 砌筑 2. 勾缝 3. 抹灰
040402008	边墙砌筑	1. 厚度 2. 材料品种 3. 规格 4. 砂浆强度等级			
040402009	砌筑沟道	1. 断面尺寸 2. 材料品种 3. 规格 4. 砂浆强度			
040402010	洞门砌筑	1. 形状 2. 材料 3. 规格 4. 砂浆强度等级			

续表6.2

项目编码	项目名称	项目特征	计量单位	工程量计算规则	工程内容
040402011	锚杆	1. 直径 2. 长度 3. 类型	t	按设计图示尺寸以质量计算	1. 钻孔 2. 锚杆制作、安装 3. 压浆
040402012	充填压浆	1. 部位 2. 砂浆成分强度	m³	按设计图示尺寸以体积计算	1. 打孔、安管 2. 压浆
040402013	浆砌块石	1. 部位 2. 材料 3. 规格 4. 砂浆强度等级	m³	按设计图示回填尺寸以体积计算	1. 调制砂浆 2. 砌筑 3. 勾缝
040402014	干砌块石				1. 砌筑 2. 勾缝
040402015	柔性防水层	1. 材料 2. 规格	m²	按设计图示尺寸以面积计算	防水层铺设

6.2.3 盾构掘进工程

盾构掘进工程工程量清单项目设置及工程量计算规则应按表6.3中的规定执行。

表6.3 盾构掘进(编码:040403)

项目编码	项目名称	项目特征	计量单位	工程量计算规则	工程内容
040403001	盾构构吊装、吊拆	1. 直径 2. 规格型号	台次	按设计图示数量计算	1. 整体吊装 2. 分体吊装 3. 车架安装
040403002	隧道盾构掘进	1. 直径 2. 规格 3. 形式	m	按设计图示尺寸以长度计算	1. 负环段掘进 2. 出洞段掘进 3. 进洞段掘进 4. 正常段掘进 5. 负环管片拆除 6. 隧道内管线路拆除 7. 土方外运
040403003	衬砌压浆	1. 材料品种 2. 配合比 3. 砂浆强度等级 4. 石料最大粒径	m³	按管片外径和盾构壳体外径所形成的充填体积计算	1. 同步压浆 2. 分块压浆
040403004	预制钢筋混凝土管片	1. 直径 2. 厚度 3. 宽度 4. 混凝土强度等级、石料最大粒径	m³	按设计图示尺寸以体积计算	1. 钢筋混凝土管片制作 2. 管片成环试拼(每100环试拼一组) 3. 管片安装 4. 管片场内外运输

续表 6.3

项目编码	项目名称	项目特征	计量单位	工程量计算规则	工程内容
040403005	钢管片	材质	t	按设计图示质量计算	1. 钢管片制作 2. 风管片安装 3. 管片场内外运输
040403006	钢筋混凝土复合管片	1. 材质 2. 混凝土强度等级、石料最大粒径	m³	按设计图示尺寸以体积计算	1. 复合管片钢壳制作 2. 复合管片混凝土浇筑 3. 养生 4. 复合管片安装 5. 管片场内外运输
040403007	管片设置密封条	1. 直径 2. 材料 3. 规格	环	按设计图示数量计算	密封条安装
040403008	隧道洞口柔性接缝环	1. 材料 2. 规格	m	按设计图示以隧道管片外径周长计算	1. 拆临时防水环板 2. 安装、拆除临时止水带 3. 拆除洞口环管片 4. 安装钢环板 5. 柔性接缝环 6. 洞口混凝土环圈
040403009	管片嵌缝	1. 直径 2. 材料 3. 规格	环	按设计图示数量计算	1. 管片嵌缝 2. 管片手孔封堵

6.2.4 管节顶升、旁通道工程

管节顶升、旁通道工程工程量清单项目设置及工程量计算规则应按表 6.4 中的规定执行。

表 6.4 管节顶升、旁通道（编码：040404）

项目编码	项目名称	项目特征	计量单位	工程量计算规则	工程内容
040404001	管节垂直顶升	1. 断面 2. 强度 3. 材质	m	按设计图示以顶升长度计算	1. 钢壳制作 2. 混凝土浇筑 3. 管节试拼装 4. 管节顶升
040404002	安装止水框、连系梁	材质	t	按设计图示尺寸以质量计算	1. 止水框制作、安装 2. 连系梁制作、安装
040404003	阴极保护装置	1. 型号 2. 规格	组	按设计图示数量计算	1. 恒电位仪安装 2. 阳极安装 3. 阴极安装 4. 参变电极安装 5. 电缆敷设 6. 接线盒安装
040404004	安装取排水头	1. 部位（水中、陆上） 2. 尺寸	个		1. 顶升口揭顶盖 2. 取排水头部安装

续表 6.4

项目编码	项目名称	项目特征	计量单位	工程量计算规则	工程内容
040404005	隧道内旁通道开挖	土壤类别	m³	按设计图示尺寸以体积计算	1. 地基加固 2. 管片拆除 3. 支护 4. 土方暗挖 5. 土方运输
040404006	旁通道结构混凝土	1. 断面 2. 混凝土强度等级、石料最大粒径			1. 混凝土浇筑 2. 洞门接口防水
040404007	隧道内集水井	1. 部位 2. 材料 3. 形式	座	按设计图示数量计算	1. 拆除管片建集水井 2. 不拆管片建集水井
040404008	防爆门	1. 形式 2. 断面	扇		1. 防爆门制作 2. 防爆门安装

6.2.5 隧道沉井工程

隧道沉井工程工程量清单项目设置及工程量计算规则应按表 6.5 中的规定执行。

表 6.5 隧道沉井(编码:040405)

项目编码	项目名称	项目特征	计量单位	工程量计算规则	工程内容
040405001	沉井井壁混凝土	1. 形状 2. 混凝土强度等级、石料最大粒径	m³	按设计尺寸以井筒混凝土体积计算	1. 沉井砂垫层 2. 刃脚混凝土垫层 3. 混凝土浇筑 4. 养生
040405002	沉井下沉	深度	m³	按设计图示井壁外围面积乘以下沉深度以体积计算	1. 排水挖土下沉 2. 不排水下沉 3. 土方场外运输
040405003	沉井混凝土封底	混凝土强度等级、石料最大粒径	m³	按设计图示尺寸以体积计算	1. 混凝土干封底 2. 混凝土水下封底
040405004	沉井混凝土底板				1. 混凝土浇筑 2. 养生
040405005	沉井填心	材料品种			1. 排水沉井填心 2. 不排水沉井填心
040405006	钢封门	1. 材质 2. 尺寸	t	按设计图示尺寸以质量计算	1. 钢封门安装 2. 钢封门拆除

6.2.6 地下连续墙工程

地下连续墙工程工程量清单项目设置及工程量计算规则应按表 6.6 中的规定执行。

表6.6 地下连续墙(编码:040406)

项目编码	项目名称	项目特征	计量单位	工程量计算规则	工程内容
040406001	地下连续墙	1.深度 2.宽度 3.混凝土强度等级、石料最大粒径	m³	按设计图示长度乘以宽度乘以深度以体积计算	1.导墙制作、拆除 2.挖土成槽 3.锁口管吊拔 4.混凝土浇筑 5.养生 6.土石方场外运输
040406002	深层搅拌桩成墙	1.深度 2.孔径 3.水泥掺量 4.型钢材质 5.型钢规格		按设计图示尺寸以体积计算	1.深层搅拌桩空搅 2.深层搅拌桩二喷四搅 3.型钢制作 4.插拔型钢
040406003	桩顶混凝土圈梁	混凝土强度等级、石料最大粒径			1.混凝土浇筑 2.养生 3.圈梁拆除
040406004	基坑挖土	1.土质 2.深度 3.宽度	m³	按设计图示地下连续墙或围护桩围成的面积乘以基坑的深度以体积计算	1.基坑挖土 2.基坑排水

6.2.7 混凝土结构工程

混凝土结构工程工程量清单项目设置及工程量计算规则应按表6.7中的规定执行。

表6.7 混凝土结构(编码:040407)

项目编码	项目名称	项目特征	计量单位	工程量计算规则	工程内容
040407001	混凝土地梁	1.垫层厚度、材料品种、强度 2.混凝土强度等级、石料最大粒径	m³	按设计图示尺寸以体积计算	1.垫层铺设 2.混凝土浇筑 3.养生
040407002	钢筋混凝土底板				
040407003	钢筋混凝土墙	混凝土强度等级、石料最大粒径			
040407004	混凝土衬墙				
040407005	混凝土柱				
040407006	混凝土梁	1.部位 2.混凝土强度等级、石料最大粒径	m³	按设计图示尺寸以体积计算	1.混凝土浇筑 2.养生
040407007	混凝土平台、顶板				
040407008	隧道内衬弓形底板	1.混凝土强度等级 2.石料最大粒径			
040407009	隧道内衬侧墙				

续表6.7

项目编码	项目名称	项目特征	计量单位	工程量计算规则	工程内容
040407010	隧道内衬顶板	1. 形式 2. 规格	m²	按设计图示尺寸以面积计算	1. 龙骨制作、安装 2. 顶板安装
040407011	隧道内支撑墙	1. 强度 2. 石料最大粒径	m³	按设计图示尺寸以体积计算	
040407012	隧道内混凝土路面	1. 厚度 2. 强度等级	m²	按设计图示尺寸以面积计算	1. 混凝土浇筑 2. 养生
040407013	圆隧道内架空路面				
040407014	隧道内附属结构混凝土	1. 不同项目名称,如楼梯、电缆沟、车道侧石等 2. 混凝土强度等级、石料最大粒径	m³	按设计图示尺寸以体积计算	

6.2.8 沉管隧道工程

沉管隧道工程工程量清单项目设置及工程量计算规则应按表6.8中的规定执行。

表6.8 沉管隧道(编码:040408)

项目编码	项目名称	项目特征	计量单位	工程量计算规则	工程内容
040408001	预制沉管底垫层	1. 规格 2. 材质 3. 厚度	m³	按设计图示尺寸以沉管底面积乘以厚度以体积计算	1. 场地平整 2. 垫层铺设
040408002	预制沉管钢底板	1. 材质 2. 厚度	t	按设计图示尺寸以质量计算	钢底板制作、铺设
040408003	预制沉管混凝土板底	混凝土强度等级、石料最大粒径	m³	按设计图示尺寸以体积计算	1. 混凝土浇筑 2. 养生 3. 底板预埋注浆管
040408004	预制沉管混凝土侧墙				1. 混凝土浇筑 2. 养生
040408005	预制沉管混凝土顶板				
040408006	沉管外壁防锚层	1. 材质品种 2. 规格	m²	按设计图示尺寸以面积计算	铺设沉管外壁 防锚层
040408007	鼻托垂直剪力	材质	t	按设计图示尺寸以质量计算	1. 钢剪力键制作 2. 剪力键安装

续表6.8

项目编码	项目名称	项目特征	计量单位	工程量计算规则	工程内容
040408008	端头钢壳	1. 材质、规格 2. 强度 3. 石材最大粒径	t	按设计图示尺寸以质量计算	1. 端头钢壳制作 2. 端头钢壳安装 3. 混凝土浇筑
040408009	端头钢封门	1. 材质 2. 尺寸			1. 端头钢封门制作 2. 端头钢封门安装 3. 端头钢封门拆除
040408010	沉管管段浮运临时供电系统	规格	套	按设计图示管段数量计算	1. 发电机安装、拆除 2. 配电箱安装、拆除 3. 电缆安装、拆除 4. 灯具安装、拆除
040408011	沉管管段浮运临时供排水系统	规格	套	按设计图示管段数量计算	1. 泵阀安装、拆除 2. 管路安装、拆除
040408012	沉管管段浮运临时通风系统				1. 进排风机安装、拆除 2. 风管路安装、拆除
040408013	航道疏浚	1. 河床土质 2. 工况等级 3. 疏浚深度		按河床原断面与管段浮运时设计断面之差以体积计算	1. 挖泥船开收工 2. 航道疏浚挖泥 3. 土方驳运、卸泥
040408014	沉管河床基槽开挖	1. 河床土质 2. 工况等级 3. 挖土深度	m³	按河床原断面与槽设计断面之差以体积计算	1. 挖泥船开收工 2. 沉管基槽挖泥 3. 沉管基槽清淤 4. 土方驳运、卸泥
040408015	钢筋混凝土块沉石	1. 工况等级 2. 沉石深度		按设计图示尺寸以体积计算	1. 预制钢筋混凝土块 2. 装船、驳运、定位沉石 3. 水下铺平石块
040408016	基槽子抛铺碎石	1. 工况等级 2. 石料厚度 3. 沉石深度			1. 石料装运 2. 定位抛石 3. 水下铺平石块
040408017	沉管管节浮运	1. 单节管段质量 2. 管段浮运距离	kt·m	按设计图示尺寸和要求以沉管节质量和浮运距离的复合单位计算	1. 干坞放水 2. 管段起浮定位 3. 管段浮运 4. 加载水箱制作、安装、拆除 5. 系缆柱制作、安装、拆除

续表6.8

项目编码	项目名称	项目特征	计量单位	工程量计算规则	工程内容
040408018	管段沉放连接	1. 单节管段重量 2. 管段下沉深度	节	按设计图示数量计算	1. 管段定位 2. 管段压水下沉 3. 管段端面对接 4. 管节拉合
040408019	砂肋软体排覆盖	1. 材料品种 2. 规格	m^2	按设计图示尺寸以沉管顶面积加侧面外表面积计算	水下覆盖软体排
040408020	沉管水下压石		m^3	按设计图示尺寸以顶、侧压石的体积计算	1. 装石船开收工 2. 定位抛石、卸石 3. 水下铺石
040408021	沉管接缝处理	1. 接缝连接形式 2. 接缝长度	条	按设计图示数量计算	1. 按缝拉合 2. 安装止水带 3. 安装止水钢板 4. 混凝土浇筑
040408022	沉管底部压浆固封充填	1. 压浆材料 2. 压浆要求	m^3	按设计图示尺寸以体积计算	1. 制浆 2. 管底压浆 3. 封孔

6.3 清单项目相关说明

6.3.1 隧道岩石开挖工程

(1)隧道岩石开挖共4个清单项目,适用于岩石隧道开挖。

(2)岩石隧道开挖分为平洞、斜洞、竖井和地沟开挖。平洞指隧道轴线与水平线之间的夹角在5°以内的;斜洞指隧道轴线与水平线之间的夹角在5°~30°之间的;竖井指隧道轴线与水平线垂直的;地沟指隧道内地沟的开挖部分。隧道开挖的工程内容包括开挖、临时支护、施工排水、弃渣的洞内运输外运弃置等全部内容。清单工程量按设计图示尺寸以体积计算,超挖部分由投标者自行考虑在组价内。除招标文件另有规定外,是采用光面爆破还是一般爆破均由投标者自行决定。

(3)岩石隧道适用于镇、管辖范围内,新建和扩建的各种车行隧道,人行隧道及电缆隧道等,但不适用于岩石层的地铁隧道。

(4)岩石隧道部分模板钢筋含量(每10 m^3 混凝土)按相关规定计取。

6.3.2 岩石隧道衬砌工程

(1)岩石隧道衬砌共15个清单项目,用于岩石隧道的衬砌。

(2)岩石隧道衬砌包括混凝土衬砌和块料衬砌,按拱部、边墙、竖井和沟道分别列项。清单工程量按设计图示尺寸计算,如设计要求超挖回填部分要以与衬砌同质混凝土来回填的,则这部分回填量由投标者在组价中考虑。如超挖回填设计用浆砌块石和干砌块石回填的,则按设计要求另列清单项目,其清单工程量按设计的回填量以体积计算。

(3)岩石隧道衬砌各种衬砌形式的模板与混凝土接触面积按相关规定计取。

6.3.3 盾构掘进工程

(1)盾构掘进共 9 个清单项目,用于软土地层采用盾构法掘进的隧道。

(2)盾构法施工中管线路年折旧率见表 6.9。

表 6.9 管线路年折旧率

材料	轨道	轨枕	进出水管	风管	自来水管	支架	栏杆	走道板
折旧率	0.167	0.20	0.25	0.333	0.667	0.667	0.667	

(3)盾构法施工中,进出水管、风管、轨道、轨枕、支架、走道板、栏杆用量见表 6.10。

表 6.10 材料用量表   单位:kg/m

项目	轨道双根	轨枕	进出水管	风管	走道板	支架	栏杆	自来水管
盾构掘进	36.40	16.90	47.60	38.90	21.10	12.00	2.76	11.96

6.3.4 管节顶升、旁通道工程

(1)管节顶升、旁通道共 8 个清单项目,用于采用顶升法掘竖开和主隧道之间连通的旁通道。

(2)预制管节制作混凝土已包括内模摊销费及管节制成后的外壁涂料。管节中的钢筋已归入顶升钢壳制作的子目中。

(3)阴极保护安装不包括恒电位仪、阳极和参比电极的原值。

6.3.5 隧道沉井工程

(1)隧道沉井,共 6 个清单项目。主要用于盾构机吊入、吊出口和沉管隧道两岸连接部分。

(2)隧道沉井的井壁清单工程量按设计尺寸以体积计算。工程内容包括制作沉井的砂垫层、刃脚混凝土垫层、刃脚混凝土浇筑、井壁混凝土浇筑、框架混凝土浇筑和养护等全部内容。

根据隧道沉井施工流程图设置清单项目及所包含的内容(虚线框为清单项目范围及包括的主要内容)来编制工程量清单项目表,并应按照其所包括的工程内容进行工程量清单综合单价分析及计价,如图 6.5 所示。

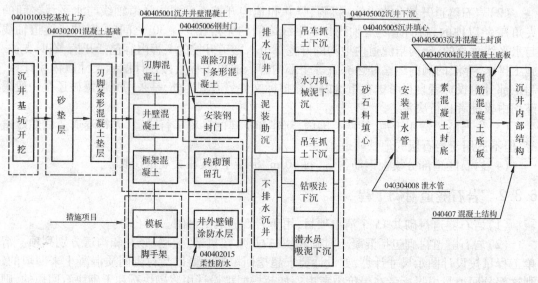

图 6.5 隧道沉井施工流程图

6.3.6 地下连续墙工程

(1)地下连续墙共 4 个清单项目,主要是用于深基坑开挖的施工围护,一般都有设计图和要求,多用于地铁车站和大型高层建筑物地下室施工的围护。

(2)地下连续墙的清单工程量按设计的长度乘以厚度乘以深度以体积计算。工程内容包括导墙制作拆除、挖方成槽、锁口管吊拔、混凝土浇筑、养护、土石方场外运输等全部内容。

根据地下连续墙施工流程图来设置清单项目和包括的工程内容,来编制清单项目表和其所包含的工程内容进行工程量清单综合单价分析,如图 6.6 所示。

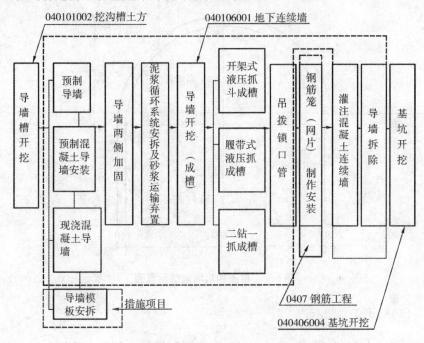

图 6.6 地下连续墙施工流程图

6.3.7 混凝土结构工程

(1)混凝土结构共 14 个清单项目,用于城市道路隧道内的混凝土结构。

(2)混凝土结构中的钢筋单列项目,以重量为计量单位。施工用筋量按不同部位取定,一般控制在 2% 以内,钢筋不考虑除锈,设计图纸已注明的钢筋接头按图纸规定计算,设计图纸未说明的通长钢筋,25 以内的按 8 m 长计算一个接头,25 以上的按 6 m 长计算一个接头。

6.3.8 沉管隧道工程

(1)沉管隧道工程共 22 个清单项目,用于用沉管法建造隧道工程。

(2)沉管隧道是新增加的项目,其实体部分包括沉管的预制、河床基槽开挖、航道疏浚、浮运、沉管、下沉连接和压石稳管等,且均设立了相应的清单项目。但预制沉管的预制场地没有列清单项目,一般用干坞(相当于船厂的船坞)或船台来作为预制场地,这属于施工手段和方法部分,这部分可列为措施项目。

6.4 隧道工程工程量计算实例

【例6.1】 某隧道工程施工,其设计尺寸如图6.7所示,隧道全长为325 m,岩层为次坚石,无地下水,采用平洞开挖,光面爆破,并进行拱圈砌筑和边墙砌筑,砌筑材料为粗石料砂浆,试计算该段隧道开挖和砌筑工程量。

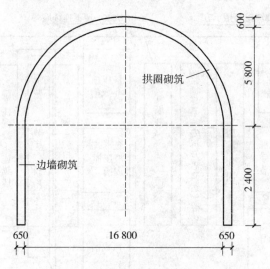

图6.7 拱圈和边墙砌筑示意图

【解】 (1)隧道工程量/m³:

$$\left[\frac{1}{2} \times 3.14 \times (4.5+0.65)2 + 2.8 \times (16.8+0.65 \times 2)\right] \times 325 = 27\,001.11$$

(2)拱圈砌筑工程量/m³:

$$(\frac{1}{2} \times 3.14 \times (4.5+0.65)^2 - \frac{1}{2} \times 3.14 \times 4.52) \times 325 = 3\,200.54$$

(3)边墙砌筑工程量/m³:

$$2.8 \times 0.65 \times 325 \times 2 = 1\,183$$

清单工程量计算见表6.11。

表6.11 清单工程量计算

序号	项目编码	项目名称	项目特征描述	计量单位	工程量
1	040401001001	平洞开挖	平洞开挖,次坚石,光面爆破	m³	27 001.11
2	040402007001	拱圈砌筑	粗石料砂浆	m³	3 200.54
3	040402008001	边墙砌筑	粗石料砂浆	m³	1 183

【例6.2】 某隧道工程全长为645 m,端墙采用M10号水泥砂浆砌片石,翼墙采用M7.5

号水泥砂浆砌片石,外露面用片石镶面并勾平缝,衬砌水泥砂浆砌片石厚7 cm,洞门形状如图6.8所示。求洞门砌筑工程量。

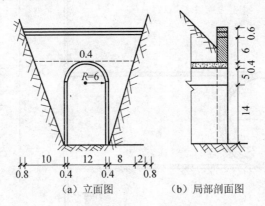

图6.8 端墙式洞门示意图(单位:m)

【解】 (1)端墙工程量:

$$V_1/m^3 = 6.6 \times (34.4 + 28.8) \times \frac{1}{2} \times 0.07 = 14.6$$

(2)翼墙工程量:

$$V_2/m^3 = [(14+5+0.4) \times \frac{1}{2} \times (12.8+28.8) - 14 \times 12.8 - \frac{1}{2} \times 6.4^2 \times 3.14] \times 0.07 = 160.01$$

(3)洞门砌筑工程量:

$$V/m^3 = V_1 + V_2 = (14.6 + 160.01)m^3 = 174.61$$

清单工程量计算表见表6.12。

表6.12 清单工程量计算表

项目编码	项目名称	项目特征描述	计量单位	工程量
040402010001	洞门砌筑	端墙采用M10号水泥砂浆砌片石,翼墙采用M7.5号水泥砂浆砌片石,外露面用片石镶面并勾平缝	m³	174.61

【例6.3】 某市政隧道工程,隧道全长为50 m,竖井深度为100 m,竖井布置如图6.10所示,采用全断面开挖,一般爆破,岩石类别为次坚石,开挖后废渣采用轻轨斗车运至洞口100 m处。用C30混凝土砂浆砌筑隧道拱圈和边墙28 cm,用C25混凝土对竖井进行衬砌20 cm,并在距洞口3 m处,每隔7 m安装一个集水井,试计算竖井开挖、混凝土竖井衬砌、拱圈衬砌、边墙衬砌、隧道内集水井、隧道内旁通道开挖工程量。

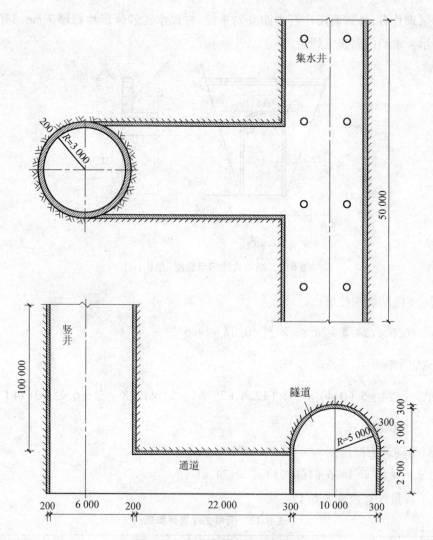

图 6.10 竖井内部布置示意图

【解】 (1)竖井开挖工程量/m³:

$\frac{1}{2} \times 3.14 \times (3+0.2)^2 \times 100 = 1607.68$

(2)混凝土竖井衬砌工程量/m³:

$(\frac{1}{2} \times 3.14 \times 3.2^2 - \frac{1}{2} \times 3.14 \times 3^2) \times 100 = 194.68$

(3)拱圈砌筑工程量/m²:$(\frac{1}{2} \times 3.14 \times 5.3^2 - \frac{1}{2} \times 3.14 \times 5^2) \times 50 = 242.57$

(4)边墙砌筑工程量/m²:$0.3 \times 2.5 \times 50 \times 2 = 75$

(5)隧道内集水井工程量/座:$2 \times [\frac{2 \times 50 + 3 \times 2}{7} + 1] = 34$

(6)隧道内通道开挖工程量/m³:$6.4 \times 2.5 \times 22 = 352$

清单工程量计算见表 6.13。

表6.13 清单工程量计算表

序号	项目编码	项目名称	项目特征描述	计量单位	工程量
1	040401003001	竖井开挖	一般爆破,次坚石全断面开挖	m^3	1 607.68
2	040402003001	混凝土竖井衬砌	C25 混凝土衬砌 20 cm	m^3	194.68
3	040402007001	拱圈砌筑	C30 混凝土砂浆砌筑拱圈 28 cm	m^3	242.57
4	040402008001	边墙砌筑	C30 混凝土砂浆砌筑拱圈 28 cm	m^3	75
5	040404002001	斜洞开挖	般爆破,全断面开挖	m^3	352
6	040404007001	隧道内集水井	在距洞口 3 m 处,每隔 7 m 安装一个集水井	座	34

【例6.4】 某城市道路隧道总长为150 m,洞口桩号为K3+300和K3+450,其中K3+320~K0+370段岩石为普坚石,此段隧道的设计断面如图6.11所示。设计开挖断面积为66.67 m^2,拱部衬砌断面积为10.17 m^2。边墙厚为600 mm,混凝土强度等级为C20,边墙断面积为3.638 m^2。设计要求主洞超挖部分必须用与衬砌同强度等级混凝土充填,招标文件要求开挖出的废渣运至距洞口900 m处弃场弃置(两洞口外900 m处均有弃置场地)。现根据上述条件编制隧道K0+320~K0+370段的隧道开挖和衬砌工程量清单项目。

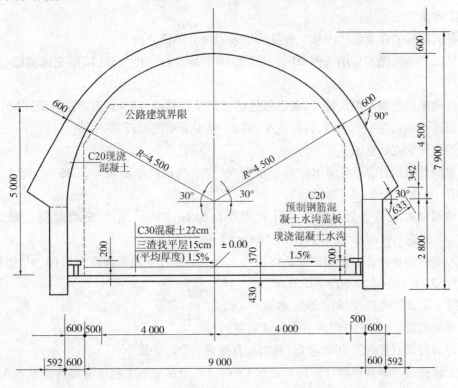

图6.11 隧道洞口断面

【解】 (1)工程量清单编制:

计算清单工程量如下:

1)平洞开挖清单工程量计算/m^3:$66.67 \times 50 = 3333.5$

2)衬砌清单工程量计算:

拱部/m^3:$10.17 \times 50 = 508.50$

边墙/m^3:$3.36 \times 50 = 168.00$

分部分项工程量清单与计价见表6.14。

表6.14 分部分项工程量清单与计价表

工程名称:A市某道路工程　　　　标段:K0+320~K0+370　　　　第　页　共　页

序号	项目编号	项目名称	项目特征描述	计量单位	工程数量	金额/元		
						综合单价	合价	其中:暂估价
1	040401001001	平洞开挖	普坚石,设计断面66.67 m^2	m^3	3333.50			
2	040402001001	混凝土拱部衬砌	拱顶厚60 cm,C20混凝土	m^3	508.5			
3	040402002001	混凝土边墙衬砌	厚60 cm,C20混凝土	m^3	168.00			

(2)工程量清单计价:

施工方案考虑如下:

现根据招标文件及设计图和工程量清单表做综合单价分析:

1)从工程地质图和以前进洞20 m已开挖的主洞看石岩比较好,拟用光面爆破,全断面开挖。

2)衬砌采用先拱后墙法施工,对已开挖的主洞及时衬砌,减少岩面曝露时间,以利安全。

3)出渣运输用挖掘机装渣,自卸汽车运输。模板采用钢模板、钢模架。

施工工程量的计算如下:

1)主洞开挖量计算。设计开挖断面积为66.67 m^2,超挖断面积为3.26 m^2,施工开挖量为$(66.67 + 3.26) \times 50 = 3496.5\ m^3$。

2)拱部混凝土量计算。拱部设计衬砌断面为10.17 m^2,超挖充填混凝土断面积为2.58 m^2,拱部施工衬砌量为$(10.17 + 2.58) \times 50 = 637.50\ m^3$。

3)边墙衬砌量计算。边墙设计断面积为3.36 m^2,超挖充填断面积为0.68 m^2,边样施工衬砌量为$(3.36 + 0.68) \times 50 = 202.0\ m^3$。

参照定额及管理费、利润的取定如下:

1)定额拟按《全国统一市政工程预算定额》计取。

2)管理费按直接费的10%考虑,利润按直接费的5%考虑。

3)工程量清单综合单价计分析见表6.15~6.17,分部分项工程量清单计价见表6.18。

表 6.15　工程量清单综合单价分析表

工程名称：A 市某道路工程　　　标段：K0+320~K0+370　　　第　页　共　页

项目编码	040401001001	项目名称	平洞开挖（普坚石，设计断面 66.67 m²）	计量单位	m²

定额编号	定额名称	定额单位	数量	单价				合价			
				人工费	材料费	机械费	管理费和利润	人工费	材料费	机械费	管理费和利润
4-20	平洞全断面开挖用光面爆破	100 m³	0.01	999.69	669.96	1 974.31	546.60	10.0	6.70	19.74	5.47
4-54	平洞出渣	100 m³	0.01	25.17	—	1 804.55	274.46	0.25		18.05	2.75

清单综合单价组成明细

人工单价	小计	10.25	6.70	37.79	8.22
22.47 元/工日	未计价材料费				
清单项目综合单价			62.96		

注："数量"栏为"投标方工程量÷招标方工程量÷定额单位数量"，如"0.01"为"3 496.5÷3 333.5÷100"。

表 6.16　工程量清单综合单价分析表

工程名称：A 市某道路工程　　　标段：K0+320~K0+370　　　第　页　共　页

项目编码	040401001001	项目名称	混凝土拱部衬砌（拱顶厚60 cm，C20 混凝土）	计量单位	10 m³

清单综合单价组成明细

定额编号	定额名称	定额单位	数量	单价				合价			
				人工费	材料费	机械费	管理费和利润	人工费	材料费	机械费	管理费和利润
4-91	平洞拱部混凝土衬砌	10 m³	0.125	709.15	10.39	137.06	128.49	88.64	1.30	17.13	16.06

人工单价	小计	88.64	1.30	17.13	16.06
22.47 元/工日	未计价材料费		30.61		
清单项目综合单价			429.20		

材料费明细	主要材料名称、规格、型号	单位	数量	单价/元	合价/元	暂估单价/元	暂估合价/元
	C20 混凝土	m³	0.127	241	30.61		
	其他材料费			—		—	
	材料费小计			—	30.61	—	

注："数量"栏为"投标方工程量÷招标方工程量÷定额单位数量"，如"0.125"为"637.50÷508.5÷10"。

表 6.17 工程量清单综合单价分析表

工程名称:A 市某道路工程　　　　标段:K0+320~K0+370　　　　第 页 共 页

项目编码	040402002001	项目名称	混凝土边墙衬砌 (厚 60 cm,C20 混凝土)	计量单位	m³

清单综合单价组成明细

定额编号	定额名称	定额单位	数量	单价				合价			
				人工费	材料费	机械费	管理费和利润	人工费	材料费	机械费	管理费和利润
4-109	混凝土边墙衬砌	100 m³	0.01	535.91	9.18	106.14	97.69	5.36	0.09	1.06	0.98
人工单价			小计					5.36	0.09	1.06	0.98
22.47 元/工日			未计价材料费					2.90			
			清单项目综合单价					10.39			

材料费明细	主要材料名称、规格、型号	单位	数量	单价/元	合价/元	暂估单价/元	暂估合价/元
	C20 混凝土	m³	0.012	241	2.90		
	其他材料费				—		—
	材料费小计				2.90		—

注:"数量"栏为"投标方工程量÷招标方工程量÷定额单位数量",如"0.01"为"202÷168÷100"。

表 6.18 分部分项工程量清单与计价表

工程名称:A 市某道路工程　　　　标段:K0+320~K0+370　　　　第 页 共 页

序号	项目编号	项目名称	项目特征描述	计量单位	工程数量	金额/元		其中:暂估价
						综合单价	合价	
1	040401001001	平洞开挖	普坚石,设计断面 66.67 m²	m³	3 333.50	62.96	209 877.16	
2	040402001001	混凝土拱部衬砌	拱顶厚 60 cm,C20 混凝土	m³	508.5	429.20	218 248.2	
3	040402002001	混凝土边墙衬砌	厚 60 cm,C20 混凝土	m³	168.00	10.39	1 745.52	
			合计				429 870.88	

第7章 市政管网工程识图与工程量清单计价

7.1 市政管网工程制图与识图

7.1.1 给水排水工程施工图

市政给水排水工程图主要包括建筑物室外管网平面布置图、管网总平面图、管道纵断面图和管道节点详图等内容。

1. 建筑物室外管网平面布置图的制图与识图

为了说明新建房屋室内给水排水管道与室外管网的连接情况,通常要用小比例(1:500,1:1000)画出室外管网的平面布置图。在这一类图中,只画出局部室外管网的干管,说明与给水引入管和排水排出管的连接情况即可。一般用中实线画出建筑物外墙轮廓线,粗实线表示给水管道,粗虚线表示排水管道,检查井用直径2~3 mm的小圆表示。

2. 管网总平面图的画法与识图

管网总平面布置图的设计依据是建筑总平面图,以管网布置为重点,用粗实线画出管道,用中实线画出房屋外轮廓,用细实线画出其余地物、地貌和道路,绿化可省略不画。

(1)在一张图纸上绘制出给水管道、排水管道、雨水管道、热水管道和消防管道等不同线型,分别用符号J、P、Y、R等加以标注。若管道种类较多、地形复杂,可按不同管道种类分别绘制在不同的图纸上。

(2)应在图上表示出城市同类管道及连接的位置、连接点井号、管径、标高、坐标及流水方向等。

(3)应在图上表示出各建筑物、构筑物的引入管和排出管,并标注出位置尺寸。

(4)图上应注明各类管道的管径、坐标或定位尺寸。一般标在管道的旁边,当无空余图面时,也可用引出线标出。管道应标注起止点、转角点、连接点、变坡点等处的标高。给水管宜标注管中心标高;排水管道宜标注管内底标高。室外管道应标注绝对标高,当无绝对标高资料时,也可标注相对标高。由于给水管是压力管,且无坡度,往往沿地面敷设,如在平地中统一埋深时,可在说明中列出给水管管中心的标高。

(5)只有本专业管道的单体建筑物局部总平面图可从阀门井、检查井绘制引出线,线上标注井盖面的标高,线下标注管底或管中心标高。

排水管为简便起见,可在检查井处引一指引线及水平线,水平线上面标以管道种类及编号;水平线下面标以井底标高。检查井编号应按管道的类别分别自编,如污水管代号为"W",雨水管代号为"Y"。编号顺序可按水流方向,自干管上游编向干管下游,再依次编支管,如Y—4表示4号雨水井,W—1表示1号污水井。

(6)为表示房间的朝向,图的右上角绘制风向频率玫瑰图,无污染时绘制指北针。指北针以细实线(0.25b)画一直径 φ24 的圆圈,内画三角形指北针(指针尾部宽 3 mm),以显示该房屋的朝向。

(7)建筑物,构筑物,道路的形状、编号、坐标、标高等的表示方法应与总图各专业图相一致。

(8)施工说明一般有以下几个内容:标高、尺寸、管径的单位;与室内地面标高 ±0.000 m 相当的绝对标高值;管道的设置方式(明装或暗装);各种管道的材料及防腐、防冻措施;卫生器具的规格,冲洗水箱的容积;检查井的尺寸;所套用的标准图的图号;安装质量的验收标准;其他施工要求等。

3. 管道纵断面图的制图与识图

管道纵断面图由图样和资料表两部分构成。

(1)用单粗实线绘制的为压力流管道,当管径大于 400 mm 时,压力流管道可用双中粗实线绘制。

(2)用双中粗实线绘制的为重力流管道,其对应平面示意图用单中粗实线绘制。

(3)设计地面线、阀门井或检查井、竖向定位线用细实线表示,自然地面线则采用细虚线表示。

(4)表示出与本管道相交的道路、铁路、河谷及其他专业管道、管沟及电缆等的水平距离和标高。

(5)当不绘制重力流管道纵断面图时,可采用管道高程表表示重力流管道,见表7.1。

表7.1　××管道高程表

序号	管段编号		管长/m	管径/mm	坡度/%	管底坡降/m	管底跌落/m	设计地面标高/m		管内底标高/m		埋深/m		备注
	起点	终点						起点	终点	起点	终点	起点	终点	

4. 管道节点详图的制图与识图

详图采用的比例较大,安装详图必须按照施工安装的需要表达得详尽、具体而明确,一般都采用正投影绘制。

(1)详图中管道节点位置和编号应与总平面图相一致,管道应标注管径和管长。

(2)节点图应绘制所包括的平面形状和大小、阀门、管件、连接方式、管径及定位尺寸。必要时,阀门井节点应绘制剖面图。

7.1.2　供热工程施工图

1. 锅炉房图样制图与识图

锅炉是专业性很强的大型热源设备。组成锅炉系统的各种设备交织在一起,形成一个复杂的系统。

锅炉房的管道系统有:动力管道系统、水处理系统和锅炉排污系统等。

锅炉房管道施工图包括管道流程图、平面图、剖面图和详图等。有的设计单位不绘制剖面图,而绘制管道系统轴测图。

(1)流程图制图与识图。管道流程图又称汽水流程图或热力系统图。锅炉房内管道系统的流程图,主要表明锅炉系统的作用和汽水的流程,同时反映设备之间的关系。

1)流程图通常将锅炉房的主要设备以方块图或形状示意图的形式表现出来。

2)流程图的管道一般应标注管径和管路代号。

3)流程图用示意图表示汽水的流程,图中表示出各设备之间的关系,供管道安排时查对管路流程用。另外阀门方向也要依据流程图安装。管路的具体走向、位置和标高等则需要查阅平面图、剖面图或系统轴测图。

(2)管道平面图制图与识图。锅炉房管道平面图主要表示锅炉,辅助设备和管道的平面布置,以及设备与管路之间的关系。

1)图中应表明锅炉房设备的平面位置和数量。通过各个设备的中心线到建筑物的距离,表明设备的定位尺寸、设备接管的具体位置和方向。

2)图中应表明采暖管道的布置、管径及阀门位置,表明分水缸的安装位置、进出管道位置和方向。

3)图中应表明水处理及其他系统的平面布置,标注管路的位置、走向、阀门设置,以及管径、标高等。

(3)管道剖面图的制图与识图。剖面图是设计人员根据需要有选择地绘制的,它用来表示设备及接管的立面布置。

1)图中应表明锅炉及辅助设备的立面布置及标高,标注有关设备接口的位置和方向。

2)图中应表明管路的立面布置,标注管路的标高、管径和阀门设置。特别是泵类在管路上的止回阀、闸阀和截止阀等,同时各设备上的安全阀、压力表、温度计、调节阀和液位计等的类型、型号、连接方法及相对位置也都应在剖面图上反映出来。

(4)鼓、引风系统管道平面图和剖面图的画法。

1)应单独绘制鼓、引风系统管道平面图和剖面图。

2)按比例绘制烟道、风管道及附件、设备简化轮廓线,管道及附件均应编号,并与材料或零部件明细表相对应。

3)应详细标注管道的长度、断面尺寸及支吊架的安装位置。对有些部件、零部件应绘出详图和材料或零部件明细表。

2. 热网图样制图与识图

室外供热管道施工图,主要有管道平面图,纵断面图、横断面图,管道节点安装详图等。

(1)热网管道平面图。热网管道平面图用来表示管道的具体走向,是室外供热管道的主要图纸,应在供热区域平面图或地形图的基础上绘制。供热区域平面图或地形图上的内容应采用细线绘制。

1)图上应表明管道名称、用途、平面位置、管道直径和连接方式。室外供热管道中有蒸汽管道和凝结水管道或供水管道和回水管道。同时还要表明室外供热管道中有无其他不同用途的管线。用粗实线绘制管线中心线,管沟敷设时,管沟轮廓线采用中实线绘制。

2)应绘出管路附件或其检查室,以及管线上为检查、维修、操作所设置的其他设施或构筑物。地上敷设时,还应绘制出各管架;地下敷设时,应标注固定墩和固定支座等,并标注上述各部位中心线的间距尺寸,应用代号加序号对以上各部位编号。

3)注明平面图上管道节点及纵、横断面图的编号,以便按照这些编号查找有关图纸。对枝状管网其剖视方向应从热源向热用户观看。

4)表示管道组时,可采用同一线型加注管道代号及规格,也可采用不同线型加注管道规格来表示各种管道。

5)应在热网管道平面图上注释采用的线型、代号和图形符号。

(2)热网管道纵断面图。管道纵、横断面图:室外供热管道的纵、横断面图主要反映管道及构筑物(地沟、管架)纵、横立面的布置情况,并将平面图上无法表示的立体情况予以表示清楚,所以,纵、横断面图是平面图的辅助性图纸,并不需绘制整个系统,只需绘制某些局部地段。

1)管道纵断面图表示管道纵向布置,应按管线的中心线展开绘制。

2)管线纵断面图应由管线纵断面示意图、管线平面展开图和管线敷设情况表组成。

3)绘制管线纵断面示意图时,距离和高程应按比例绘制,铅垂与水平方向应选用不同的比例,并应绘出铅垂方向的标尺。水平方向的比例应与热网管道平面图的比例相一致;应绘出地形和管线的纵断面;绘出与管线交叉的其他管线、道路、铁路和沟渠等,并标注与热力管线直接相关的标高,用距离标注其位置;地下水位较高时应绘出地下水位线。

4)管线平面展开图上应绘出管线、管路附件,以及管线设施或其他构筑物的示意图,并在各转角点应表示出展开前管线的转角方向。非90°角还应标出小于180°角的角度值。

5)管线敷设情况表可按表7.2中的形式绘制,表中内容可适当增减。

表7.2 管线敷设情况表

桩号				
编号				
设计地面标高/m				
自然地面标高/m				
管底标高/m				
管架内底标高/m				
槽底标高/m				
距离/m				
里程/m				
坡度/距离/m				
横断面编号				
代号及规格				

6)应采用细实线绘制设计地面线,细虚线绘制自然地面线,双点画线绘制地下水位线;其余图线应与热网管道平面图上采用的图线相对应。

7)在管线始端、末端和转角点等平面控制点处应标注标高;管线上设置有管路附件或检查室处,应标注标高;管线与道路、铁路、涵洞及其他管线的交叉处应标注标高。

8)各管段的坡度数值应计算到小数点后三位,精度要求高时应计算到小数点后五位。

(3)热网管道横断面图。

1)管道横断面图的图名编号应与热网管线平面图上的编号相一致。用粗实线绘出管道轮廓,用细实线绘出保温结构外轮廓、支架和支墩的简化外形轮廓,用中实线绘出支座简化外形轮廓。

2)标注各管道中心线的间距。标注管道中心线与沟、槽、管架的相关尺寸,以及沟、槽、管架的轮廓尺寸。标注管道代号、规格和支座的型号。

(4)管线节点及检查室图。

1)管线节点俯视图的方位应与热网管线平面图上该节点的方位相同。图中应绘出检查室和保护穴等节点构筑物的内轮廓、检查室的入孔、爬梯和集水坑。

2)管沟敷设时,应绘出与检查室相连的一部分管沟,地上敷设时,应绘出操作平台或有关构筑物的外轮廓和爬梯。

3)图中应标注管道代号、规格、管道中心线间距、管道与构筑物轮廓的距离、管路附件的主要外形尺寸、管路附件之间的安装尺寸、检查室的内轮廓尺寸、操作平台的主要外轮廓尺寸及标高等,图中还应标出供热介质流向和管道坡度。

4)补偿器安装图应注明管道代号及规格、计算热伸长量、补偿器型号、安装尺寸及其他技术数据。

3. 热力站和中继泵站制图与识图

(1)设备、管道平面图和剖面图。

1)在建筑平面图的基础上,按比例绘制出各种设备并要编号,编号应与设备明细表或设备和主要材料表相对应。

2)图中应标注设备、设备基础和管道的定位尺寸和标高,还应标注设备、管道和管路附件的安装尺寸。

3)各种管道均应注明管道代号及规格、介质流向等。

4)在平面图和剖面图上用图形符号表示管道支吊架,绘制吊点位置图。支吊架类型较多时可编号列表说明。

(2)管道系统图。

1)采用轴测投影法绘制管道系统图,用单线绘制管道并标注标高,各种管道均应注明管道代号及规格和介质流向。设备和需要特指的管路附件应编号,要与设备和主要材料表相对应。

2)管道系统图绘出管道放气装置和放水装置,用图形符号表示管道支吊架。绘出设备和管路上的就地仪表。绘制带控制点的管道系统图时,应满足自控专业的制图要求。

7.1.3 燃气管网施工图

燃气管网施工图由以下部分组成:

(1)管道平面图。管道平面图,主要表现地形、地物、河流、指北针等。在管线上画出设计管段的起终点的里程数,居住区燃气管道连接管的准确位置。

(2)管道剖面图。管道剖面图是反映管道埋设情况的主要技术资料,一般按照纵向比例是横向比例的 5~20 倍。管道纵剖面图主要反映以下内容:

1)管道的管径、管材、长度和坡度,管道的防腐方法。

2)管道所处地面标高、管道的埋深或管顶覆土厚度。

3)与管道交叉的地下管线、沟槽的截面位置、标高等。

(3)管道横断面图。管道横断面图主要反映燃气管道与其他管道之间的相对间距,其间距要求可在设计说明中获得。

7.1.4 市政管网工程施工图识读实例

1.室外给水排水总平面图识图实例

【例7.1】 室外给水排水总平面图如图7.1所示。

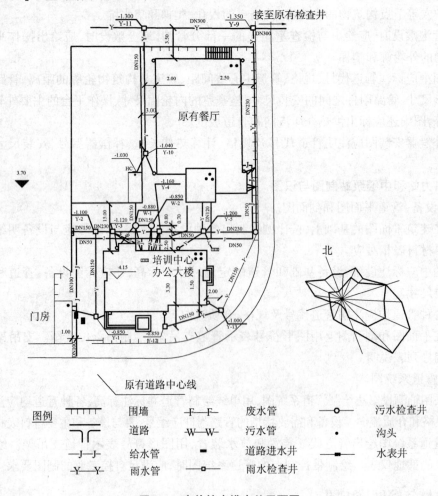

图7.1 室外给水排水总平面图

【解】 从上图中可以看出以下内容:

(1)给水管道是从南面的原有引水管引入,管中心距门房1.000 m,管径为DN120,其上先装一水表及水表井。

(2)接一支管至门房,一直至距办公大楼中心E轴墙外墙面2.50 m处转弯,管径为DN50,其上先接一条支管至办公大楼(即为J/1)。

(3)再接两条支管到另一房屋和原有餐厅,管径分别为DN 20和DN 50。

2.室外排水检查井识图

【例7.2】 根据图7.2对排水检查井进行简单知识图分析。

第7章 市政管网工程识图与工程量清单计价

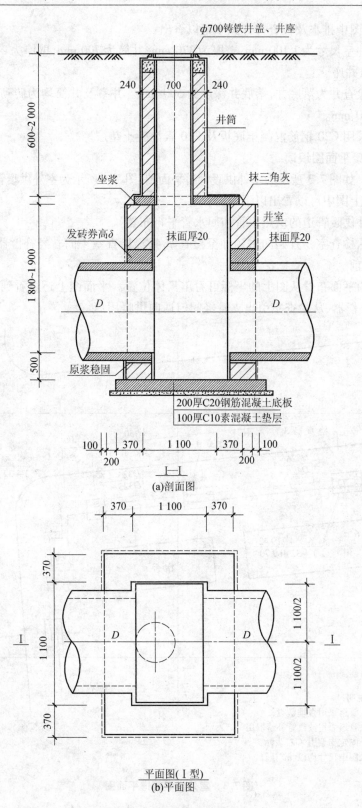

图 7.2 矩形排水检查井

【解】 从图中排水及检查井详图中可以看出:

(1)检查井室尺寸为1 100 mm,壁厚为370 mm;井筒为700 mm,壁厚为240 mm。井盖座采用铸铁井盖、井座。

(2)图中检查井为落底井,落底井深度为500 mm。井室及井筒均为砖砌,并用水泥砂浆抹面,厚度为20 mm。

(3)基础采用C20钢筋混凝土底板及C10素混凝土垫层。

3.室外采暖平面图识读

【例7.3】 如图7.3所示为室外供暖管道平面图,图7.4所示为室外供暖管道纵断面图。

【解】 从上图中可以看出以下内容:

(1)该室外供暖管道的供热水管和回水管平行布置。

(2)管路从检查室3开始向右延伸至检查室4,经检查室4向右经补偿器井6,再转向检查室5,继续向前。

(3)管道的平面布置从图上的坐标可看出具体位置。平面图上还可看到设计说明、固定支架、波纹管补偿器、从检查室引出支管经阀门通向供暖用户。

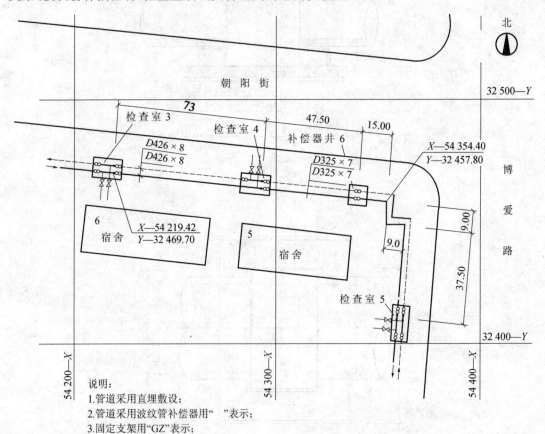

图7.3 室外供暖管道平面图

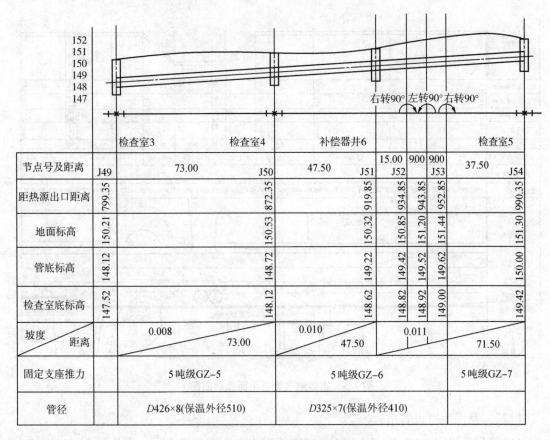

图 7.4 室外供暖管道纵断面图

(4)以检查室 3 为例,节点编号 J49,距热源出口距离为 799.35 m,地面标高为150.21 m,管底标高为 148.12 m,检查室底标高为 147.52 m;其他检查室读法相同。到检查室 4 距离为 73 m,管道坡度为 0.008,左低右高,管径为 426 mm,壁厚为 8 mm,保温外径为 510 mm;其他管段读法相同。

(5)图上还标有固定支座推力、标高、坐标、管道转向和转角等内容。

4. 燃气管网施工图识读实例

【例 7.4】 如图 7.5 所示为某城市市政燃气管道施工图,包含燃气管道平面图和剖面图。本实例是和平路 0+750~0+1 000 m 燃气管道的施工图。天然气管道为中压管道,管材采用 PE 管 SDR 为 11,管径为 $De160$。

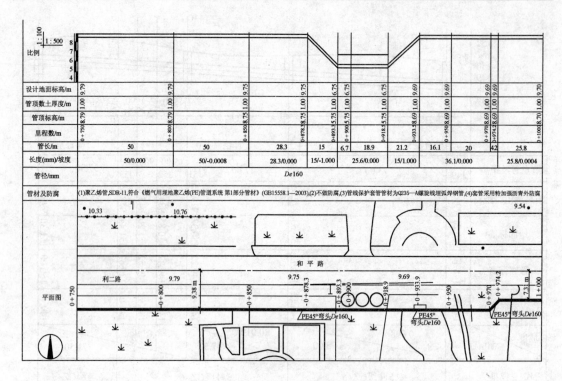

图 7.5 市政燃气管道平面及剖面图

【解】 从图中可以看出：

(1)管道于里程 0+750～0+970 之间离管道中心距为 9.83 m，在里程 0+970～0+974.2 之间改变管向，在里程 0+974.2～0+1 000 之间离道路中心线距离是 7.38 m。

(2)管道在里程 0+878.3～0+933.9 之间穿越障碍物，套管采用 Q235-A 螺旋缝埋弧焊接钢管，套管的防腐方法是特加强石油沥青防腐。

(3)管道的纵横向比例分别是 1:500 和 1:100，分别绘制出设计地面标高、管道覆土厚度、管顶标高、管道的长度和坡度等。如里程 0+878.3～0+893.9 之间管道实际长度是 2.12 m，坡度是 -1.00。管道沿地势坡度覆土深度是 1 m。

7.2 清单工程量计算规则

7.2.1 管道铺设工程

管道铺设工程工程量清单项目设置及工程量计算规则应按表 7.3 中的规定执行。

表 7.3 管道铺设(编码:040501)

项目编码	项目名称	项目特征	计量单位	工程量计算规则	工程内容
040501001	陶土管铺设	1. 管材规格 2. 埋设深度 3. 垫层厚度、材料品种、强度 4. 基础断面形式、混凝土强度等级、石料最大粒径	m	按设计图示中心线长度以延长米计算,不扣除井所占的长度	1. 垫层铺筑 2. 混凝土基础浇筑 3. 管道防腐 4. 管道铺设 5. 管道接口 6. 混凝土管座浇筑 7. 预制管枕安装 8. 井壁(墙)凿洞 9. 检测及试验
040501002	混凝土管道铺设	1. 管有筋无筋 2. 规格 3. 埋设深度 4. 接口形式 5. 垫层厚度、材料品种、强度 6. 基础断面形式、混凝土强度等级、石料最大粒径		按设计图示管道中心线长度以延长米计算,不扣除中间井及管件、阀门所占的长度	1. 垫层铺筑 2. 混凝土基础浇筑 3. 管道防腐 4. 管道铺设 5. 管道接口 6. 混凝土管座安装 7. 预制管枕安装 8. 井壁(墙)凿洞 9. 检测及试验 10. 冲洗消毒或吹扫
040501003	镀锌钢管铺设	1. 公称直径 2. 接口形式 3. 防腐、保温要求 4. 埋设深度 5. 基础材料品种、厚度		按设计图示管道中心线长度以延长米计算,不扣除管件、阀门、法兰所占的长度	1. 基础铺筑 2. 管道防腐、保温 3. 管道铺设 4. 接口 5. 检测及试验 6. 冲洗消毒或吹扫
040501004	铸铁管铺设	1. 管材材质 2. 管材规格 3. 埋设深度 4. 接口形式 5. 防腐、保温要求 6. 垫层厚度、材料品种、强度 7. 基础断面形式、混凝土强度等级、石料最大粒径	m	按设计图示管道中心线长度以延长米计算,不扣除井、管件、阀门所占的长度	1. 垫层铺筑 2. 混凝土基础浇筑 3. 管道防腐 4. 管道铺设 5. 管道接口 6. 混凝土管座浇筑 7. 井壁(墙)凿洞 8. 检测及试验 9. 冲洗消毒或吹扫

续表 7.3

项目编码	项目名称	项目特征	计量单位	工程量计算规则	工程内容
040501005	钢管铺设	1. 管材材质 2. 管材规格 3. 埋设深度 4. 防腐、保温要求 5. 压力等级 6. 垫层厚度、材料品种、强度 7. 基础断面形式、混凝土强度、石料最大粒径	m	按设计图示管道中心线长度以延长米计算（支管长度从主管中心到支管末端交接处的中心），不扣除管件、阀门、法兰所占的长度 新旧管连接时，计算到碰头的阀门中心处	1. 垫层铺筑 2. 混凝土基础浇筑 3. 混凝土管座浇筑 4. 管道防腐、保温铺设 5. 管道铺设 6. 管道接口 7. 检测及试验 8. 冲洗消毒或吹扫
040501006	塑料管道铺设	1. 管道材料名称 2. 管材规格 3. 埋设深度 4. 接口形式 5. 垫层厚度、材料品种、强度 6. 基础断面形式、混凝土强度等级、石料最大粒径 7. 探测线要求			1. 垫层铺筑 2. 混凝土基础浇筑 3. 管道防腐 4. 管道铺设 5. 探测线敷设 6. 管道接口 7. 混凝土管座浇筑 8. 井壁（墙）凿洞 9. 检测及试验 10. 冲洗消毒或吹扫
040501007	砌筑渠道	1. 渠道断面 2. 渠道材料 3. 砂浆强度等级 4. 埋设深度 5. 垫层厚度、材料品种、强度 6. 基础断面形式、混凝土强度等级、石料最大粒径		按设计图示尺寸以长度计算	1. 垫层铺筑 2. 渠道基础 3. 墙身砌筑 4. 止水带安装 5. 拱盖砌筑或盖板预制、安装 6. 勾缝 7. 抹面 8. 防腐 9. 渠道渗漏试验
040501008	混凝土渠道	1. 渠道断面 2. 埋设深度 3. 垫层厚度、材料品种、强度 4. 基础断面形式、混凝土强度、石料最大粒径			1. 垫层铺筑 2. 渠道基础 3. 墙身砌筑 4. 止水带安装 5. 拱盖砌筑或盖板预制、安装 6. 抹面 7. 防腐 8. 渠道渗漏试验

续表 7.3

项目编码	项目名称	项目特征	计量单位	工程量计算规则	工程内容
040501009	套管内铺设管道	1. 管材材质 2. 管径、壁厚 3. 接口形式 4. 防腐要求 5. 保温要求 6. 压力等级	m	按设计图示管道中心线长度计算	1. 基础铺筑(支架制作、安装) 2. 管道防腐 3. 穿管铺设 4. 接口 5. 检测及试验 6. 冲洗消毒或吹扫 7. 管道保温 8. 防护
040501010	管道架空跨越	1. 管材材质 2. 管径、壁厚 3. 跨越跨度 4. 支撑形式 5. 防腐、保温要求 6. 压力等级	m	按设计图示管道中心线长度计算,不扣除管件、阀门、法兰所占的长度	1. 支撑结构制作、安装 2. 防腐 3. 管道铺设 4. 接口 5. 检测及试验 6. 冲洗消毒或吹扫 7. 管道保温 8. 防护
040501011	管道沉管跨越	1. 管材材质 2. 管径、壁厚 3. 跨越跨度 4. 支撑形式 5. 防腐要求 6. 压力等级 7. 标志牌灯要求 8. 基础厚度、材料品种、规格	m		1. 管沟开挖 2. 管沟基础铺筑 3. 防腐 4. 跨越拖管头制作 5. 沉管铺设 6. 检测及试验 7. 冲洗消毒或吹扫 8. 标志牌灯制作、安装
040501012	管道焊口无损探伤	1. 管材外径、壁厚 2. 探伤要求	口	按设计图示要求探伤的数量计算	1. 焊口无损探伤 2. 编写报告

7.2.2 管件、钢支架制作、安装及新旧管连接工程

管件、钢支架制作、安装及新旧管连接工程工程量清单项目设置及工程量计算规则应按表 7.4 中的规定执行。

表 7.4　管件、钢支架制作、安装及新旧管连接(编码:040502)

项目编码	项目名称	项目特征	计量单位	工程量计算规则	工程内容
040502001	预应力混凝土管转换件安装	转换件规格	个	按设计图示数量计算	安装
040502002	铸铁管件安装	1. 类型 2. 材质 3. 规格 4. 接口形式	个	按设计图示数量计算	安装
040502003	钢管件安装	1. 管件类型 2. 管径、壁厚 3. 压力等级	个	按设计图示数量计算	1. 制作 2. 安装
040502004	法兰钢管件安装	1. 管件类型 2. 管径、壁厚 3. 压力等级	个	按设计图示数量计算	1. 法兰片焊接 2. 法兰管件安装
040502005	塑料管件安装	1. 管件类型 2. 材质 3. 管径、壁厚 4. 接口 5. 探测线要求	个	按设计图示数量计算	1. 塑料管件安装 2. 探测线敷设
040502006	钢塑转换件安装	转换件规格	个	按设计图示数量计算	安装
040502007	钢管道间法兰连接	1. 平焊法兰 2. 对焊法兰 3. 绝缘法兰 4. 公称直径 5. 压力等级	处	按设计图示数量计算	1. 法兰片焊接 2. 法兰连接
040502008	分水栓安装	1. 材质 2. 规格	个	按设计图示数量计算	1. 法兰片焊接 2. 安装
040502009	盲(堵)板安装	1. 盲板规格 2. 盲板材料	个	按设计图示数量计算	1. 法兰片焊接 2. 安装
040502010	防水套管制作、安装	1. 钢性套管 2. 柔性套管 3. 规格	个	按设计图示数量计算	1. 制作 2. 安装
040502011	除污器安装	1. 压力要求 2. 公称直径 3. 接口形式	个	按设计图示数量计算	1. 除污器组成安装 2. 除污器安装
040502012	补偿器安装	1. 压力要求 2. 公称直径 3. 接口形式	个	按设计图示数量计算	1. 焊接钢套筒补偿器安装 2. 焊接法兰、法兰式波纹补偿器安装
040502013	钢支架制作、安装	类型	kg	按设计图示尺寸以质量计算	1. 制作 2. 安装

续表 7.4

项目编码	项目名称	项目特征	计量单位	工程量计算规则	工程内容
040502014	新旧管连接（碰头）	1.管材材质 2.管材管径 3.管材接口	处	按设计图示数量计算	1.新旧管连接 2.马鞍卡子安装 3.接管挖眼 4.钻眼攻丝
040502015	气体置换	管材内径	m	按设计图示管道中心线长度计算	气体置换

7.2.3 阀门、水表、消火栓安装工程

阀门、水表、消火栓安装工程工程量清单项目设置及工程量计算规则应按表 7.5 中的规定执行。

表 7.5 阀门、水表、消火栓安装（编码：040503）

项目编码	项目名称	项目特征	计量单位	工程量计算规则	工程内容
040503001	阀门安装	1.公称直径 2.压力要求 3.阀门类型	个	按设计图示数量计算	1.阀门解体、检查、清洗、研磨 2.法兰片焊接 3.操纵装置安装 4.阀门安装 5.阀门压力试验
040503002	水表安装	公称直径			1.丝扣水表安装 2.法兰片焊接、法兰水表安装
040503003	消火栓安装	1.部位 2.型号 3.规格			1.法兰片焊接 2.安装

7.2.4 井类、设备基础及出水口工程

井类、设备基础及出水口工程工程量清单项目设置及工程量计算规则应按表 7.6 中的规定执行。

表7.6 井类、设备基础及出水口(编码:040504)

项目编码	项目名称	项目特征	计量单位	工程量计算规则	工程内容
040504001	砌筑检查井	1. 材料 2. 井深、尺寸 3. 定型井名称、定型图号、尺寸及井深 4. 垫层、基础:厚度、材料品种、强度	座	按设计图示数量计算	1. 垫层铺筑 2. 混凝土浇筑 3. 养生 4. 砌筑 5. 爬梯制作、安装 6. 勾缝 7. 抹面 8. 防腐 9. 盖板、过梁制作、安装 10. 井盖及井座制作、安装
040504002	混凝土检查井	1. 井深、尺寸 2. 混凝土强度等级、石料最大粒径 3. 垫层厚度、材料品种、强度	座	按设计图示数量计算	1. 垫层铺筑 2. 混凝土浇筑 3. 养生 4. 爬梯制作、安装 5. 盖板、过梁制作、安装 6. 防腐涂刷 7. 井盖及井座制作、安装
040504003	雨水进水井	1. 混凝土强度、石料最大粒径 2. 雨水井型号 3. 井深 4. 垫层厚度、材料品种、强度 5. 定型井名称图号、尺寸及井深			1. 垫层铺筑 2. 混凝土浇筑 3. 养生 4. 砌筑 5. 勾缝 6. 抹面 7. 预制构件制作、安装 8. 井箅安装
040504004	其他砌筑井	1. 阀门井 2. 水表井 3. 消火栓井 4. 排泥湿井 5. 井的尺寸、深度 6. 井身材料 7. 垫层、基础:厚度、材料品种、强度 8. 定型井名称、图号、尺寸及井深	座	按设计图示数量计算	1. 垫层铺筑 2. 混凝土浇筑 3. 养生 4. 砌支墩 5. 砌筑井身 6. 爬梯制作、安装 7. 盖板、过梁制作、安装 8. 勾缝(抹面) 9. 井盖及井座制作、安装

续表7.6

项目编码	项目名称	项目特征	计量单位	工程量计算规则	工程内容
040504005	设备基础	1.混凝土强度等级、石料最大粒径 2.垫层厚度、材料品种、强度	m³	按设计图示尺寸以体积计算	1.垫层铺筑 2.混凝土浇筑 3.养生 4.地脚螺栓灌浆 5.设备底座与基础间灌浆
040504006	出水口	1.出水口材料 2.出水口形式 3.出水口尺寸 4.出水口深度 5.出水口砌体强度 6.混凝土强度等级、石料最大粒径 7.砂浆配合比 8.垫层厚度、材料品种、强度	处	按设计图示数量计算	1.垫层铺筑 2.混凝土浇筑 3.养生 4.砌筑 5.勾缝 6.抹面
040504007	支(挡)墩	1.混凝土强度等级 2.石料最大粒径 3.垫层厚度、材料品种、强度	m³	按设计图示尺寸以体积计算	1.垫层铺筑 2.混凝土浇筑 3.养生 4.砌筑 5.抹面(勾缝)
040504008	混凝土工作井	1.土壤类别 2.断面 3.深度 4.垫层、基础,厚度、材料品种、强度	座	按设计图示数量计算	1.混凝土工作井制作 2.挖土下沉定位 3.土方场内运输 4.垫层铺设 5.混凝土浇筑 6.养生 7.回填夯实 8.余方弃置 9.缺方内运

7.2.5 顶管工程

顶管工程工程量清单项目设置及工程量计算规则应按表7.7中的规定执行。

表7.7 顶管(编码:040505)

项目编码	项目名称	项目特征	计量单位	工程量计算规则	工程内容
040505001	混凝土管道顶进	1.土壤 2.管径 3.深度 4.规格	m	按设计图示尺寸以长度计算	1.顶进后座及坑内工作平台搭拆 2.顶进设备安装、拆除 3.中继间安装、拆除 4.触变泥浆减阻 5.套环安装 6.防腐涂刷 7.挖土、管道顶进 8.洞口止水处理 9.余方弃置
040505002	钢管顶进	1.土壤类别 2.材质 3.管径 4.深度	m	按设计图示尺寸以长度计算	
040505003	铸铁管顶进	1.土壤类别 2.管径 3.深度			
040505004	硬塑料管顶进	1.土壤类别 2.管径 3.深度	m	按设计图示尺寸以长度计算	1.顶进后座及坑内工作平台搭拆 2.顶进设备安装、拆除 3.套环安装 4.管道顶进 5.洞口止水处理 6.余方弃置
040505005	水平导向钻进	1.土壤类别 2.管径 3.管材材质			1.钻进 2.泥浆制作 3.扩孔 4.穿管 5.余方弃置

7.2.6 构筑物工程

构筑物工程工程量清单项目设置及工程量计算规则应按表7.8中的规定执行。

表7.8 构筑物(编码:040506)

项目编码	项目名称	项目特征	计量单位	工程量计算规则	工程内容
040506001	管道方沟	1.断面 2.材料品种 3.混凝土强度等级、石料最大粒径 4.深度 5.垫层、基础:厚度、材料品种、强度	m	按设计图示尺寸以长度计算	1.垫层铺筑 2.方沟基础 3.墙身砌筑 4.拱盖砌筑或盖板预制、安装 5.勾缝 6.抹面 7.混凝土浇筑

续表7.8

项目编码	项目名称	项目特征	计量单位	工程量计算规则	工程内容
040506002	现浇混凝土沉井井壁及隔墙	1. 混凝土强度等级 2. 混凝土抗渗需求 3. 石料最大粒径	m³	按设计图示尺寸以体积计算	1. 垫层铺筑、垫木铺设 2. 混凝土浇筑 3. 养生 4. 预留孔封口
040506003	沉井下沉	1. 土壤类别 2. 深度		按自然地坪至设计底板垫层底的高度乘以沉井外壁最大断面面积以体积计算	1. 垫木拆除 2. 沉井挖土地下沉 3. 填充 4. 余方弃置
040506004	沉井混凝土底板	1. 混凝土强度等级 2. 混凝土抗渗需求 3. 石料最大粒径 4. 地梁截面 5. 垫层厚度、材料品种、强度		按设计图示尺寸以体积计算	1. 垫层铺筑 2. 混凝土浇筑 3. 养生
040506005	沉井内地下混凝土结构	1. 所在部位 2. 混凝土强度等级、石料最大粒径			1. 混凝土浇筑 2. 养生
040506006	沉井混凝土顶板	1. 混凝土强度等级、石料最大粒径 2. 混凝土抗渗需求			
040506007	现浇混凝土池底	1. 混凝土强度等级、石料最大粒径 2. 混凝土抗渗需求 3. 池底形式 4. 垫层厚度、材料品种、强度	m³	按设计图示尺寸以体积计算	1. 垫层铺筑 2. 混凝土浇筑 3. 养生
040506008	现浇混凝土池壁（隔墙）	1. 混凝土强度等级、石料最大粒径 2. 混凝土抗渗需求	m³	按设计图示尺寸以体积计算	1. 混凝土浇筑 2. 养生
040506009	现浇混凝土池柱	1. 混凝土强度等级、石料最大粒径 2. 规格			1. 混凝土浇筑 2. 养生

续表 7.8

项目编码	项目名称	项目特征	计量单位	工程量计算规则	工程内容
040506010	现浇混凝土池梁	1. 混凝土强度等级、石料最大粒径 2. 规格	m^3	按设计图示尺寸以体积计算	1. 混凝土浇筑 2. 养生
040506011	现浇混凝土池盖				
040506012	现浇混凝土土板	1. 名称、规格 2. 混凝土强度等级、石料最大粒径			
040506013	池槽	1. 混凝土强度等级、石料最大粒径 2. 池槽断面	m	按设计图示尺寸以长度计算	1. 混凝土浇筑 2. 养生 3. 盖板 4. 其他材料铺设
040506014	砌筑导流壁、筒	1. 块体材料 2. 断面 3. 砂浆强度等级	m^3	按设计图示尺寸以体积计算	1. 砌筑 2. 抹面
040506015	混凝土导流壁、筒	1. 断面 2. 混凝土强度等级、石料最大粒径	m^3	按设计图示尺寸以体积计算	1. 混凝土浇筑 2. 养生
040506016	混凝土扶梯	1. 规格 2. 混凝土强度等级、石料最大粒径			1. 混凝土浇筑或预制 2. 养生 3. 扶梯安装
040506017	金属扶梯、栏杆	1. 材质 2. 规格 3. 油漆品种、工艺要求	t	按设计图示尺寸以质量计算	1. 钢扶梯制作、安装 2. 除锈、刷油漆
040506018	其他现浇混凝土构件	1. 规格 2. 混凝土强度等级、石料最大粒径			1. 混凝土浇筑 2. 养生
040506019	预制混凝土板	1. 混凝土强度等级、石料最大粒径 2. 名称、部位、规格	m^3	按设计图示尺寸以体积计算	1. 混凝土浇筑 2. 养生 3. 构件移动及堆放 4. 构件安装
040506020	预制混凝土槽	1. 规格 2. 混凝土强度等级、石料最大粒径			
040506021	预制混凝土支墩				
040506022	预制混凝土异型构件				

续表 7.8

项目编码	项目名称	项目特征	计量单位	工程量计算规则	工程内容
040506023	滤板	1. 滤板材质 2. 滤板规格 3. 滤板厚度 4. 滤板部位	m^2	按设计图示尺寸以面积计算	1. 制作 2. 安装
040506024	折板	1. 折板材料 2. 折板形式 3. 折板部位	m^2	按设计图示尺寸以面积计算	1. 制作 2. 安装
040506025	壁板	1. 壁板材料 2. 壁板部位			
040506026	滤料铺设	1. 滤料品种 2. 滤料规格	m^3	按设计图示尺寸以体积计算	铺设
040506027	尼龙网板	1. 材料品种 2. 材料规格		按设计图示尺寸以面积计算	1. 制作 2. 安装
040506028	刚性防水		m^2		1. 配料 2. 铺筑
040506029	柔性防水	1. 工艺要求 2. 材料规格			涂、贴、粘、刷防水材料
040506030	沉降缝	1. 材料品种 2. 沉降缝规格 3. 沉降缝部位	m	按设计图示以长度计算	铺、嵌沉降缝
040506031	井、池渗漏试验	构筑物名称	m^3	按设计图示储水尺寸以体积计算	渗漏试验

7.2.7 设备安装工程

设备安装工程工程量清单项目设置及工程量计算规则应按表 7.9 中的规定执行。

表 7.9 设备安装(编码:040507)

项目编码	项目名称	项目特征	计量单位	工程量计算规则	工程内容
040507001	管道仪表	1. 规格、型号 2. 仪表名称	个	按设计图示数量计算	1. 取原部件安装 2. 支架制作、安装 3. 套管安装 4. 表弯制作、安装 5. 仪表脱脂 6. 仪表安装
040507002	格栅制作	1. 材质 2. 规格、型号	kg	按设计图示尺寸以质量计算	1. 制作 2. 安装

续表7.9

项目编码	项目名称	项目特征	计量单位	工程量计算规则	工程内容
040507003	格栅除污机	规格、型号	台	按设计图示数量计算	1. 安装 2. 无负荷试运转
040507004	滤网清污机				
040507005	螺旋泵				
040507006	加氯机		套		
040507007	水射器				
040507008	管式混合器	公称直径	个		
040507009	搅拌机械	1. 规格、型号 2. 重量	台		
040507010	曝气器	规格、型号	个		
040507011	布气管	1. 材料品种 2. 直径	m	按设计图示以长度计算	1. 钻孔 2. 安装
040507012	曝气机	规格、型号	台	按设计图示数量计算	1. 安装 2. 无负荷试运转
040507013	生物转盘	规格			
040507014	吸泥机				
040507015	刮泥机	规格、型号			
040507016	辊压转鼓式吸泥脱水机				
040507017	带式压滤机	设备质量			
040507018	污泥造粒脱水机	转鼓直径			
040507019	闸门	1. 闸门材质 2. 闸门形式 3. 闸门规格、型号	座	按设计图示数量计算	安装
040507020	旋转门	1. 材质 2. 规格、型号			
040507021	堰门	1. 材质 2. 规格			
040507022	升杆式铸铁泥阀	公称直径	座	按设计图示数量计算	安装
040507023	平底盖闸				
040507024	启闭机械	规格、型号	台		

续表7.9

项目编码	项目名称	项目特征	计量单位	工程量计算规则	工程内容
040507025	集水槽制作	1. 材质 2. 厚度	m²	按设计图示尺寸以面积计算	1. 制作 2. 安装
040507026	堰板制作	1. 堰板材质 2. 堰板厚度 3. 堰板形式			
040507027	斜板	1. 材料品种 2. 厚度			安装
040507028	斜管	1. 斜管材料品种 2. 斜管规格	m	按设计图示以长度计算	
040507029	凝水缸	1. 材料品种 2. 压力要求 3. 型号、规格 4. 接口	组	按设计图示数量计算	1. 制作 2. 安装
040507030	调压器	规格、型号			安装
040507031	过滤器				
040507032	分离器				
040507033	安全水封	公称直径			
040507034	检漏管	规格			
040507035	调长器	公称直径	个		
040507036	牺牲阳极、测试桩	1. 牺牲阳极安装 2. 测试桩安装 3. 组合及要求	组		1. 安装 2. 测试

7.3 清单项目相关说明

7.3.1 管道铺设工程

(1)管道铺设工程适用于市政管网工程及市政管网专用设备安装工程。

(2)管道铺设项目设置中没有明确区分是排水、给水、燃气还是供热管道,它适用于市政管网管道工程。在列工程量清单时可冠以排水、给水、燃气和供热的专业名称以示区别。

(3)管道铺设中的管件、钢支架制作安装及新旧管连接应分别列清单项目。

(4)管道铺设除管沟挖填方外,包括从垫层起至基础,管道防腐、铺设、保温、检验试验、冲洗消毒或吹扫等全部内容。

(5)管道街头零件及价格、每米管道土方数量、铸铁管接口间隙体积、青铅接口一个口材料净用量、石棉水泥接口一个口材料净用量和水泥接口一个接口材料净用量按相关规定计取。

7.3.2 管件、钢支架制作、安装及新旧管连接工程

(1)管件、钢支架制作安装及新旧管连工程适用于市政管网工程及市政管网专用设备安

装工程。

(2)管道法兰连接应单独列清单项目,内容包括法兰片的焊接和法兰的连接,法兰管件安装的清单项目包括法兰片的焊接和法兰管体的安装。

(3)管件制作与安装相关数据按相关规定计取。

7.3.3 井类、设备基础及出水口工程

(1)井类、设备基础及出口工程适用于市政管网工程和市政管网专用设备安装工程。

(2)设备基础的清单项目,包括了地脚螺栓灌浆和设备底座与基础面之间的灌浆,即包括了一次灌浆和二次灌浆的内容。

(3)各种井每立方米砖砌体机砖、砂浆用量见表7.10。

(4)各种井基础混凝土厚度取定见表7.11。

表7.10 单位砌体机砖、砂浆用量表

序号	井型		机砖/块	砂浆/m³	备注
1	进水井		529	0.250	M7.5 水泥砂浆 砌 MU25 砖
2	矩形井		529	0.250	
3	圆形井		503	0.316	
4	扇形井	(圆体)	503	0.316	
		(直线)	529	0.250	

表7.11 各种井混凝土基础厚度表   单位:mm

序号	管径 D	基础混凝土厚度	序号	管径 D	基础混凝土厚度
1	200~400	100	8	1 100	220
2	500	110	9	1 200	240
3	600	120	10	1 350	260
4	700	140	11	1 500	310
5	800	160	12	1 650	340
6	900	180	13	1 800	370
7	1 000	200	14	2 000	420

7.3.4 顶管工程

(1)顶管工程适用于市政管网工程及市政管网专用设备安装工程。

(2)顶管的清单项目,除工作井的制作和工作井的挖、填方不包括外,包括了其他所有顶管过程的全部内容。

7.3.5 构筑物工程

(1)管道附属构筑物构筑用量见表7.12。

(2)管道附属构筑物砖、砂浆用量见表7.13。

表7.12 管道附属构筑物构筑用量表

项目		用料量
勾缝材料		0.211 m³/100 m²
砖、砂浆		见表7.13
草袋		草袋净用量/个 = $\dfrac{混凝土露明面积(m^2)}{0.24\ m^2/个 \times 2}$
水	冲洗石子	4.5 m³/10 m³ 混凝土
	冲洗搅拌机	2.2 m³/10 m³ 混凝土
	养护用水	平面:0.14 m³/m²(混凝土露明面积)(每天浇水5次、养护7天) 立面:0.056 m³/m²(混凝土露明面积)(每天浇水2次、养护7天)
	浸砖用水	0.2 m³/千块
电		插入式、平板式振捣器每台班用电4 kW·h (插入式振捣器台班:混凝土搅拌机台班 = 2:1;平板式振捣器台班:混凝土搅拌机台班 = 1:1)

表7.13 管道附属构筑物砖、砂浆用量表

墙厚	矩形		圆形	
	砖/块	砂浆/m³	砖/块	砂浆/m³
24墙	529	0.226	503	0.316
37墙	522	0.236	—	—
50墙	518	0.242	—	—

7.3.6 设备安装工程

(1)设备安装工程适用于市政管网工程专用设备安装。

(2)设备安装只列了市政管网的专用设备安装,内容包括了设备无负荷试运转在内。标准、定型设备部分应按《清单计价规范》附录C安装工程相关项目编列清单。

7.4 市政管网工程工程量计算实例

【例7.1】 某市政排水工程,管线长690 m,采用混凝土污水管,管径为D500,每节长度为2.5 m。120°混凝土基础,共有15座D1 000的圆形检查井,如图7.6所示。求其主要工程量。

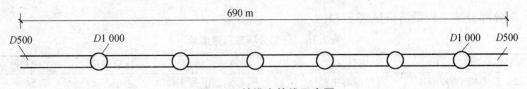

图7.6 某排水管线示意图

【解】 (1)混凝土管道基础及铺设/m:L_1 = 690

(2)管道接口/个:690/2.5 − 1 = 275

(3)闭水试验/m:$L_2 = 690$

(4)圆形检查井/座:15

分部分项工程量清单见表7.14。

表7.14 分部分项工程量清单

序号	项目编码	项目名称	项目特征描述	计量单位	工程量
1	040501002001	混凝土管道铺设	120°混凝土基础,D 500	m	1 380
2	040504001001	砌筑检查井	圆形,D1 000	座	15

【例7.2】 图7.7所示为给水排水工程中给水排水构筑物现浇钢筋混凝土半地下室水池,水池为圆形。试计算其工程量。

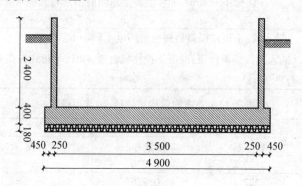

图7.7 某水池剖面图

【解】 (1)现浇混凝土池底:

1)垫层铺筑:垫层厚0.18 m,因为是一个圆柱,底边半径为$\frac{4.9}{2}$ m = 2.45 m,则工程量/m^3:

$$\pi \times 2.45^2 \times 0.18 = 3.39$$

2)混凝土浇筑:混凝土池底厚024 m,底面半径为2.45 m,则工程量/m^3:

$$\pi \times 2.45^2 \times 0.4 = 7.54$$

(2)现浇混凝土池壁(隔墙):

池壁厚0.25 m,则内壁半径为$\frac{3.5}{2}$ m = 1.75 m,外壁半径为1.75 + 0.25 = 2 m。

池壁工程量/m^3:

$$(\pi \times 2^2 - \pi \times 1.75^2) \times 2.4 = 7.07$$

分部分项工程量清单见表7.15。

表7.15 分部分项工程量清单

序号	项目编码	项目名称	项目特征描述	计量单位	工程量
1	040506007001	现浇混凝土池底	圆形钢筋混凝土	m^3	7.54
2	040506008001	现浇混凝土池壁(隔墙)	厚250 mm	m^3	7.07

【例7.3】 某污水管道工程,全长为420 m,D400混凝土管,设检查井(Φ1 000)8座,管线上部原地面为10 cm厚沥青混凝土路面,50 cm厚多合土,外径为2.2 m,挡土板示意图如

图7.8所示。试计算拆除混凝土路面、挡土板、管道铺设工程量。

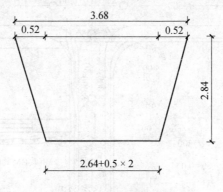

图7.8 挡土板示意图

【解】 (1)拆除混凝土路面工程量$/m^2$：
$$420 \times 3.68 = 1\ 545.6$$

(2)拆除多合土工程量：多合土此层厚10 cm,增厚部分40 cm,每增厚5 cm为一层,则增厚部分为8层,10 cm厚的拆除量为$420 \times 3.68 = 1\ 545.6\ m^2$

增厚部分为$1\ 545.6 \times 8 = 1\ 2364.8\ m^2$；则共计为$1\ 545.6 + 12\ 364.8 = 13\ 910.4\ m^2$。

(3)支撑木挡土板工程量宽度为图7.8所示梯形的腰长,则其长度为
$$a/m = \sqrt{0.52^2 + 2.84^2} = 2.89$$

挡土板面积：$S/m^2 = al = 2.89 \times 420 = 1\ 213.8$

共两面为$2\ 427.6\ m^2$

(4)铺设$D400$混凝土管：420 m

清单工程量计算见表7.16。

7.16 清单工程量计算表

序号	项目编码	项目名称	项目特征描述	计量单位	工程量
1	040801001001	拆除路面	沥青混凝土路面,厚10 cm	m^2	1 545.6
2	040801002002	拆除基层	50 cm厚多合土	m^2	13 910.4
3	040501002001	混凝土管道铺设	$D400$	m	420

【例7.4】 某街道道路新建排水工程。

(1)平面图和纵断面图如图7.9所示。

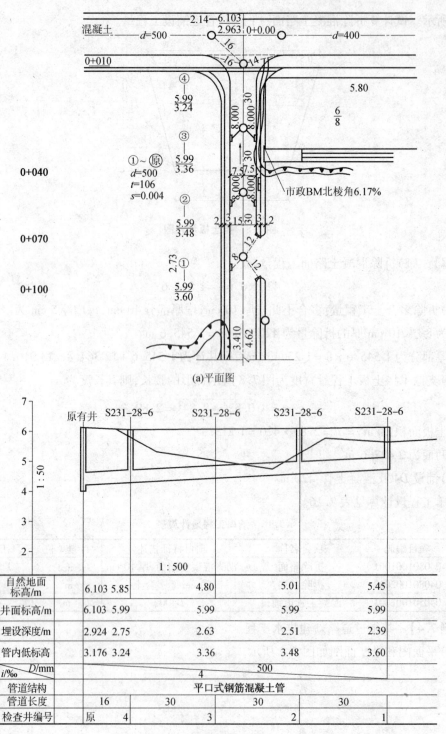

图7.9 某街道道路新建排水工程平面图和纵断面图

(2)管基断面如图7.10所示,管基断面图适用于开槽施工的雨水和合流管道及污水管道。C_1、C_2 分开浇筑时,C_1 部分表面要求做成毛面并冲洗干净。图中 B 值根据国家标准《混凝土和钢筋混凝土排水管》(GB/T 11836—2009)所给的最小管壁厚度确定,使用时可根据管材具体情况调整。覆土 $4\ m < H \leqslant 6\ m$。

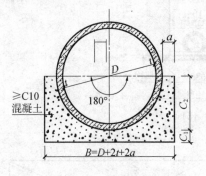

图 7.10　管基断面

(3)钢筋混凝土管 180°混凝土基础如图 7.11 所示。

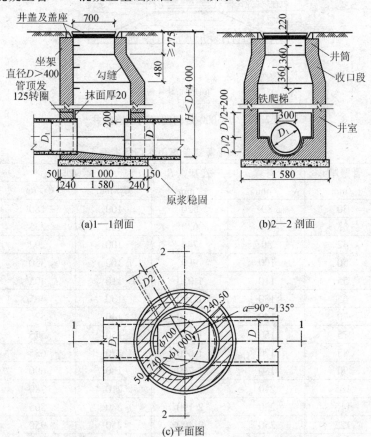

图 7.11　钢筋混凝土管 180°混凝土基础

(4)$\Phi 1\ 000$ 砖砌圆形雨水检查井如图 7.12 所示。

(5)排水工程中,平箅式单算雨水口标准见表 7.17。

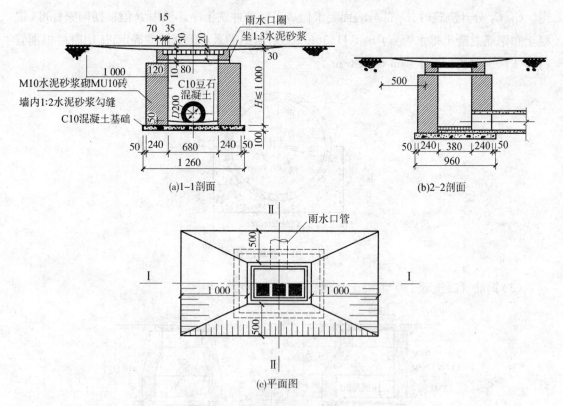

图 7.12　$\Phi 1\,000$ 砖砌圆形雨水检查井

表 7.17　平箅式单箅雨水口标准表

内管径 D /mm	管壁厚 t /mm	管肩宽 a /mm	管基宽 B /mm	管基厚 C_1/mm	管基厚 C_2/mm	基础混凝土 /($m^3 \cdot m^{-1}$)
300	30	80	520	100	180	0.094 7
400	35	80	630	100	235	0.123 4
500	42	80	744	100	292	0.157 7
600	50	100	900	100	350	0.212 6
700	55	110	1 030	110	405	0.272 8
800	65	130	1 190	130	465	0.368 4
900	70	140	1 320	140	520	0.446 5
1 000	75	150	1 450	150	575	0.531 9
1 100	85	170	1 610	170	635	0.662 7
1 200	90	180	1 740	180	690	0.765 9
1 350	105	210	1 980	210	780	1.004 5
1 500	115	230	2 190	230	865	1.222 7
1 650	125	250	2 400	250	950	1.462 4
1 800	140	280	2 640	280	1 040	1.785 8
2 000	155	310	2 930	310	1 155	2.197 0
2 200	175	350	3 250	350	1 275	2.727 7
2 400	185	370	3 510	370	1 358	3.146 9

(6)工程数量表 1 见表 7.18,表中单位为 mm。井基材料采用 C10 混凝土,厚度等于干

管管基厚;若干管为土基时,井基厚度为100。井墙用M7.5水泥砂浆砌MU7.5砖,无地下水时,可用50号混合砂浆砌MU7.5砖。遇地下水时井外壁抹面至地下水位以上500,厚20,井底铺碎石,厚100。抹面、勾缝、坐浆均用1:2水泥砂浆。接入支管超挖部分用级配砂石,混凝土或砌砖填实。井室自井底至收口段高度一般为1 800,当埋深不允许时可酌情减小。

表7.18 工程数量表1

管径D	砖砌体/m³			C10号混凝土/m³	砂浆抹面/m²
	收口段	井室	井筒/m		
200	0.39	1.76	0.71	0.20	2.48
300	0.39	1.76	0.71	0.20	2.60
400	0.39	1.76	0.71	0.20	2.70
500	0.39	1.76	0.71	0.22	2.79
600	0.39	1.76	0.71	0.24	2.86

工程数量表2见表7.19,表中单位为mm。各项技术要求详见雨水口总说明。

表7.19 工程数量表2

H	工程数量					铸铁箅子/个
	C10混凝土/m³	C30混凝土/m³	C30豆石混凝土/m³	砖砌体/m³	钢筋/kg	
700	0.121	0.03	0.013	0.43	2.68	1
1 000	0.121	0.03	0.013	0.65	2.68	1

【解】 (1)工程量清单编制。

工程量计算如下:

1)主要工程材料见表7.20。

表7.20 主要工程材料

序号	名称	单位	数量	规格	备注
1	钢筋混凝钢管	m	94	D300×2 000×30	
2	钢筋混凝土管	m	106	D500×2 000×42	
3	检查井	座	4	Φ1 000 砖砌	S231-28-6
4	雨水井	座	9	680×380 H=1.0	S235-2-4

2)管道铺设及基础见表7.21。

表7.21 管道铺设及基础

管段井号	管径/mm	管道铺设长度(井中至井中)/m	基础及接口形式	支管及180°平接口基础铺设	
				D300	D250
起1	500	30	180°平接口	32	—
2	500	30		16	—
3	500	30		16	—
4					
止原井	500	16		30	—
合计		106		94	—

3)检查井、进水井数量见表7.22。

表7.22 检查井、进水井数量

井号	检查井设计井面标高/m	井底标高/m	井深/m	砖砌圆形雨水检查井		砖砌雨水进水井		
	1	2	3 = 1 − 2	井号、井径	数量/个	图号规格	井深	数量/座
起1	5.99	3.6	2.39	S231−28−6 Φ1 000	1	S235−2−4 C680×380	1	3
2	5.99	3.48	2.51	S231−28−6 Φ1 000	1	S235−2−4 C680×380	1	2
3	5.99	3.35	2.64	S231−28−6 Φ1 000	1	S235−2−41000 C680×380	1	2
4	5.99	3.24	2.75	S231−28−6 Φ1 000	1	S235−2−41000 C680×380	1	2
止原井	(6.103)	(2.936)	3.14					
本表综合小计				1)砖砌圆形雨水检查井 Φ1 000 平均井深2.6 m,共计4座。 2)砖砌雨水进水井 680×380,井深1 m,共计9座。				

4)挖干管管沟土方见表7.23。

表7.23 挖干管管沟土方

井号或管数	管径/mm	管沟长/m	沟底宽/m	原地面标高(综合取定)/m	井底流水位标高/m		基础加深/m	平均挖深	土壤类别	计算式	数量/m³
		L	b	平均	流水位	平均				L×b×H	
起1											
1	500	30	0.744	5.4	3.60	3.54	0.14	2.0	三类土	30×0.744×2	44.64
2	500	30	0.744	4.75	3.48	3.42	0.14	1.47	三类土	30×0.744×1.47	32.81
3	500	30	0.744	5.28	3.36	3.30	0.14	2.12	三类土	30×0.744×2.21	49.33
4	500	16	0.744	5.98	3.24	3.21	0.14	2.91	四类土	16×0.744×2.91	34.64
止原井					3.176						

5)挖支管管沟土方见表7.24。

表7.24 挖支管管沟土方

管径/mm	管沟长/m	沟底宽/m	平均挖深	土壤类别	计算式	数量/m³
	L	b			L×b×H	
D300	94	0.52	1.13	三类土	94×0.52×1.13	55.23
D250						

6)挖井位土方见表7.25。

表7.25 挖井位土方

井号或管数	井底基础尺寸/m			原地面标高/m	基础加深/m	平均挖深	个数	土壤类别	计算式	数量/m³
	长 L	宽 B	直径 Φ			H				
雨水井	1.26	0.96		1.0	0.13	1.13	9	三类土	1.26×0.96×1.13×9	12.30
1			1.58	1.86	0.14	2.00	1	三类土	井位2块弓形面积 0.83×2.00	1.66
2			1.58	1.33	0.14	1.47	1	三类土	0.83×1.47	1.22
3			1.58	1.98	0.14	2.12	1	三类土	0.83×2.12	1.76
4			1.58	2.77	0.14	2.91	1	四类土	0.83×2.91	2.42

7)挖混凝土路面(厚22 cm)及稳定层(35 cm):
① 挖混凝土路面面积/m^2:$16 \times 0.744 = 11.9$
挖混凝土路面体积/m^3:$11.9 \times 0.22 = 2.62$
② 挖稳定层面积/m^2:$16 \times 0.744/m^2 = 11.9$
挖稳定层体积/m^3:$11.9 \times 0.35 = 4.17$
8)管道及基础所占体积:
① D500 管道与基础所占体积/m^3:
$[(0.1+0.292) \times (0.5+0.084+0.16) + 0.292^2 \times 3.14 \times 1/2] \times 106 = 44.93$
② D300 管道与基础所占体积/m^3:
$[(0.1+0.18) \times (0.3+0.006+0.16) + 0.18^2 \times 3.14 \times 1/2] \times 94 = 17.05$
所占体积之和/m^3:$44.93 + 17.05 = 61.98$
9)土方工程量汇总:
① 挖沟槽土方三类土2 m 以内:
$44.64 + 32.81 + 55.32 + 12.30 + 1.66 + 1.22 = 147.95 \ m^3$
② 挖沟槽土方三类土4 m 以内:
$47.32 + 1.76 = 49.08 \ m^3$
③ 挖沟槽土方四类土4 m 以内:
$34.64 + 2.42 - 2.62 - 4.17 = 30.27$
④ 管沟回填方/m^3:
$147.86 + 49.08 + 30.27 - 63.68 = 163.53$
⑤ 就地弃土 $63.68 \ m^3$
工程量清单计价见表7.26。

表 7.26 分部分项工程量清单与计价表

工程名称:某街道道路新建排水工程 标段: 第 页 共 页

序号	项目编号	项目名称	项目特征描述	计量单位	工程数量	金额/元		
						综合单价	合价	其中:暂估价
1	040101002001	挖沟槽土方	三类土,深2 m 以内	m^3	147.95			
2	040101002002	挖沟槽土方	三类土,深4 m 以内	m^3	49.08			
3	040101002003	挖沟槽土方	四类土,深2 m 以内	m^3	30.27			
4	040103001001	填方	沟槽回填,密实度95%	m^3	163.53			
5	040501002001	混凝土管道铺设	D300×2 000×30 钢筋混凝土管,180°、C15 混凝土基础	m	94.00			
6	040501002002	混凝土管道铺设	D500×2 000×42 钢筋混凝土管,180°、C15 混凝土基础	m	106.00			
7	040504001001	砌筑检查井	砖砌圆形井,Φ1 000,平均井深2.6 m	座	4			
8	040504003001	雨水进水井	砖砌,680×380,井深1 m,单箅平算	座	9			
			合计					

(2)工程量清单计价。

该排水工程的施工方案如下:

1)该道路的土方管沟回填后不需外运,可作为道路缺方的一部分就地摊平。

2)在原井至4号井的两个雨水进水井处设施工护栏共长约70 m,以减少施工干涉和确保行车、行人安全。

3)4号检查井与原井连接部分的干管管沟挖土用木挡土板密板支撑,以保证挖土安全和减少路面开挖量。

4)其余干管部分管沟挖土,采取放坡,支管部分管沟挖土不需放坡,但挖好的管沟要及时铺管覆土。

5)所有挖土均采用人工挖土,土方场内运输采用手推车,填土采用人工夯实。

(3)参照定额及管理费、利润的取定。

1)定额拟按全国市政工程预算定额。

2)管理费按直接费的14%考虑,利润按直接费的7%考虑,管理费及利率以直接费为取费基数。

根据上述考虑作如下综合单价分析,见表7.27~7.35所示的工程量清单综合单价分析表。

表7.27 工程量清单综合单价分析表

工程名称:某街道道路新建排水工程　　　　标段:　　　　　　　　第　页　共　页

项目编码	040101002001	项目名称		挖沟槽土方		计量单位		m^3	
清单综合单价组成明细									
定额编号	定额名称	定额单位	数量	单价			合价		
				人工费	材料费	机械费	管理费和利润	人工费	材料费	机械费	管理费和利润
1-8	人工挖沟槽土方(三类土,深2 mm以内)	100 m^3	0.029	1 294.72	—		271.89	37.55			7.89
	人工单价			小计				37.55	—		7.89
22.47 元/工日				未计价材料费				—			
清单项目综合单价								45.44			

注:"数量"栏为"投标方工程量÷招标方工程量÷定额单位数量",如"0.029"为"435.54÷147.95÷100"。

表7.28 工程量清单综合单价分析表

工程名称:某街道道路新建排水工程　　　　标段:　　　　　　　　　　　第　页　共　页

项目编码	040101002002	项目名称		挖沟槽土方		计量单位			m³
清单综合单价组成明细									
定额编号	定额名称	定额单位	数量	单价				合价		
				人工费	材料费	机械费	管理费和利润	人工费	材料费	机械费	管理费和利润
1-9	人工挖沟槽土方（三类土，深4 mm以内）	100 m³	0.038	1 542.79	—	—	323.99	58.63	—	—	12.31
人工单价					小计				58.63	—	—	12.31
22.47元/工日					未计价材料费				—			
清单项目综合单价									70.94		

注:"数量"栏为"投标方工程量÷招标方工程量÷定额单位数量",如"0.038"为"187.66÷49.08÷100"。

表7.29 工程量清单综合单价分析表

工程名称:某街道道路新建排水工程　　　　标段:　　　　　　　　　　　第　页　共　页

项目编码	040101002003	项目名称		挖沟槽土方		计量单位			m³
清单综合单价组成明细									
定额编号	定额名称	定额单位	数量	单价				合价		
				人工费	材料费	机械费	管理费和利润	人工费	材料费	机械费	管理费和利润
1-13	人工挖沟槽土方（四类土，深4 m以内）	100 m³	0.03	2 175.77	—	—	456.91	65.27	—	—	13.70
1-531	木密挡土板支撑	100 m³	0.03	480.63	1 126.08	—	337.40	14.79	33.78	—	10.12
人工单价					小计				80.06	33.78	—	23.82
22.47元/工日					未计价材料费						
清单项目综合单价									137.66		
材料费明细		主要材料名称、规格、型号			单位	数量	单价/元	合价/元	暂估单价/元	暂估合价/元
		圆木			m³	0.007	1 051.0	7.257		
		板方材			m³	0.002	1 764.0	3.518		
		木挡土板			m³	0.012	1 764.0	21.168		
		钢丝10号			kg	0.210	6.14	1.136		
		扒钉			kg	0.196	3.6	0.706		
		其他材料费						—	—	—
		材料费小计						—	33.78	—

注:"数量"栏为"投标方工程量÷招标方工程量÷定额单位数量",如"0.03"为"93.12÷30.27÷100"。

表 7.30 工程量清单综合单价分析表

工程名称:某街道道路新建排水工程　　　　标段:　　　　　　　　　　第　页　共　页

项目编码	040103001001	项目名称		填方		计量单位		m^3	
清单综合单价组成明细									
定额编号	定额名称	定额单位	数量	单价				合价	

定额编号	定额名称	定额单位	数量	人工费	材料费	机械费	管理费和利润	人工费	材料费	机械费	管理费和利润
1-56	人工填土夯实（密实度95%）	100 m³	0.039	891.61	0.70	—	187.39	34.77	0.027	—	7.308
人工单价			小计					34.77	0.027	—	7.308
22.47元/工日			未计价材料费								
清单项目综合单价								42.105			

材料费明细	主要材料名称、规格、型号	单位	数量	单价/元	合价/元	暂估单价/元	暂估合价/元
	水	m³	0.06	0.45	0.027		
	其他材料费			—			
	材料费小计			—	0.027	—	

注:"数量"栏为"投标方工程量÷招标方工程量÷定额单位数量",如"0.039"为"637.38÷163.53÷100"。

表 7.31 工程量清单综合单价分析表

工程名称:某街道道路新建排水工程　　　　标段:　　　　　　　　　　第　页　共　页

项目编码	040501002001	项目名称		混凝土管道铺设		计量单位		m	
清单综合单价组成明细									

定额编号	定额名称	定额单位	数量	人工费	材料费	机械费	管理费和利润	人工费	材料费	机械费	管理费和利润
6-18	平接式管道基础	100 m	0.01	600.15	9.57	150.14	159.57	6.00	0.096	1.50	0.60
6-52	钢筋混凝土管道铺设	100 m	0.01	281.66	—		59.15	2.82			0.59
6-124	水泥砂浆接口	10 个	0.05	21.46	5.85	—	5.74	1.10	0.293	—	0.29
人工单价			小计					9.92	0.389	1.50	1.48
22.47元/工日			未计价材料费					62.7			
清单项目综合单价								75.989			

第7章 市政管网工程识图与工程量清单计价

续表7.31

工程名称:某街道道路新建排水工程　　　　标段:　　　　　　　　第　页　共　页

项目编码	040501002001	项目名称	混凝土管道铺设	计量单位	m

	清单综合单价组成明细					
材料费明细	主要材料名称、规格、型号	单位	数量	单价/元	合价/元	暂估单价/元	暂估合价/元
	C15 混凝土	m³	0.096 6	231	22.315		
	钢筋混凝土管 Φ300	m	1.01	40	40.4		
	其他材料费				—	—	
	材料费小计			—	62.7	—	

注:"数量"栏为"投标方工程量÷招标方工程量÷定额单位数量",如"0.01"为"94÷94÷100"。

表7.32　工程量清单综合单价分析表

工程名称:某街道道路新建排水工程　　　　标段:　　　　　　　　第　页　共　页

项目编码	040501002002	项目名称	混凝土管道铺设	计量单位	m

清单综合单价组成明细

定额编号	定额名称	定额单位	数量	单价				合价			
				人工费	材料费	机械费	管理费和利润	人工费	材料费	机械费	管理费和利润
6-20	平接式混凝土管道基础混凝土 D500,180°,C15	100 m	0.01	999.53	15.13	250.43	265.67	9.995	0.151	25.04	2.66
6-54	钢筋混凝土管道铺设 D500×2 000×42	100 m	0.01	437.00			91.77	4.37		—	0.92
6-125	水泥砂浆接口（180°基础,平接口）	10 个	0.049	23.37	7.16		6.411	1.145	0.351		0.314
人工单价			小计					15.51	0.502	25.04	3.89
22.47 元/工日			未计价材料费					123.04			
			清单项目综合单价					167.982			

材料费明细	主要材料名称、规格、型号	单位	数量	单价/元	合价/元	暂估单价/元	暂估合价/元
	C15 混凝土	m³	0.161	231	37.19		
	钢筋混凝土管 Φ500	m	1.01	85	85.85		
	其他材料费				—	—	
	材料费小计			—	123.04	—	

注:"数量"栏为"投标方工程量÷招标方工程量÷定额单位数量",如"0.01"为"103.2÷106.00÷100"。

表 7.33 工程量清单综合单价分析表

工程名称:某街道道路新建排水工程　　　　标段:　　　　　　　　第　页　共　页

| 项目编码 | 040504001001 | 项目名称 | 砌筑检查井 | 计量单位 | 座 |

清单综合单价组成明细

定额编号	定额名称	定额单位	数量	单价				合价			
				人工费	材料费	机械费	管理费和利润	人工费	材料费	机械费	管理费和利润
6-402	砖砌圆形雨水检查井	座	1	660.60	212.09	660.60	184.47	212.09	660.60	5.74	184.47
6-581	井壁(墙)凿洞	10 m²	0.007	261.06	112.99	—	78.551	1.827	0.791	—	0.55
人工单价				小计				213.917	661.391	5.74	185.02
22.47 元/工日				未计价材料费				82.65			
清单项目综合单价								1 148.721			

材料费明细	主要材料名称、规格、型号	单位	数量	单价/元	合价/元	暂估单价/元	暂估合价/元
	C10 混凝土	m³	0.375	221	82.65		
	其他材料费				—		
	材料费小计				—	82.65	—

注:"数量"栏为"投标方工程量÷招标方工程量÷定额单位数量",如"1"为"8÷8÷1"。

表 7.34 工程量清单综合单价分析表

工程名称:某街道道路新建排水工程　　　　标段:　　　　　　　　第　页　共　页

| 项目编码 | 040504003001 | 项目名称 | 雨水进水井 | 计量单位 | 座 |

清单综合单价组成明细

定额编号	定额名称	定额单位	数量	单价				合价			
				人工费	材料费	机械费	管理费和利润	人工费	材料费	机械费	管理费和利润
6-532	砖砌雨水井	座	1	69.63	133.45	2.17	43.10	69.63	133.45	2.17	43.10
人工单价				小计				69.63	133.45	2.17	43.10
22.47 元/工日				未计价材料费				30.277			
清单项目综合单价								278.627			

材料费明细	主要材料名称、规格、型号	单位	数量	单价/元	合价/元	暂估单价/元	暂估合价/元
	C10 混凝土	m³	0.137	221	30.277		
	其他材料费				—	—	
	材料费小计				—	30.277	—

注:"数量"栏为"投标方工程量÷招标方工程量÷定额单位数量",如"1"为"9÷9÷1"。

表 7.35　分部分项工程量清单与计价表

工程名称：某街道道路新建排水工程　　　　标段：　　　　　　　　　　第　页　共　页

序号	项目编号	项目名称	项目特征描述	计量单位	工程数量	金额/元 综合单价	金额/元 合价	其中：暂估价
1	040101002001	挖沟槽土方	三类土,深2 m以内	m³	147.95	45.44	6 722.85	
2	040101002002	挖沟槽土方	三类土,深4 m以内	m³	49.08	70.94	3 481.74	
3	040101002003	挖沟槽土方	四类土,深2 m以内	m³	30.27	137.66	4 166.97	
4	040103001001	填方	沟槽回填,密实度95%	m³	163.53	42.105	6 885.43	
5	040501002001	混凝土管道铺设	D300×2 000×30 钢筋混凝土管, 180°、C15 混凝土基础	m	94.00	75.989	7 134.41	
6	040501002002	混凝土管道铺设	D500×2 000×42 钢筋混凝土管, 180°、C15 混凝土基础	m	106.00	167.982	17 806.01	
7	040504001001	砌筑检查井	砖砌圆形井, Φ1 000, 平均井深2.6 m	座	4	1 148.721	4 594.88	
8	040504003001	雨水进水井	砖砌,680×380, 井深1 m,单算平算	座	9	278.627	2 507.64	
			合计				53 299.93	

第8章 市政地铁工程工程量清单计价

8.1 清单工程量计算规则

8.1.1 结构工程

结构工程工程量清单项目设置及工程量计算规则应按表8.1中的规定执行。

表8.1 结构(编码:040601)

项目编码	项目名称	项目特征	计量单位	工程量计算规则	工程内容
040601001	混凝土圈梁	1.部位 2.混凝土强度等级、石料最大粒径	m³	按设计图示尺寸以体积计算	1.混凝土浇筑 2.养生
040601002	竖井内衬混凝土				
040601003	小导管(管棚)	1.管径 2.材料	m	按设计图示尺寸以长度计算	导管制作、安装
040601004	注浆	1.材料品种 2.配合比 3.规格		按设计注浆量以体积计算	1.浆液制作 2.注浆
040601005	喷射混凝土	1.部位 2.混凝土强度等级、石料最大粒径		按设计图示以体积计算	1.岩石、混凝土面清洗 2.喷射混凝土
040601006	混凝土底板	1.混凝土强度等级、石料最大粒径 2.垫层厚度、材料品种、强度	m³	按设计图示尺寸以体积计算	1.垫层铺设 2.混凝土浇筑 3.养生
040601007	混凝土内衬墙	混凝土强度等级、石料最大粒径		按设计图示尺寸以体积计算	1.混凝土浇筑 2.养生
040601008	混凝土中层板				

续表 8.1

项目编码	项目名称	项目特征	计量单位	工程量计算规则	工程内容
040601009	混凝土顶板	混凝土强度等级、石料最大粒径	m³	按设计图示尺寸以体积计算	1. 混凝土浇筑 2. 养生
040601010	混凝土柱				
040601011	混凝土梁				
040601012	混凝土独立柱基				
040601013	混凝土现浇站台板				
040601014	预制站台板				1. 制作 2. 安装
040601015	混凝土楼梯		m²	按设计图示尺寸以水平投影面积计算	
040601016	混凝土中隔墙		m³	按设计图示尺寸以体积计算	1. 混凝土浇筑 2. 养生
040601017	隧道内衬混凝土				
040601018	混凝土检查沟				
040601019	砌筑	1. 材料 2. 规格 3. 砂浆强度等级			1. 砂浆运输、制作 2. 砌筑 3. 勾缝 4. 抹灰、养护
040601020	锚杆支护	1. 锚杆形式 2. 材料 3. 工艺要求	m	按设计图示以长度计算	1. 钻孔 2. 锚杆制作、安装 3. 砂浆灌注
040601021	变形缝（诱导缝）	1. 材料 2. 规格 3. 工艺要求			变形缝安装
040601022	刚性防水层		m²	按设计图示尺寸以面积计算	1. 找平层铺筑 2. 防水层铺设
040601023	柔性防水层	1. 部位 2. 材料 3. 工艺要求			防水层铺设

8.1.2 轨道工程

轨道工程工程量清单项目设置及工程量计算规则应按表 8.2 中的规定执行。

表 8.2 轨道(编码:040602)

项目编码	项目名称	项目特征	计量单位	工程量计算规则	工程内容
040602001	地下一般段道床	1.类型 2.混凝土强度等级、石料最大粒径	m³	按设计图示尺寸(含道岔道床)以体积计算	1.支撑块预制、安装 2.整体道床浇筑
040602002	高架一般段道床				1.支撑块预制、安装 2.整体道床浇筑 3.铺碎石道床
040602003	地下减振段道床				1.预制支撑块及安装 2.整体道床浇筑
040602004	高架减振段道床				
040602005	地面段正线道床				铺碎石道床
040602006	车辆段、停车场道床				1.支撑块预制、安装 2.整体道床浇筑 3.铺碎石道床
040602007	地下一般段轨道	1.类型 2.规格	铺轨 km	按设计图示(不含道岔)以长度计算	1.铺设 2.焊轨
040602008	高架一般段轨道				
040602009	地下减振段轨道			按设计图示以长度计算	
040602010	高架减振段轨道				
040602011	地面段正线轨道				
040602012	车辆段、停车场轨道			按设计图示(不含道岔)以长度计算	
040602013	道岔	1.区段 2.类型 3.规格	组	按设计图示以组计算	铺设
040602014	护轮轨	1.类型 2.规格	单侧 km	按设计图示以长度计算	
040602015	轨距杆		1 000 根	按设计图示以根计算	安装
040602016	防爬设备	类型	1 000 个	按设计图示以数量计算	1.防爬器安装 2.防爬支撑制作、安装
040602017	钢轨伸缩		对		安装
040602018	线路及信号标志		铺轨 km	按设计图示以长度计算	1.洞内安装 2.洞外埋设 3.桥上安装
040602019	车挡		处	按设计图示数量计算	安装

8.1.3 信号工程

信号工程工程量清单项目设置及工程量计算规则应按表 8.3 中的规定执行。

表 8.3 信号(编码:040603)

项目编码	项目名称	项目特征	计量单位	工程量计算规则	工程内容
040603001	信号机	1.类型 2.规格	架	按设计图示以数量计算	1.基础制作 2.安装与调试
040603002	电动转辙装置		组		安装与调试
040603003	轨道电路		区段		1.箱、盒基础制作 2.安装与调试
040603004	轨道绝缘		组		安装
040603005	钢轨接续线				
040603006	道岔跳线				
040603007	极性叉回流线				
040603008	道岔区段传输环路	长度	个		安装与调试
040603009	信号电缆柜	1.类型 2.规格	架		安装
040603010	电气集中分线柜				安装与调试
040603011	电气集中走线架				安装
040603012	电气集中组合柜	1.类型 2.规格	架	按设计图示以数量计算	1.继电器等安装与调试 2.电缆绝缘测试盘安装与调试 3.轨道电路测试盘安装与调试 4.报警装置安装与调试 5.防雷组合安装与调试
040603013	电气集中控制台		台		安装与调试
040603014	微机连锁控制台				
040603015	人工解锁按钮台				
040603016	调度集中控制台				
040603017	调度集中总机柜				
040603018	调度集中分机柜				
040603019	列车自动防护(ATP)中心模拟盘	1.类型 2.规格	面		安装与调试
040603020	列车自动防护(ATP)架				1.轨道架安装与调试 2.码发生器架安装与调试
040603021	列车自动运行(ATO)架	类型	架	按设计图示以数量计算	安装与调试
040603022	列车自动监控(ATS)				1.DPU柜安装与调试 2.RTU架安装与调试 3.LPU组安装与调试

续表 8.3

项目编码	项目名称	项目特征	计量单位	工程量计算规则	工程内容
040603023	信号电源设备	1. 类型 2. 规格	台	按设计图示以数量计算	1. 电源屏安装与调试 2. 电源防雷箱安装与调试 3. 电源切换箱安装与调试 4. 电源开关柜安装与调试 5. 其他电源设备安装与调试
040603024	信号设备接地装置	1. 位置 2. 类型 3. 规格	处		1. 接地装置安装 2. 标志桩埋设
040603025	车载设备	类型	车组	按设计列车配备数量计算	1. 列车自动防护(ATP)车载设备安装与调试 2. 列车自动运行(ATO)车载设备安装与调试 3. 列车识别装置(PRI)车载设备安装与调试
040603026	车站连锁系统调试		站	按设计图示以数量计算	1. 继电连锁调试 2. 微机连锁调试
040603027	全线信号设备系统调试		系统		1. 调度集中系统调试 2. 列车自动防护(ATP)系统调试 3. 列车自动运行(ATO)系统调试 4. 列车自动监控(ATS)系统调试 5. 列车自动控制(ATC)系统调试

8.1.4 电力牵引工程

电力牵引工程工程量清单项目设置及工程量计算规则应按表8.4中的规定执行。

表8.4 电力牵引(编码:040604)

项目编码	项目名称	项目特征	计量单位	工程量计算规则	工程内容
040604001	接触轨	1.区段 2.道床类型 3.防护材料 4.规格	km	按单根设计长度扣除接触轨弯头所占长度计算	1.接触轨安装 2.焊轨 3.断轨
040604002	接触轨设备	1.设备类型 2.规格	台	按设计图示以数量计算	安装与调试
040604003	接触轨试运行	区段名称	km	按设计图示以长度计算	试运行
040604004	地下段接触网节点	1.类型 2.悬挂方式	处	按设计图示以数量计算	1.钻孔 2.预埋件安装 3.混凝土浇筑
040604005	地下段接触网悬挂	1.类型 2.悬挂方式	处	按设计图示以数量计算	悬挂安装
040604006	地下段接触网架线及调整	1.类型 2.悬挂方式 3.材料 4.规格	条(km)	按设计图示以长度计算	1.接触网架设 2.附加导线安装 3.悬挂调整
040604007	地面段、高架段接触网支柱	1.类型 2.材料品种 3.规格	根	按设计图示以数量计算	1.基础制作 2.立柱
040604008	地面段、高架段接触网悬挂	1.类型 2.悬挂方式	处	按设计图示以数量计算	悬挂安装
040604009	地面段、高架段接触网架线及调整	1.类型 2.悬挂方式 3.材料 4.规格	条(km)	按设计图示数量以长度计算	1.接触网架设 2.附加导线安装 3.悬挂调整
040604010	接触网设备	1.类型 2.设备 3.规格	台	按设计图示以数量计算	安装与调试
040604011	接触网附属设施	1.区段 2.类型	处	按设计图示以数量计算	1.牌类安装 2.限界门安装
040604012	接触网试运行	区段名称	条km	按设计图示数量以长度计算	试运行

8.2 工程量清单项目说明

8.2.1 结构工程

(1)结构工程共设有 23 个项目,用于地铁的结构部分。

(2)结构工程的清单工程量均按设计图示尺寸计算,按不同清单项目分别以体积、面积、长度计量。

8.2.2 轨道工程

(1)轨道工程共设有 19 个项目,用于城市地下、地面和高架轨道交通的铺轨工程。

(2)轨道节中道床部分的清单工程量均按设计尺寸(包括道岔、道床在内)以体积计量。

(3)轨道节中铺轨部分的铺轨清单工程量按设计图示以长度(不包括道岔所占的长度)计算,以公里为计量单位计量。

8.2.3 结构工程

(1)信号工程共设有 27 个项目,用于与城市轨道交通相应配套的信号工程。

(2)信号线路(电缆)的敷设和防护本附录未设立清单项目的,应按《清单计价规范》附录 C 的相关清单项目进行编制。

8.2.4 电力牵引工程

电力牵引工程共设有 12 个项目,用于城市轨道交通中馈电接触轨的接触网及相应的设备安装工程。

8.3 地铁工程工程量计算实例

【例 8.1】 有一地铁铺轨工程,在一般段整体道床上铺 60 kg 钢轨混凝土短枕轨道 2.3 km(已扣除道岔长度)和 9 号交叉渡线道岔两组。按上述条件编制清单项目表及综合单价分析表(轨道加强设备部分因未有数量,因此不包括此部分的清单项目和单价分析)。

【解】 (1)工程量清单编制,分部分项工程量清单与计价见表 8.5。

第8章 市政地铁工程工程量清单计价

表 8.5 分部分项工程量清单与计价表

工程名称:某地铁铺轨工程　　　　　　标段:　　　　　　　　　第 页 共 页

序号	项目编号	项目名称	项目特征描述	计量单位	工程数量	金额/元		
						综合单价	合价	其中:暂估价
1	040602007001	地下一般轨道	60 kg 钢轨混凝土枕,1 840 对	km	2.3			
2	040602013001	道岔	9 号交叉渡线道岔	组	2			
			合计					

(2)工程量清单计价。分部分项工程量清单综合单价分析见表 8.6 和表 8.7,分部分项工程量清单计价见表 8.8。

表 8.6 工程量清单综合单价分析表

工程名称:某地铁铺轨工程　　　　　　标段:　　　　　　　　　第 页 共 页

项目编码	040602007001	项目名称		地下一般轨道,60 kg 钢轨混凝土枕,1 840 对			计量单位			km	
清单综合单价组成明细											
定额编号	定额名称	定额单位	数量	单价				合价			
				人工费	材料费	机械费	管理费和利润	人工费	材料费	机械费	管理费和利润
9-124	隧道内整体道床人工铺轨,(60 kg 钢轨,混凝土枕,1 840 对)	km	1	6 385 6.53	26 404 33.8	2 528 2.94	40 602 2.88	63 856.53	264 043 3.8	2 528.94	406 022.88
人工单价			小计					63 856.53	264 043.8	2 528.94	406 022.88
22.47 元/工日			未计价材料费								
清单项目综合单价								3 112 842.15			

注:"数量"栏为"投标方工程量÷招标方工程量÷定额单位数量",如"1"为"2.3÷2.3÷1"。

表8.7 分部分项工程量清单综合单价分析表

工程名称:某地铁铺轨工程　　　　标段:　　　　　　　　　　第 页 共 页

项目编码	040602013001	项目名称	道岔,(9号交叉渡线道岔,60 kg钢轨)	计量单位	组

清单综合单价组成明细

定额编号	定额名称	定额单位	数量	单价				合价			
				人工费	材料费	机械费	管理费和利润	人工费	材料费	机械费	管理费和利润
9-162	人工铺设交叉渡线(分岔60 kg钢轨,9号交叉渡线道岔,在整道床上铺设)	组	1	43 816.5	10 000	7 554.36	9 205.64	43 816.50	10 000	7 554.36	9 205.64
人工单价				小计				43 816.50	10 000.00	7 554.36	9 205.64
22.47元/工日				未计价材料费							
清单项目综合单价								70 576.50			

注:"数量"栏为"投标方工程量÷招标方工程量÷定额单位数量",如"1"为"2÷2÷1"。

表8.8 分部分项工程量清单与计价表

工程名称:某地铁铺轨工程　　　　标段:　　　　　　　　　　第 页 共 页

序号	项目编号	项目名称	项目特征描述	计量单位	工程数量	金额/元		其中:暂估价
						综合单价	合价	
1	040602007001	地下一般轨道	60 kg钢轨混凝土枕,1 840对	km	2.3	3 112 842.15	7 159 536.945	
2	040602013001	道岔	9号交叉渡线道岔	组	2	70 576.50	141 153	
			合计				7 300 689.95	

第9章 钢筋与拆除工程工程量清单计价

9.1 工程量清单计算规则

9.1.1 钢筋工程

钢筋工程工程量清单项目设置及工程量计算规则应按表9.1中的规定执行。

表9.1 钢筋(编码:040701)

项目编码	项目名称	项目特征	计量单位	工程量计算规则	工程内容
040701001	预埋铁件	1.材质 2.规格	kg	按设计图示尺寸以质量计算	制作、安装
040701002	非预应力钢筋	1.材质 2.部位			
040701003	先张法预应力钢筋		t	按设计图示尺寸以质量计算	1.张拉台座制作、安装、拆除 2.钢筋及钢丝束制作、张拉
040701004	后张法预应力钢筋	1.材质 2.直径 3.部位			1.钢丝束孔道制作、安装 2.锚具安装 3.钢筋、钢丝束制作、张拉 4.孔道压浆
040701005	型钢	1.材质 2.规格 3.部位			1.制作 2.运输 3.安装、定位

9.1.2 拆除工程

拆除工程工程量清单项目设置及工程量计算规则应按表9.2中的规定执行。

表9.2 拆除(编码:040801)

项目编码	项目名称	项目特征	计量单位	工程量计算规则	工程内容
040801001	拆除路面	1. 材质 2. 厚度	m²	按施工组织设计或设计图示尺寸以面积计算	1. 拆除 2. 运输
040801002	拆除基层				
040801003	拆除人行道				
040801004	拆除侧缘石	材质	m	按施工组织设计或设计图示尺寸以延长米计算	
040801005	拆除管道	1. 材质 2. 管径			
040801006	拆除砖石结构	1. 结构形式 2. 强度	m³	按施工组织设计或设计图示尺寸以体积计算	
040801007	拆除混凝土结构				
040801008	伐树、挖树蔸	管径	棵	按施工组织设计或设计图示数量计算	1. 伐树 2. 挖树蔸 3. 运输

9.2 工程量清单项目说明

9.2.1 钢筋工程

(1)清单工程量均按设计重量计算。设计注明搭接的应计算搭接长度;设计未注明搭接的,则不计算搭接长度。预埋铁件的计量单位为千克(kg),其他均以吨(t)为计量单位。

(2)所列的型钢指劲性骨架,凡型钢与钢筋组合(除预埋铁件外)如钢格栅应分型钢和钢筋分别列清单项目。

(3)先张法预应力钢筋项目的工程内容包括张拉台座制作、安装、拆除和钢筋、钢丝束制作安装等全部内容。

(4)后张法预应力钢筋项目的工程内容包括钢丝束孔道制作安装,钢筋、钢丝束制作张拉,孔道压浆和锚具。

9.2.2 拆除工程

(1)拆除项目应根据拆除项目的特征列项。路面、人行道、基层的清单工程量按设计图示尺寸以面积计算;拆除侧缘石、管道及基础的清单工程量按设计图示尺寸以长度计算;拆除砖石结构、混凝土结构的构筑物的清单工程量按设计图示尺寸以体积计算。工程内容包括拆除、运输弃置等全部工程内容。

(2)伐树、挖树蔸的清单项目的清单工程量按设计图示以棵计量,按不同的胸径范围分别列清单项目。工程内容包括伐树、挖树蔸、运输弃置等全部工程内容。

9.3 钢筋与拆除工程工程量计算实例

【例9.1】 某市政水池平面如图9.1所示,水池总长为12 m,宽为8 m,围护高度为1.1 m,厚度为250 mm 水池底层是C15 混凝土垫层100 mm,计算该拆除工程量。

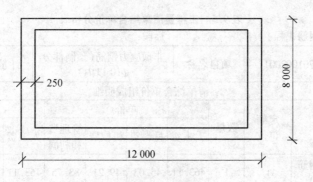

图 9.1 某市政水池平面图(单位:mm)

【解】 拆除水池砖砌体工程量为 $(12+8) \times 2 \times 0.25 \times 1.1 = 11 \text{ m}^3$ 拆除水池 C15 混凝土垫层的工程量为 $(12-0.25 \times 2) \times (8-0.25 \times 2) \times 0.15 = 12.94 \text{ m}^3$

拆除水池砌体:残渣外运工程量为 11 m³

拆除水池 C15 混凝土垫层,残渣外运工程量为 12.94 m³

【例 9.2】 某桥梁工程,其钢筋工程的分部分项工程量清单见表 9.3,试编制工程量清单与计价表。(其中管理费按直接费的 10%、利润按直接费的 5% 计取。)

表 9.3 分部分项工程量清单

序号	项目编码	项目名称	项目特征描述	计量单位	工程量
1	040701001001	预埋铁件	钢板、钢筋;-80×80×10 钢板、φ8 钢筋	kg	2 820.00
2	040701002001	非预应力钢筋	预制部分 φ10 以内	t	11.99
3	040701002002	非预应力钢筋	预制部分 φ10 以外	t	36.99
4	040701002003	非预应力钢筋	现浇部分 φ10 以内	t	1.57
5	040701002004	非预应力钢筋	现浇部分 φ10 以外	t	7.03

【解】 (1)编制工程量清单综合单价分析表:

工程量清单综合单价分析见表 9.4~9.8。

表 9.4 工程量清单综合单价分析表

工程名称:某桥梁钢筋工程　　　　　标段:　　　　　　　　第　页　共　页

项目编码	040701001001		项目名称		预埋铁件		计量单位		kg		
清单综合单价组成明细											
定额编号	定额名称	定额单位	数量	单价				合价			
				人工费	材料费	机械费	管理费和利润	人工费	材料费	机械费	管理费和利润
3-238	预埋铁件	t	0.01	860.83	3 577.07	310.52	712.26	8.61	35.77	3.11	7.12
人工单价			小计					8.61	35.77	3.11	7.12
40 元/工日			未计价材料费								
清单项目综合单价								54.61			

注:"数量"栏为"投标方工程量÷招标方工程量÷定额单位数量",如"0.01"为"2 820.00÷2 820.00÷100"。

表9.5 工程量清单综合单价分析表

工程名称:某桥梁钢筋工程　　标段:　　　　　第 页 共 页

项目编码	040701002001	项目名称	非预应力钢筋(预制部分Φ10以内)	计量单位	t

清单综合单价组成明细

定额编号	定额名称	定额单位	数量	单价				合价			
				人工费	材料费	机械费	管理费和利润	人工费	材料费	机械费	管理费和利润
3-233	预制混凝土钢筋(Φ10以内)	t	1	463.11	45.03	49.21	83.75	463.11	45.03	49.21	83.75
人工单价			小计					463.11	45.03	49.21	83.75
40元/工日			未计价材料费								
清单项目综合单价								641.10			

注:"数量"栏为"投标方工程量÷招标方工程量÷定额单位数量",如"1"为"11.99÷11.99÷1"。

表9.6 工程量清单综合单价分析表

工程名称:某桥梁钢筋工程　　标段:　　　　　第 页 共 页

项目编码	040701002002	项目名称	非预应力钢筋(预制部分Φ10以外)	计量单位	t

清单综合单价组成明细

定额编号	定额名称	定额单位	数量	单价				合价			
				人工费	材料费	机械费	管理费和利润	人工费	材料费	机械费	管理费和利润
3-234	预制混凝土钢筋(Φ10以外)	t	1	176.61	58.32	67.44	45.36	176.61	58.32	67.44	45.36
人工单价			小计					176.61	58.32	67.44	45.36
40元/工日			未计价材料费								
清单项目综合单价								347.73			

注:"数量"栏为"投标方工程量÷招标方工程量÷定额单位数量",如"1"为"36.99÷36.99÷1"。

表9.7 工程量清单综合单价分析表

工程名称:某桥梁钢筋工程　　标段:　　　　　第 页 共 页

项目编码	040701002003	项目名称	非预应力钢筋(现浇部分Φ10以内)	计量单位	t

清单综合单价组成明细

定额编号	定额名称	定额单位	数量	单价				合价			
				人工费	材料费	机械费	管理费和利润	人工费	材料费	机械费	管理费和利润
3-235	现浇混凝土钢筋(Φ10以内)	t	1	374.35	41.82	40.10	68.44	374.35	41.82	40.10	68.44
人工单价			小计					374.35	41.82	40.10	68.44
40元/工日			未计价材料费								
清单项目综合单价								524.71			

注:"数量"栏为"投标方工程量÷招标方工程量÷定额单位数量",如"1"为"1.57÷1.57÷1"。

第9章 钢筋与拆除工程工程量清单计价

表9.8 工程量清单综合单价分析表

工程名称:某桥梁钢筋工程　　　　　标段:　　　　　　　　第 页 共 页

项目编码	040701002004	项目名称	非预应力钢筋(现浇部分Φ10以外)	计量单位	t

清单综合单价组成明细									
定额编号	定额名称	定额单位	数量	单价				合价			
				人工费	材料费	机械费	管理费和利润	人工费	材料费	机械费	管理费和利润
3-235	现浇混凝土钢筋(Φ10以外)	t	1	182.23	61.78	69.66	47.05	182.23	61.78	69.66	47.05
人工单价		小计						182.23	61.78	69.66	47.05
40元/工日 || 未计价材料费									
清单项目综合单价								360.72			

注:"数量"栏为"投标方工程量÷招标方工程量÷定额单位数量",如"1"为"7.03÷7.03÷1"。

(2)编制分部分项工程量清单与计价表:

分部分项工程量清单与计价见表9.9。

表9.9 分部分项工程量清单与计价表

工程名称:某桥梁钢筋工程　　　　　标段:　　　　　　　　第 页 共 页

序号	项目编号	项目名称	项目特征描述	计量单位	工程数量	金额/元		
						综合单价	合价	其中:暂估价
1	040701001001	预埋铁件	钢板、钢筋;-80×80×10钢板、φ8钢筋	kg	2 820.00	54.61	154 000.2	
2	040701002001	非预应力钢筋	预制部分φ10以内	t	11.99	641.10	7 686.79	
3	040701002002	非预应力钢筋	预制部分φ10以外	t	36.99	347.73	12 862.53	
4	040701002003	非预应力钢筋	现浇部分φ10以内	t	1.57	524.71	823.79	
5	040701002004	非预应力钢筋	现浇部分φ10以外	t	7.03	360.72	2 535.86	
合计								177 909.17	

第10章 市政工程竣工结算

10.1 工程价款结算

10.1.1 工程价款结算的概念

工程结算是指建筑工程施工企业在完成工程任务后,依据施工合同的有关规定,按照规定程序向建设单位收取工程价款的一项经济活动。建筑产品价值大、生产周期长的特点,决定了工程结算必须采取阶段性结算的方法。工程结算一般可分为工程价款结算和工程竣工结算两种。

工程价款结算指施工企业在工程实施过程中,依据施工合同中关于付款条款的有关规定和工程进展所完成的工程量,按照规定程序向建设单位收取工程价款的一项经济活动。

10.1.2 工程价款结算方式

1. 按月结算

按月结算就是实行旬末或月中预支,月终结算,竣工后清算的办法。跨年度施工的工程,在年终进行工程盘点,办理年度结算。

2. 分段结算

分段结算就是当年开工,当年不能竣工的单项工程或单位工程按照工程形象进度,划分不同阶段进行结算。分段的划分标准,由各部门或省、自治区、直辖市、计划单列市规定,分段结算可以按月预支工程款。

3. 竣工后一次结算

建设项目或单项工程全部建筑安装工程建设期在 12 个月以内,或者工程承包合同价值在 100 万元以下的,可以实行工程价款每月月中预支,竣工后一次结算。

4. 目标结算

将合同中的工程内容分解成不同的验收单元,当承包商完成单元工程内容并经业主(或其委托人)验收后,业主支付构成单元工程内容的工程价款。

目标结款方式中,对控制界面的设定应明确描述,便于量化和质量控制,同时要适应项目资金的供应周期和支付频率。承包商要想获得工程价款,必须按照合同约定的质量标准完成界面内的工程内容。要想尽早获得工程价款,承包商必须充分发挥自己组织实施能力,在保证质量的前提下,加快施工进度,这意味着承包商拖延工期时,业主推迟付款,增加承包商的财务费用、运营成本,降低承包商的收益,客观上使承包商因延迟工期而遭受损失。反之,则承包商可提前获得工程价款,增加承包收益,客观上承包商因提前工期而增加了有效利润。同时,因承包商在界面内质量达不到合同约定的标准而业主不预验收,承包商也会因此而遭受损失。由此可见，目标结款方式实质上是运用合同手段、财务手段对工程的完成进行主动控制。

5. 结算双方约定的其他结算方式

施工企业实行按月结算、竣工后一次结算和分段结算的工程，当年结算的工程款应与年度完成工作量一致，年终不另清算。

在采用按月结算工程价款方式时，需编制"已完工程月报表"；对于工期较短、能在年度内竣工的单项工程或小型建设项目，可在工程竣工后编制"工程价款结算账单"，按合同中工程造价一次结算；在采用分段结算工程价款方式时，要在合同中规定工程部位完工的月份，根据已完工程部位的工程数量计算已完工程造价，按发包单位编制"已完工程月报表"和"工程价款结算账单"。

为了保证工程按期收尾竣工，工程在施工期间，不论工程长短，其结算工程款，一般不得超过承包工程价值的95%，结算双方可以在5%的幅度内协商确定尾款比例，并在工程承包合同中说明。施工企业如已向发包单位出具履约保函或有其他保证的，可以不留工程尾款。

"已完工程月报表"和"工程价款结算账单"的格式见表10.1和表10.2。

表10.1 已完工程月报表

发包单位名称：　　　　　　　　　　　年　月　日　　　　　　　　　　　单位：元

单项工程和单位工程名称	合同造价	建筑面积	开竣工日期		实际完成数		备注
			开工日期	竣工日期	至上月(期)止已完工程累计	本月(期)已完工程	

施工企业：　　　　　　　　　　　　　　　　　　　　　　　　编制日期：　年　月　日

表10.2 工程价款结算账单

发包单位名称：　　　　　　　　　　　年　月　日　　　　　　　　　　　单位：元

单项工程和单位工程名称	合同造价	本月(期)应收工程款	应扣款项			本月(期)实收工程款	尚未归还	累计已收工程款	备注
			合计	预收工程款	预收备料款				

施工企业：　　　　　　　　　　　　　　　　　　　　　　　　编制日期：　年　月　日

10.1.3 工程价款结算实例

【例10.1】 某施工企业承包的建筑工程合同造价为800万元。双方签订的合同规定：工程预付备料款额度为18%，工程进度款达到68%时，开始起扣工程预付备料款。经测算，其主材费所占比重为56%，设该企业在累计完成工程进度64%后的当月，完成工程的产值为80万元。试计算该月应收取的工程进度款及应归还的工程预付备料款。

【解】 (1)该企业当月所完成的工程进度为

$(80 \div 800) \times 100\% = 10\%$

即当月的工程进度从64%开始,到74%结束。起扣点68%位于月中。

(2)该企业在起扣点前应收取的工程进度款/万元:

$800 \times (68\% - 64\%) = 800 \times 4\% = 32$

(3)该企业在起扣点后应收取的工程进度款/万元:

$(80 - 32) \times (1 - 56\%) = 48 \times 44\% = 21.12$

(4)该企业当月共计应收取的工程进度款/万元:

$32 + 21.12 = 53.12$

(5)当月应归还的工程预付备料款/万元:

$80 - 53.12 = 26.88$

或$(80 - 32) \times 56\% = 26.88$

【例10.2】 某框架结构工程在年内已竣工,合同承包价为820万元。其中,分部分项工程量清单费690万元,措施项目清单费80万元,其他项目清单费10万元,规费12万元,税金28万元。查该地区工程造价管理部门发布的该类工程本年度以分部分项工程量清单费为基础的竣工调价系数为1.015,试计算:

(1)求规费占分部分项工程量清单费、措施项目清单费和其他项目清单费的百分比。

(2)求税金占上述四项费用的百分比。

(3)求调价后的竣工工程价款。

【解】 (1)规费占分部分项工程量清单费、措施项目清单费和其他项目清单费百分比:

$$\frac{12}{690+80+10} \times 100\% = 1.538\%$$

(2)税金占前四项费用百分比:

$$\frac{28}{690+80+10+12} \times 100\% = 3.535\%$$

(3)调价后的竣工工程价款/万元:

$(690 \times 1.015 + 80 + 10) \times (1 + 1.538\%) \times (1 + 30\ 535) = 830.874$

10.2 工程计量与价款支付

10.2.1 预付款的支付和抵扣

为了确保工程施工正常进行,工程项目在开工之前,发包人应按合同约定的时间和比例(或金额)向承包人支付工程预付款,此预付款构成施工企业为该工程项目储备主要材料和结构件所需的流动资金。当合同对工程预付款的支付没有约定时,按以下规定办理:

(1)工程预付款的额度:原则上预付比例不低于合同金额(扣除暂列金额)的10%,不高于合同金额(扣除暂列金额)的30%,对重大工程项目,按年度工程计划逐年预付。实行工程量清单计价的工程,实体性消耗和非实体性消耗部分宜在合同中分别约定预付款比例(或金额)。

(2)工程预付款的支付时间:在具备施工条件的前提下,发包人应在双方签订合同后的一个月内或约定的开工日期前的 7 d 内预付工程款。

（3）计算公式：为了简化计算，在实际工作中，预付备料款的限额可按预付款占工程合同造价的额度计算。其计算公式为

预付备料款限额 = 工程合同造价 × 预付备料款额度

（4）若发包人未按合同约定预付工程款，承包人应在预付时间到期后 10 d 内向发包人发出要求预付的通知，发包人收到通知后仍不按要求预付，承包人可在发出通知 14 d 后停止施工，发包人应从约定应付之日起按同期银行贷款利率计算向承包人支付应付预付款的利息，并承担违约责任。

（5）凡是没有签订合同或不具备施工条件的工程，发包人不得预付工程款，不得以预付款为名转移资金。

10.2.2 进度款的计量与支付

发包人支付工程进度款，应按照合同计量和支付。工程量的正确计量是发包人向承包人支付工程进度款的前提和依据。计量和付款周期可采用分段或按月结算的方式，见表10.3。

表 10.3 计量和付款周期

序号	方式	内容说明
1	按月结算与支付	实行按月支付进度款，竣工后结算的办法。合同工期在两个年度以上的工程，在年终进行工程盘点，办理年度结算。当采用分段结算方式时，应在合同中约定具体的不程分投划分，付款周期应与计量周期一致
2	分段结算与支付	当年开工、当年不能竣工的工程按照工程形象进度，划分不同阶段，支付工程进度款

10.2.3 工程价款计量与支付方法

1. 工程计量

（1）工程计量时，若发现工程量清单中出现漏项、工程量计算偏差，以及工程变更引起工程量的增减，应按承包人在履行合同义务过程中实际完成的工程量计算。

（2）承包人应按照合同约定，向发包人递交已完工程量报告。发包人应在接到报告后按合同约定进行核对。当发、承包双方在合同中未对工程量的计量时间、程序、方法和要求做约定时，按以下规定处理：

1）承包人应在每个月末或合同约定的工程段末向发包人递交上月或工程段已完工程量报告。

2）发包人应在接到报告后 7 d 内按施工图纸（含设计变更）核对已完工程量，并应在计量前 24 h 通知承包人。承包人应按时参加。

3）计量结果：

① 如发、承包双方均同意计量结果，则双方应签字确认。

② 如承包人未按通知参加计量，则由发包人批准的计量应认为是对工程量的正确计量。

③ 如发包人未在规定的核对时间内进行计量，视为承包人提交的计量报告已经认可。

④ 如发包人未在规定的核对时间内通知承包人，致使承包人未能参加计量，则由发包人所作的计量结果无效。

⑤ 对于承包人超出施工图纸范围或因承包人原因造成返工的工程量,发包人不予计量。

⑥ 如承包人不同意发包人的计量结果,承包人应在收到上述结果后 7 d 内向发包人提出,申明承包人认为不正确的详细情况。发包人收到后,应在 2 d 内重新检查对有关工程量的计量,或予以确认,或将其修改。

发、承包双方认可的核对后的计量结果应作为支付工程进度款的依据。

2. 工程进度款支付申请

承包人应在每个付款周期末(月末或合同约定的工程段完成后),向发包人递交进度款支付申请,并附相应的证明文件。除合同另有约定外,进度款支付申请应包括下列内容:

(1)本周期已完成工程的价款。
(2)累计已完成的工程价款。
(3)累计已支付的工程价款。
(4)本周期已完成计日工金额。
(5)应增加和扣减的变更金额。
(6)应增加和扣减的索赔金额。
(7)应抵扣的工程预付款。

3. 发包人支付工程进度款

发包人在收到承包人递交的工程进度款支付申请及相应的证明文件后,发包人应在合同约定时间内核对承包人的支付申请并应按合同约定的时间和比例向承包人支付工程进度款。发包人应扣回的工程预付款,与工程进度款同期结算抵扣。

当发、承包双方在合同中未对工程进度款支付申请的核对时间,以及工程进度款支付时间、支付比例作约定时,按以下规定办理:

(1)发包人应在收到承包人的工程进度款支付申请后 14 d 内核对完毕。否则,从第 15 d 起承包人递交的工程进度款支付申请视为被批准。

(2)发包人应在批准工程进度款支付申请的 14 d 内,向承包人按不低于计量工程价款的 60%,不高于计量工程价款的 90% 向承包人支付工程进度款。

(3)发包人在支付工程进度款时,应按合同约定的时间、比例(或金额)扣回工程预付款。

10.2.4 争议的处理

发包人未在合同约定时间内支付工程进度款,承包人应及时向发包人发出要求付款的通知,发包人收到承包人通知后仍不按要求付款,可与承包人协商签订延期付款协议,经承包人同意后延期支付。协议应明确延期支付的时间和从付款申请生效后按同期银行贷款利率计算应付款的利息。

发包人不按合同约定支付工程进度款,双方又未达到延期付款协议,导致施工无法进行时,承包人可停止施工,由发包人承担违约责任。

10.3 工程竣工结算的编制

10.3.1 工程竣工结算的概念

工程竣工结算指施工企业按照合同规定的内容,全部完成所承包的单位工程或单项工程,经有关部门验收质量合格,并符合合同要求后,按照规定程序向建设单位办理最终工程价款结算的一项经济活动。竣工结算是施工单位考核工程成本、进行经济核算、总结和衡量企业管理水平,以及与建设单位结清工程价款的依据。

10.3.2 工程竣工结算方式

工程竣工结算方式通常包括以下四种方式:

(1)施工图预算加签证结算方式。施工图预算加签证结算方式是把经过审定的施工图预算作为工程竣工结算的依据。凡原施工图预算或工程量清单中未包括的"新增工程",在施工过程中历次发生的由于设计变更、进度变更、施工条件变更所增减的费用等。经设计单位、建设单位和监理单位签证后,与原施工图预算一起构成竣工结算文件,交付建设单位经审计后办理竣工结算。这种结算方式难以预先估计工程总的费用变化幅度,常常会造成追加工程投资的现象。

(2)预算包干结算方式。预算包干结算(也称施工图预算加系数包干结算)是在编制施工图预算的同时,另外计取预算外包干费。

预算外包干费 = 施工图预算造价 × 包干系数

结算工程价款 = 施工图预算造价 × (1 + 包干系数)

其中,包干系数由施工企业和建设单位双方商定,经有关部门审批确定。

在签订合同条款时,预算外包干费要明确包干范围。这种结算方式可以减少签证方面的扯皮现象,预先估计总的工程造价。

(3)单位造价包干结算方式。单位造价包干结算方式是双方根据以往工程的概算指标等工程资料事先协商按单位造价指标包干,然后按各市政工程的基本单位指标汇计总造价,确定应付工程价款。此方式手续简便,但其适用范围有一定的局限性。

(4)招、投标结算方式。招标的标底,投标的标价均以施工图预算为基础核定,投标单位对报价进行合理浮动。中标后,招标单位与投标单位按照中标报价、承包方式、范围、工期、质量、付款及结算办法、奖惩规定等内容签订承包合同,合同确定的工程造价就是结算造价。工程造价结算时,奖惩费用、包干范围外增加的工程项目应另行计算。

10.3.3 竣工结算的编制依据

工程结算的编制依据主要有以下内容:

(1)国家有关法律、法规、规章制度和相关的司法解释。

(2)国务院建设行政主管部门及各省、自治区、直辖市和有关部门发布的工程造价计价标准、计价办法、有关规定及相关解释。

(3)施工发承包合同、专业分包合同及补充合同,有关材料、设备采购合同。

(4)招投标文件,包括招标答疑文件、投标承诺、中标报价书及组成内容。

(5)工程竣工图或施工图、施工图会审记录,经批准的施工组织设计,以及设计变更、工程洽商和相关会议纪要。

(6)经批准的开、竣工报告或停、复工报告。

(7)建设工程工程量清单计价规范或工程预算定额、费用定额及价格信息、调价规定等。

(8)工程预算书。

(9)影响工程造价的相关资料。

(10)结算编制委托合同。

10.3.4 竣工结算编制方法

(1)工程结算的编制应区分施工发承包合同类型,采用相应的编制方法。具体见表10.4。

表10.4 工程结算编制方法

序号	合同类型	编制方法
1	采用总价合同	在合同价基础上对设计变更、工程洽商及工程索赔等合同约定可以调整的内容进行调整
2	采用单价合同	计算或核定竣工图或施工图以内的各个分部分项工程量,依据合同约定的方式确定分部分项工程项目价格,并对设计变更、工程洽商、施工措施,以及工程索赔等内容进行调整
3	采用成本加酬金合同	依据合同约定的方法计算各个分部分项工程,以及设计变更、工程洽商、施工措施等内容的工程成本,并计算酬金及有关税费

(2)工程结算中涉及工程单价调整时,应当遵循以下原则:

1)合同中已有适用于变更工程、新增工程单价的,按已有的单价结算。

2)合同中有类似变更工程、新增工程单价的,可以参照类似单价作为结算依据。

3)合同中没有适用或类似变更工程、新增工程单价的,结算编制受托人可商洽承包人或发包人提出适当的价格,经对方确认后作为结算依据。

(3)工程结算编制中涉及的工程单价应按合同要求分别采用综合单价或工料单价。工程量清单计价的工程项目应采用综合单价,即把分部分项工程单价综合成全费用单价,其内容包括直接费(直接工程费和措施费)、间接费、利润和税金,经综合计算后生成。各分项工程量乘以综合单价的合价汇总后,生成工程结算价。

10.3.5 竣工结算编制程序

工程结算应按准备、编制和定稿3个工作阶段进行,并实行编制人、校对人和审核人分别署名盖章确认的内部审核制度。每个阶段的具体内容见表10.5。

表 10.5 工程结算编制程序

序号	阶段	具体内容
1	准备阶段	1. 收集与工程结算编制相关的原始资料 2. 熟悉工程结算资料内容,进行分类、归纳、整理 3. 召集相关单位或部门的有关人员参加工程结算预备会议,对结算内容和结算资料进行核对与充实完善 4. 收集建设期内影响合同价格的法律和政策性文件
2	编制阶段	1. 根据竣工图及施工图及施工组织设计进行现场踏勘,对需要调整的工程项目进行观察、对照、必要的现场实测和计算,做好书面或影像记录 2. 按既定的工程量计算规则计算需调整的分部分项、施工措施或其他项目工程量 3. 按招投标文件、施工发承包合同规定的计价原则和计价办法对分部分项、施工措施或其他项目进行计价 4. 对于工程量清单或定额缺项以及采用新材料、新设备、新工艺的,应根据施工过程中的合理消耗和市场价格,编制综合单价或单位估价分析表 5. 工程索赔应按合同约定的索赔处理原则、程序和计算方法,提出索赔费用,经发包人确认后作为结算依据 6. 汇总计算工程费用,包括编制分部分项工程费、施工措施项目费、其他项目费、零星工作项目费或直接费、间接费、利润和税金等表格,初步确定工程结算价格 7. 编写编制说明 8. 计算主要技术经济指标 9. 提交结算编制的初步成果文件待校对、审核
3	定稿阶段	1. 由妙算编制受托人单位的部门负责人对初步成果文件进行检查、校对 2. 由钻算编制受托人单位的主管负责人审核批准 3. 在合同约定的期限内,向委托人提交经编制人、校对人、审核人和受托人单位盖章确认的正式的结算编制文件

10.3.6 竣工结算的内容

工程结算采用工程量清单计价的应包括以下几内容:

(1)工程项目的所有分部分项工程量,以及实施工程项目采用的措施项目工程量;为完成所有工程量并按规定计算的人工费、材料费和设备费、机械费、间接费、利润和税金。

(2)分部分项和措施项目以外的其他项目所需计算的各项费用。

10.4 工程竣工结算的审查

1. 工程结算审查文件组成

(1)工程结算审查文件有一般工程结算审查报告、结算审定签署表、工程结算审查汇总对比表、单项工程结算审查汇总对比表、单位工程结算审查汇总对比表、分部分项(措施、其他、零星)工程结算审查对比表,以及结算内容审查说明等。

(2)工程结算审查报告可根据该委托工程项目的实际情况,以单位工程、单项工程或建设项目为对象进行编制,并应包括概述、审查范围、审查原则、审查依据、审查方法、审查程序、审查结果、主要问题、有关建议。

(3)由结算审查受托人填制结算审定签署表,并由结算审查委托单位、结算编制人和结算审查受托人签字盖章,当结算审查委托人与建设单位不一致时,按工程造价咨询合同要求或结算审查委托人的要求,确定是否增加建设单位在结算审定签署表上签字盖章。

(4)结算内容审查说明应阐述以下内容:

1)主要工程子目调整的说明。

2)工程数量增减变化较大的说明。

3)子目单价、材料、设备、参数和费用有重大变化的说明。

4)其他有关问题的说明。

2. 工程结算审查要求

(1)严禁采取抽样审查、重点审查、分析对比审查和经验审查的方法,避免审查疏漏现象发生。

(2)应审查结算文件和与结算有关的资料的完整性和符合性。

(3)按施工发承包合同约定的计价标准或计价方法进行审查。

(4)对合同未做约定或约定不明的,可参照签订合同时按当地建设行政主管部门发布的计价标准进行审查。

(5)对工程结算内多计、重列的项目应予以扣减;对少计、漏项的项目应予以调增。

(6)对工程结算与设计图纸或事实不符的内容,应在掌握工程事实和真实情况的基础上进行调整。工程造价咨询单位在工程结算审查时发现的工程结算与设计图纸或与事实不符的内容应约请各方履行完善的确认手续。

(7)对由总承包人分包的工程结算,其内容与总承包合同主要条款不相符的,应按总承包合同约定的原则进行审查。

(8)工程结算审查文件应采用书面形式,有电子文本要求的应采用与书面形式内容一致的电子版本。

(9)结算审查的编制人、校对人和审核人不得由同一人担任。

(10)结算审查受托人与被审查项目的发承包双方有利害关系,可能影响公正的,应予以回避。

3. 工程结算审查依据

工程结算审查的依据主要有以下几方面内容:

(1)工程结算审查委托合同和完整、有效的工程结算文件。

(2)国家有关法律、法规、规章制度和相关的司法解释。

(3)国务院建设行政主管部门以及各省、自治区、直辖市和有关部门发布的工程造价计价标准、计价办法、有关规定及相关解释。

(4)施工发承包合同、专业分包合同及补充合同,有关材料、设备采购合同;招投标文件,包括招标答疑文件、投标承诺、中标报价书及组成内容。

(5)工程竣工图或施工图、施工图会审记录,经批准的施工组织设计,以及设计变更、工程洽商和相关会议纪要。

(6)经批准的开、竣工报告或停、复工报告。

(7)建设工程工程量清单计价规范或工程预算定额、费用定额及价格信息、调价规定等。

(8)工程结算审查的其他专项规定。

(9)影响工程造价的其他相关资料。

4. 工程结算审查程序

工程结算审查应按准备、审查和审定3个工作阶段见表10.6进行，并实行编制人、校对人和审核人分别署名盖章确认的内部审核制度。

表10.6 工程结算审查程序

序号	阶段	具体内容
1	准备阶段	1. 审查工程结算手续的完备性、资料内容的完整性，对不符合要求的应退回限时补正 2. 审查计价依据及资料与工程结算的相关性、有效性 3. 熟悉招投标文件、工程发承包合同、主要材料设备采购合同及相关文件 4. 熟悉竣工图纸或施工图纸、施工组织设计、工程状况，以及设计变更、工程洽商和工程索赔情况等
2	审查阶段	1. 审查结算项目范围、内容与合同约定的项目范围、内容的一致性 2. 审查工程量计算准确性、工程量计算规则与计价规范或定额保持一致性 3. 审查结算单价时应严格执行合同约定或现行的计价原则、方法。对于清单或定额缺项，以及采用新材料、新工艺的，应根据施工过程中的合理消耗和市场价格审核结算单价 4. 审查变更身份证凭据的真实性、合法性、有效性，核准变更工程费用 5. 审查索赔是否依据合同约定的索赔处理原则、程序和计算方法以及索赔费用的真实性、合法性、准确性 6. 审查取费标准时，应严格执行合同约定的费用定额标准及有关规定，并审查取费依据的时效性、相符性 7. 编制与结算相对应的结算审查对比表
3	审定阶段	1. 工程结算审查初稿编制完成后，应召开由结算编制人、结算审查委托人及结算审查受托人共同参加的会议，听取意见，并进行合理的调整 2. 由结算审查受托人单位的部门负责人对结算审查的初步成果文件进行检查、校对 3. 由结算审查受托人单位的主管负责人审核批准 4. 发承包双方代表人和审查人应分别在"结算审定签署表"上签认并加盖公章 5. 对结算审查结论有分歧的，应在出具结算审查报告前，至少组织两次协调会；凡不能共同签认的，审查受托人可适时结束审查工作，并做出必要说明 6. 在合同约定的期限内，向委托人提交经结算审查编制人、校对人、审核人和受托人单位盖章确认的正式的结算审查报告

5. 工程结算审查内容

(1) 审查结算的递交程序和资料的完备性。

1) 审查结算资料递交手续、程序的合法性，以及结算资料具有的法律效力。

2) 审查结算资料的完整性、真实性和相符性。

(2) 审查与结算有关的各项内容。

1) 建设工程发承包合同及补充合同的合法性和有效性。

2) 施工发承包合同范围以外调整的工程价款。

3) 分部分项、措施项目、其他项目工程量及单价。

4) 发包人单独分包工程项目的界面划分和总包人的配合费用。

5)工程变更、索赔、奖励及违约费用。
6)取费、税金、政策性及材料价差计算。
7)实际施工工期与合同工期发生差异的原因和责任,以及对工程造价的影响程度。
8)其他涉及工程造价的内容。

6. 工程结算审查方法

(1)工程结算的审查应依据施工发承包合同约定的结算方法进行,根据施工发承包合同类型,采用不同的审查方法。见表10.7。

表10.7 工程结算审查方法

序号	合同类型	编制方法
1	采用总价合同	在合同价基础上对设计变更、工程洽商,以及工程索赔等合同约定可以调整的内容进行调整
2	采用单价合同	审查施工图以内的各个分部分项工程量,依据合同约定的方式审查分部分项工程项目价格,并对设计变更、工程洽商、工程索赔等调整内容进行审查
3	采用成本加酬金合同	依据合同约定的方法审查各个分部分项工程,以及设计变更、工程洽商等内容的工程成本,并审查酬金及有关税费的取定

(2)除非已有约定,对已被列入审查范围的内容,结算应采用全面审查的方法。

(3)对法院、仲裁或承发包双方合意共同委托的未确定计价方法的工程结算审查或鉴定,结算审查受托人可根据事实和国家法律、法规和建设行政主管部门的有关规定,独立选择鉴定或审查适用的计价方法。

第11章 清单计价模式下市政工程招投标

11.1 市政工程招投标基础知识

11.1.1 市政工程招投标概念

1. 市政工程招标

工程项目招标是指招标人(或招标单位)在发包工程项目之前,按照公布的招标条件,公开或书面邀请投标人(或投标单位)在接受招标文件要求的前提下前来投标,以便招标人从中择优选定的一种交易行为。

2. 市政工程投标

工程项目投标就是投标人(或投标单位)在同意招标人拟定的招标文件的前提下,对招标项目提出自己的报价和相应的条件,通过竞争企图为招标人选中的一种交易方式。这种方式是投标人之间通过直接竞争,在规定的期限内以比较合适的条件达到招标人所需的目的。

11.1.2 市政工程招投标类型

1. 市政工程招标类型

(1)按工程项目建设程序分类。根据工程项目建设程序,招标可分为三类,即工程项目开发招标、勘察设计招标和施工招标。这是由建筑产品交易生产过程的阶段性决定的。见表11.1。

表11.1 按工程项目建设程序分类

序号	分类	内容说明
1	项目开发招标	这种招标是建设单位(业主)邀请工程咨询单位对建设项目进行可行性研究,其"标的物"是可行性研究报告。中标的工程咨询单位必须对自己提供的研究成果认真负责,可行性研究报告应得到建设单位认可
2	勘察设计招标	工程勘察设计招标是指招标单位就拟建工程向勘察和设计任务发布通告,以法定方式吸引勘察单位或设计单位参加竞争,经招标单位审查获得投标资格的勘察、设计单位,按照招标文件的要求、在规定的时间内向招标单位填报投标书,招标单位从中择优确定中标单位完成工程勘察或设计任务
3	施工招标	工程施工招标投标则是针对工程施工阶段的全部工作开展的招投标。根据工程施工范围大小及专业不同,可分为全部工程招标、单项工程招标和专业工程招标等

(2)按工程承包的范围分类。根据工程承包的范围,招标可分为两类。即项目总承包招标和专项工程承包招标。见表11.2。

表 11.2 按工程承包的范围分类

序号	分类	内容说明
1	项目总承包招标	项目总承包招标可分为两种类型,一种是工程项目实施阶段的全过程招标;一种是工程项目全过程招标。前者是在设计任务书已经审完,从项目勘察、设计到交付使用进行一次性招标。后者是从项目的可行性研究到交付使用进行一次性招标,业主提供项目投资和使用要求及竣工、交付使用期限,其可行性研究、勘察设计、材料和设备采购、施工安装、职工培训、生产准备和试生产、交付使用都由一个总承包商负责承包,即所谓"交钥匙工程"
2	专项工程承包招标	专项工程承包招标指在对工程承包招标中,对其中某项比较复杂,或专业性强,施工和制作要求特殊的单项工程,可以单独进行招标的

(3)按行业类别分类。按行业部门分类,招标可分为土木工程招标、勘察设计招标、货物设备采购招标、机电设备安装工程招标、生产工艺技术转让招标、咨询服务(工程咨询)招标。土木工程包括铁路、公路、隧道、桥梁、堤坝、电站、码头、飞机场、厂房、剧院、旅馆、医院、商店、学校、住宅等。货物采购包括建筑材料和大型成套设备等。咨询服务包括项目开发性研究、可行性研究、工程监理等。我国财政部经世界银行同意,专门为世界银行贷款项目的招标采购制定了有关方面的标准文本,包括货物采购国内竞争性招标文件范本、土建工程国内竞争性招标文件范本、资格预审文件范本、货物采购国际竞争性招标文件范本、土建工程国际竞争性招标文件范本、生产工艺技术转让招标文件范本、咨询服务合同协议范本、大型复杂工厂与设备的供货和安装监督招标文件范本总包合同(交钥匙工程)招标文件范本,以便利用世界银行贷款来支持和帮助我国的国民经济建设。

(4)按照工程建设项目的构成分类。按照工程建设项目的构成,可以将建设工程招标投标分为全部工程招标投标、单项工程招标投标、单位工程招标投标、分部工程招标投标、分项工程招标投标。全部工程招标投标,是指对一个工程建设项目(如一所学校)的全部工程进行的招标投标。单项工程招标投标,是指对一个工程建设项目(如一所学校)中所包含的若干单项工程(如教学楼、图书馆、食堂等)进行的招标投标。单位工程招标投标,是指对一个单项工程所包含的若干单位工程(如一幢房屋)进行的招标投标。分部工程招标投标,是指对一个单位工程(如市政工程)所包含的若干分部工程(如土石方工程、道路工程、桥涵护岸工程、隧道工程等)进行的招标投标。分项工程招标投标,是指对一个分部工程(如土石方工程)所包含的若干分项工程(如挖般坊、挖沟槽坊、挖基坑坊等)进行的招标投标。

(5)按照工程是否具有涉外因素分类。按照工程是否具有涉外因素,可以将建设工程招标投标分为国内工程招标投标和国际工程招标投标。国内工程招标投标,是指对本国没有涉外因素的建设工程进行的招标投标。国际工程招标投标,是指对有不同国家或国际组织参与的建设工程进行的招标投标。国际工程招标投标,包括本国的国际工程(习惯上称涉外工程)招标投标和国外的国际工程招标投标两个部分。国内工程招标投标和国际工程招标投标的基本原则是一致的,但在具体做法上有差异。随着社会经济的发展和国际工程交往的增多,国内工程招标投标和国际工程招标投标在做法上的区别已越来越小。

2.市政工程投标类型

(1)按效益分类。投标按效益的不同分为盈利标、保本标和亏损标三种,具体内容见表11.3。

表 11.3 按效益分类

序号	类别	内容说明
1	盈利标	如果招标工程既是本企业的强项,又是竞争对手的弱项;或建设单位意向明确;或本企业任务饱满,利润丰厚,才考虑让企业超负荷运转,此种情况下的投标,称投盈利标
2	保本标	当企业无后继工程,或已出现部分窝工,必须争取投标中标。但招标的工程项目对于本企业又无优势可言,竞争对手又是"强手如林"的局面,此时,宜投保本标,至多投薄利标
3	亏损标	亏损标是一种非常手段,一般是在下列情况下采用,即:本企业已大量窝工,严重亏损,若中标后至少可以使部分人下、机械运转、减少亏损;或者为在对手林立的竞争中夺得头标,不惜血本压低标价;或是为了在本企业一统天下的地盘里,为挤垮企图插足的竞争对手;或为打入新市场,取得拓宽市场的立足点而压低标价。以上这些,虽然是不正常的,但在激烈的投标竞争中有时也这样做

（2）按性质分类。投标按性质的不同分为风险标和保险标两种,具体见表11.4。

表 11.4 按性质分类

序号	类别	内容说明
1	风险标	是指明知工程承包难度大、风险大且技术、设备、资金上都有未解决的问题,但由于队伍窝工,或因为工程盈利丰厚;或为了开拓新技术领域而决定参加投标,同时设法解决存在的问题,即为风险标。投标后,如果问题解决得好,可取得较好的经济效益;可锻炼出一支好的施工队伍,使企业更上一层楼。否则,企业的信誉、准备金就会因此受到损害,严重者将导致企业严重亏损甚至破产。因此,投风险标必须审慎从事
2	保险标	保险标是指对可以预见的情况,包括技术、设备、资金等重大问题都有了解决的对策之后再投标。企业经济实力较弱,经不起失误的打击,则往往投保险标。当前,我国施工企业多数都愿意投保险标,特别是在国际工程承包市场上去投保险标

11.2 市政工程项目招标

11.2.1 市政工程招标方式

我国《招标投标法》规定的招标方式有公开招标、邀请招标两种。

1. 公开招标

公开招标是指招标人以招标公告的方式,邀请不特定的法人或者其他组织参加投标的一种招标方式。也就是招标人在国家指定的报刊、电子网络或其他媒体上发布招标公告,吸引众多的潜在投标人参加投标竞争,招标人按照规定的程序和办法从中择优选择中标人的招标方式。

2. 邀请招标

邀请招标是指招标人以投标邀请书的方式,邀请特定的法人或者其他组织参加投标的一种招标方式。邀请招标,也称选择性招标,也就是由招标人通过市场调查,根据供应商或承包商的资信和业绩,选择一定数目的法人或者其他组织（不能少于 3 家）,向其发出投标邀请书,邀请他们参加投标竞争,招标人按规定的程序和办法从中择优选择中标人的招标方式。

11.2.2 市政工程招标范围

依法必须进行招标的工程建设项目的具体范围和规模标准,由国务院发展改革部门会同国务院有关部门制订,报国务院批准后公布施行。

1. 应当实行招标的范围

我国《招标投标法》规定,下列三类工程建设项目必须进行招标:
(1)大型基础设施、公用事业等关系社会公众利益、公众安全的项目。
(2)全部使用或者部分使用国有资金投资或者国家融资的项目。
(3)使用国际组织或者外国政府贷款、援助资金的项目。

《工程建设项目招标范围和规模标准规定》中规定:在强制招标范围的各类工程建设项目,包括项目的勘察、设计、施工、监理及与工程建设有关的重要设备、材料等的采购,达到下列标准之一的,必须进行招标:
(1)施工单项合同估算价在 200 万元人民币以上的。
(2)重要设备、材料等货物的采购,单项合同估算价在 100 万元人民币以上的。
(3)勘察、设计、监理等服务采购,单项合同估算价在 50 万元人民币以上的。
(4)单项合同估算价低于上述 3 项标准,但项目总投资额在 3 000 万元人民币以上的。

《房屋建筑和市政基础设施工程施工招标投标管理办法》中规定:房屋建筑和市政基础设施工程(以下简称工程)的施工单项合同估算价在 200 万元人民币以上,或者项目总投资在 30 00 万元人民币以上的,必须进行招标。所谓房屋建筑工程,即为各类房屋建筑及附属设施和与其配套的线路、管道、设备安装工程及室内外装修工程;所谓市政基础设施工程,即为城市道路、公共交通、供水、排水、燃气、热力、园林、环卫、污水处理、垃圾处理、防洪、地下公共设施及附属设施的土建、管道、设备安装工程。

2. 应当实行公开招标的范围

《工程建设项目施工招标投标办法》指出:国务院发展计划部门确定的国家重点建设项目和各省、自治区、直辖市人民政府确定的地方重点建设项目,以及全部使用国有资金投资或者国有资金投资占控股或者主导地位的工程建设项目,应当公开招标。

3. 经批准后可以采用邀请招标的范围

对于强制招标的工程项目,有下列情形之一的,经批准可以进行邀请招标:
(1)技术复杂、有特殊要求或者受自然环境限制,只有少量潜在投标人可供选择。
(2)涉及国家安全、国家秘密或者抢险救灾,适宜招标但不宜公开招标的。
(3)采用公开招标方式的费用占项目合同金额的比例过大。
(4)法律、法规规定不宜公开招标的。

4. 经批准后可以采用议标的范围

对于强制招标的工程项目,适用议标的工程范围有以下几方面:
(1)工程有保密性要求的。
(2)施工现场位于偏远地区,且现场条件恶劣,愿意承担此任务的单位少。
(3)工程专业性、技术性高,有能力承担相应任务的单位有一家,或者虽有少量几家,但从专业性、技术性和经济性角度较其中一家有明显优势的。

(4)工程中所需的技术、材料性质,并且在专利保护期之内的。
(5)主体工程完成后为发挥整体效能所追加的小型附属工程。
(6)单位工程停建、缓建或恢复建设的。
(7)公开招标或者邀请招标失败,不宜再次公开招标或者邀请招标的工程。
(8)其他特殊性工程。

5. 经批准后可以不进行招标的范围

对于强制招标的工程项目,有下列情形之一的,经有关部门批准后,可以不进行施工招标:
(1)涉及国家安全、国家秘密或者抢险救灾而不适宜招标的。
(2)属于利用扶贫资金实行以工代赈、需要使用农民工的。
(3)施工主要技术需要采用不可替代的专利或者专有技术的。
(4)在建工程追加的附属小型工程或者主体加层工程,原中标人仍具备承包能力的。
(5)采购人依法能够自行建设、生产或者提供。
(6)已通过招标方式选定的特许经营项目投资人依法能够自行建设、生产或者提供。
(7)需要向原中标人采购工程、货物或者服务,否则将影响施工或者功能配套要求。
(8)国家规定的其他特殊情形。

11.2.3 市政工程招标程序

依法必须进行施工招标的工程,一般应遵循下列程序:
(1)招标单位自行办理招标事宜的,应当建立专门的招标工作机构。
(2)招标单位在发布招标公告或发出投标邀请书的 5 d 前,向工程所在地县级以上地方人民政府建设行政主管部门备案。
(3)准备招标文件,报建设行政主管部门审核或备案。
(4)发布招标公告或发出投标邀请书。
(5)投标单位申请投标。
(6)招标单位审查申请投标单位的资格,并将审查结果通知申请投标单位。
(7)向合格的投标单位分发招标文件。
(8)组织投标单位踏勘现场,召开答疑会,解答投标单位就招标文件提出的问题。
(9)建立评标组织,制定评标、定标办法。
(10)召开开标会,当场开标。
(11)组织评标,决定中标单位。
(12)发出中标和未中标通知书,收回发给未中标单位的图纸和技术资料,退还投标保证金或保函。
(13)招标单位与中标单位签订施工承包合同。

11.2.4 市政工程招标文件的编制

招标文件,俗称"标书"。它是招标人向投标人提供为其编制投标文件所需资料,包括投标必须知道的事项、依据的原则、规则、办法以及对投标人的资质、商务、技术、投标报价、工期或交货期、中标条件和程序条款等的具体规定和内容要求,可以说是汇总招标人各项要求的最基础、最重要的文件。

一般情况下,各类工程施工招标文件的内容大致相同,但组卷方式可能有所区别。此处以《简明标准施工招标文件》(以下简称《标准施工招标文件》)为范本介绍工程施工招标文件的内容和编写要求。

《标准施工招标文件》共包含封面格式和四卷八章的内容:第1卷包括第1章至第5章,涉及招标公告(投标邀请书)、投标人须知、评标办法、合同条款及格式、工程量清单等内容。其中,第1章和第3章并列给出了不同情况,由招标人根据招标项目特点和需要分别选择;第2卷由第6章图纸组成;第3卷由第7章技术标准和要求组成,第4卷由第8章投标文件格式组成。

(1)封面格式。《标准施工招标文件》封面格式包括下列内容:项目名称、标段名称(如有)、标识出"招标文件"四个字、招标人名称和单位印章、时间。

(2)招标公告与投标邀请书。招标公告与投标邀请书是《标准施工招标文件》的第1章。对于未进行资格预审项目的公开招标项目,招标文件应包括招标公告;对于邀请招标项目,招标文件应包括投标邀请书;对于已经进行资格预审的项目,招标文件也应包括投标邀请书(代替资格预审通过通知书)。

1)招标公告(未进行资格预审)。招标公告包括项目名称、招标条件、项目概况与招标范围、投标人资格要求、招标文件的获取、投标文件的递交、发布公告的媒介和联系方式等内容。

2)投标邀请书(适用于邀请招标)。适用于邀请招标的投标邀请书一般包括项目名称、被邀请人名称、招标条件、项目概况与招标范围、投标人资格要求、招标文件的获取、投标文件的递交、确认和联系方式等内容,其中大部分内容与招标公告基本相同,唯一区别是:投标邀请书无需说明分布公告的媒介,但对招标人增加了在收到投标邀请书后的约定时间内,以传真或快递方式予以确认是否参加投标的要求。

(3)投标人须知。投标人须知是招标投标活动应遵循的程序规则和对投标的要求但投标人须知不是合同文件的组成部分。希望有合同约束力的内容应在构成合同文件组成部分的合同条款、技术标准与要求等文件中界定。投标人须知包括投标人须知前附表、正文和附表格式等内容。

1)投标人须知前附表。投标人须知前附表主要作用有两个方面:

① 是将投标人须知中的关键内容和数据摘要列表,起到强调和提醒作用,为投标人迅速掌握投标人须知内容提供方便,但必须与招标文件相关章节内容衔接一致。

② 对投标人须知正文中交由前附表明确的内容给予具体约定。

2)总则。投标须知正文中的"总则"由下列内容组成:

① 项目概况。应说明项目已具备招标条件、项目招标人、项目招标代理机构、项目名称、项目建设地点等。

② 资金来源和落实情况。应说明项目的资金来源及出资比例、项目的资金落实情况等。

③ 招标范围、计划工期、质量要求。应说明招标范围、项目的计划工期、项目的质量要求等。对于招标范围,应采用工程专业术语填写;对于计划工期,由招标人根据项目建设计划来判断填写;对于质量要求,根据国家、行业颁布的建设工程施工质量验收标准填写,注意不要与各种质量奖项混淆。

④ 投标人资格要求。对于已进行资格预审的,投标人应是符合资格预审条件,收到招标人发出投标邀请书的单位;对于未进行资格预审的,应按照相关内容详细规定投标人资格要求。

⑤ 费用承担。应说明投标人准备和参加投标活动发生的费用自理。

⑥ 保密。要求参加招标投标活动的各方应对招标文件和投标文件中的商业和技术等秘密进行保密,违者应对由此造成的后果承担法律责任。

⑦ 语言文字。可要求招标投标文件使用的语言文字为中文。专用术语使用外文的,应附有中文注释。

⑧ 计量单位。所有计量均采用中华人民共和国法定计量单位。

⑨ 踏勘现场。

投标人须知前附表规定组织踏勘现场的,招标人按投标人须知前附表规定的时间、地点组织投标人踏勘项目现场。

投标人踏勘现场发生的费用自理。除招标人的原因外,投标人自行负责在踏勘现场中所发生的人员伤亡和财产损失。

招标人在踏勘现场中介绍的工程场地和相关的周边环境情况,供投标人在编制投标文件时参考,招标人不对投标人据此做出的判断和决策负责。

《招标投标法实施条例》第 28 条规定,招标人不得组织单个或者部分潜在投标人踏勘项目现场。

⑩ 投标预备会。投标人须知前附表规定召开投标预备会的,招标人按投标人须知前附表规定的时间和地点召开投标预备会,澄清投标人提出的问题。

投标人应在投标人须知前附表规定的时间前,以书面形式将提出的问题送达招标人,以便招标人在会议期间澄清。

投标预备会后,招标人在投标人须知前附表规定的时间内,将对投标人所提问题的澄清,以书面形式通知所有购买招标文件的投标人。该澄清内容为招标文件的组成部分。

⑪ 偏离。偏离即《评标委员会和评标方法暂行规定》中的偏差。投标人须知前附表允许投标文件偏离招标文件某些要求的,偏离应当符合招标文件规定的偏离范围和幅度。

3)招标文件。招标文件是对招标投标活动具有法律约束力的最主要文件。投标人须知应该阐明招标文件的组成、招标文件的澄清和修改。投标人须知中没有载明具体内容的,不构成招标文件的组成部分,对招标人和投标人没有约束力。

① 招标文件的组成内容包括招标公告(或投标邀请书,视情况而定);投标人须知;评标办法;合同条款及格式;工程量清单;图纸;技术标准和要求;投标文件格式;投标人须知前附表规定的其他材料。

招标人根据项目具体特点来判定,投标人须知前附表中载明需要补充的其他材料。

② 招标文件的澄清。投标人应仔细阅读和检查招标文件的全部内容。如发现缺页或附件不全,应及时向招标人提出,以便补齐。如有疑问,应在投标人须知前附表规定的时间前以书面形式(包括信函、电报、传真等可以有形地表现所载内容的形式,下同),要求招标人对招标文件予以澄清。

招标文件的澄清将以书面形式发给所有购买招标文件的投标人,但不指明澄清问题的来源。如果澄清发出的时间距投标人须知前附表规定的投标截止时间不足 15 d,并且澄清内容影响投标文件编制的,将相应延长投标截止时间。

投标人在收到澄清后,应在投标人须知前附表规定的时间内以书面形式通知招标人,确认已收到该澄清。

③ 招标文件的修改。招标人可以书面形式修改招标文件,并通知所有已购买招标文件的投标人。但如果修改招标文件的时间距投标截止时间不足 15 d,并且修改内容影响投标文件编制的,将相应延长投标截止时间。

投标人收到修改内容后,应在投标人须知前附表规定的时间内以书面形式通知招标人,确认已收到该修改。

4)投标文件。投标文件是投标人响应和依据招标文件向招标人发出的要约文件。招标人在投标须知中对投标文件的组成、投标报价、投标有效期、投标保证金、资格审查资料和投标文件的编制提出明确要求。

5)投标。包括投标文件的密封和标记、投标文件的递交、投标文件的修改和撤回等规定。

6)开标。包括开标时间和地点、开标程序、开标异议等规定。

7)评标。包括评标委员会、评标原则和评标方法等规定。

8)合同授予。包括定标方式、中标候选人公示、中标通知、履约担保和签订合同。

① 定标方式。定标方式通常有两种:招标人授权评标委员会直接确定中标人;评标委员会推荐 1~3 名中标候选人,由招标人依法确定中标人。

② 中标候选人公示。招标人在投标人须知前附表规定的媒介公示中标候选人。

③ 中标通知。中标人确定后,在投标有效期内,招标人以书面形式向中标人发出中标通知书,并同时将中标结果通知所有未中标的投标人。

④ 履约担保。签订合同前,中标人应按照招标文件规定的担保形式、金额和履约担保格式向招标人提交履约担保。除投标人须知前附表另有规定外,履约担保金额为中标合同金额的 10%。履约担保的主要目的有两个:担保中标人按照合同约定正常履约,在中标人未能圆满实施合同时,招标人有权得到资金赔偿;约束招标人按照合同约定正常履约。

中标人不能按要求提交履约担保的,视为放弃中标,其投标保证金不予退还,给招标人造成的损失超过投标保证金数额的,中标人还应当对超过部分予以赔偿。

⑤ 签订合同。投标人须知中应就签订合同做出如下规定:

a. 签订时限。招标人和中标人应当自中标通知书发出之日起 30 日内,按照招标文件和中标人的投标文件订立书面合同。

b. 未签订合同的后果。中标人无正当理由拒签合同的,招标人取消其中标资格,其投标保证金不予退还;给招标人造成的损失超过投标保证金数额的,中标人还应当对超过部分予以赔偿。发出中标通知书后,招标人无正当理由拒签合同的,招标人向中标人退还投标保证金;给中标人造成报失的,还应当赔偿报失。

9)纪律和监督。纪律和监督可分别包括对招标人的纪律要求、对投标人的纪律要求、对评标委员会成员的纪律要求、对与评标活动有关的工作人员的纪律要求以及投诉。

10)需要补充的其他内容。

11)电子招标投标。采用电子招标投标,应对投标文件的编制、密封和标记、递交、开标、评标等的提出具体要求。

12)附表格式。附表格式包括招标活动中需要使用的表格文件格式:开标记录表、问题澄清通知、问题的澄清、中标通知书、中标结果通知书、确认通知等。

(4)评标办法。招标文件中"评标办法"主要包括选择评标方法、确定评审因素和标准,以及确定评标程序三方面主要内容:

1)选择评标方法。《标准施工招标文件》中的评标方法包括经评审的最低投标价法、综合评估法。

2)评审因素和标准。招标文件应针对初步评审和详细评审分别制定相应的评审因素和标准。

3)评标程序。评标工作一般包括初步评审、详细评审、投标文件的澄清、说明及评标结果等具体程序。

① 初步评审。按照初步评审因素和标准评审投标文件,进行废标认定和投标报价算术错误修正。

② 详细评审。按照详细评审因素和标准分析评定投标文件。

③ 投标文件的澄清、说明。初步评审和详细评审阶段,评标委员会可以书面形式要求投标人对投标文件中不明确的内容进行书面澄清和说明,或者对细微偏差进行补正。

④ 评标结果。经评审的最低投标价法,评标委员会按照经评审的评标价格由低到高的顺序推荐中标候选人;对于综合评估法,评标委员会按照得分由高到低的顺序推荐中标候选人,评标委员会按照招标人授权,可以直接确定中标人评标委员会完成评标后,应当向招标人提交书面评标报告。

(5)合同条款及格式。《合同法》第275条规定,施工合同的内容包括工程范围、建设工期、中间交工工程的开工和竣工时间、工程质量、工程造价、技术资料交付时间、材料和设备供应责任、拨款和结算、竣工验收、质量保修范围和质量保证双方相互协作等条款。

(6)工程量清单。工程量清单是表现拟建工程实体性项目和非实体性项目名称和相应数量的明细清单,以满足工程建设项目具体量化和计量支付的需要。工程量清单是投标人投标报价和签订合同协议书,是确定合同价格的唯一载体。

实践中常见的有单价合同和总价合同两种主要合同形式,均可以采用工程量清单计价,区别仅在于工程量清单中所填写的工程量的合同约束力。采用单价合同形式的工程量清单是合同文件必不可少的组成内容,其中的清单工程量一般具备合同约束力,招标时的工程量是暂估的,工程款结算时按照实际计量的工程量进行调整。总价合同形式中,已标价工程量清单中的工程量不具备合同约束力,实际施工和计算工程变更的工程量均以合同文件的设计图纸所标示的内容为准。

《标准施工招标文件》中工程量清单一般包括工程量清单说明、投标报价说明、其他说明、工程量清单(包括工程量清单表、计日工表、投标报价汇总表、工程量清单单价分析表)。

(7)设计图纸。设计图纸是合同文件的重要组成部分,是编制工程量清单及投标报价的主要依据,也是进行施工及验收的依据。通常招标时的图纸并不是工程所需的全部图纸,在投标人中标后还会陆续颁发新的图纸及对招标时图纸的修改。因此,在招标文件中,除了附上招标图纸外,还应该列明图纸目录。图纸目录一般包括序号、图名、图号、版本、出图日期及备注等。图纸目录及相对应的图纸将对施工过程的合同管理及争议解决发挥重要作用。

(8)技术标准和要求。技术标准和要求也是构成合同文件的组成部分。技术标准的内容主要包括各项工艺指标、施工要求、材料检验标准,以及各分部、分项工程施工成型后的检验手段和验收标准等。有些项目根据所属行业的习惯,也将工程子目的计量支付内容写进技术标准和要求中。项目的专业特点和所引用的行业标准的不同,决定了不同项目的技术标准和要求存在区别,同样的一项技术指标,可引用的行业标准和国家标准可能不止一个,招标文件编制者应结合本项目的实际情况加以引用,如果没有现成的标准可以引用,有些大型项目还有必要将其作为专门的科研项目来研究。

(9)投标文件格式。投标文件格式的主要作用是为投标人编制投标文件提供固定的格式和编排顺序,以规范投标文件的编制,同时便于投标委员会评标。

11.2.5 招标文件的澄清与修改

《招标投标法》第 23 条规定:"招标人对已发出的招标文件进行必要的澄清或者修改的,应当在招标文件要求提交投标文件截止时间至少 15 日前,以书面形式通知所有招标文件收受人。该澄清或者修改的内容为招标文件的组成部分。"《招标投标法实施条例》第 21 条对其进行了进一步的说明:"招标人可以对已发出的资格预审文件或者招标文件进行必要的澄清或者修改。澄清或者修改的内容可能影响资格预审申请文件或者投标文件编制的,招标人应当在提交资格预审申请文件截止时间至少 3 日前,或者投标截止时间至少 15 日前,以书面形式通知所有获取资格预审文件或者招标文件的潜在投标人;不足 3 日或者 15 日的,招标人应当顺延提交资格预审申请文件或者投标文件的截止时间。"

《招标投标法实施条例》第 22 条规定,潜在投标人或者其他利害关系人对资格预审文件有异议的,应当在提交资格预审申请文件截止时间 2 日前提出;对招标文件有异议的,应当在投标截止时间 10 日前提出。招标人应当自收到异议之日起 3 日内做出答复;做出答复前,应当暂停招标投标活动。

这里的"澄清",是指招标人对招标文件中的遗漏、词义表述不清或对比较复杂事项进行的补充说明和回答投标人提出的问题。这里的"修改"是指招标人对招标文件中出现的遗漏、差错、表述不清等问题认为必须进行的修订。对招标文件的澄清与修改,应当注意以下三点:

(1)招标人有权对招标文件进行澄清与修改。招标文件发出以后,无论出于何种原因,招标人可以对发现的错误或遗漏,在规定时间内主动地或在解答潜在投标人提出的问题时进行澄清或者修改,改正差错,避免损失。

(2)澄清与修改的时限。招标人对已发出的招标文件的澄清与修改,按《招标投标法》第 23 条规定,应当在提交投标文件截止时间至少 15 日前通知所有购买招标文件的潜在投标人。

按照《政府采购货物和服务招标投标管理办法》第 28 条规定,对政府采购项目投标和开标截止时间、投标和开标地点的修改,至少应当在招标文件要求提交投标文件的截止时间 3 日前进行,并以书面形式通知所有购买招标文件的收受人。在财政部门指定的政府采购信息发布媒体上发布更正公告。

(3)澄清或者修改的内容的范围。按照《招标投标法》第 23 条关于招标人对招标文件澄清和修改应"以书面形式通知所招有标文件收受人。该澄清或者修改的内容为招标文件的组成部分"的规定,招标人可以直接采取书面形式,也可以采用召开投标预备会的方式进行解答和说明,但最终必须将澄清与修改的内容以书面方式通知所有招标文件收受人,而且作为招标文件的组成部分。《政府采购货物和服务招标投标管理办法》第 27 条还规定,招标采购单位对已发出的招标文件进行必要澄清和修改的,应在财政部门指定的政府采购信息发布媒介上发布更正公告,并以书面形式通知所有招标文件收受人,该澄清或者修改的内容为招标文件的组成部分。

11.3 市政工程项目投标

11.3.1 市政工程项目投标程序

具备投标资格并愿意投标的投标人,按照图 11.1 所示的程序进行投标。

第 11 章 清单计价模式下市政工程招投标

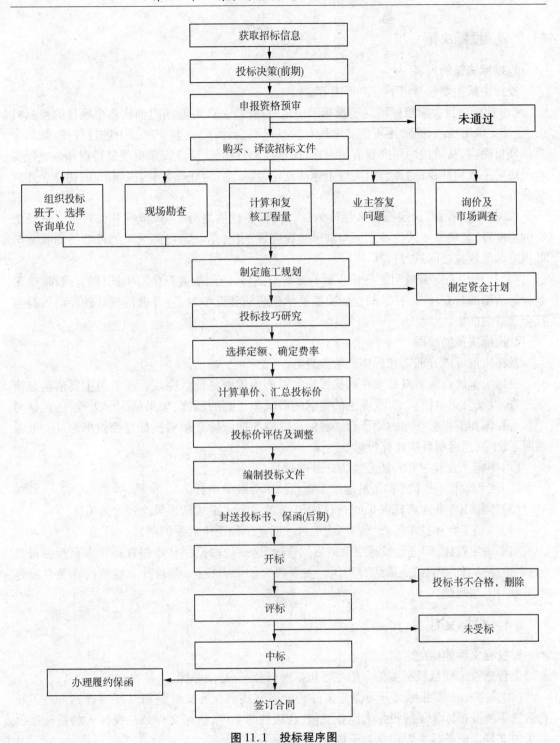

图 11.1 投标程序图

11.3.2 投标决策

1. 投标决策的内容

投标决策主要包括以下三方面内容。

(1)针对项目决定投标或是不投标。一定时期内,企业可能同时面临多个项目的投标机会,受施工能力所限,企业不可能实践所有的投标机会,而应在多个项目中进行选择;就某一具体项目而言,从效益的角度看有盈利标、保本标和亏损标,企业需根据项目特点和企业现实状况决定采取何种投标方式,以实现企业的既定目标,诸如:获取盈利,占领市场,树立企业新形象等。

(2)如果去投标、决定投什么性质的标。投标按性质划分,为风险标和保险标。从经济学的角度看,某项事业的收益水平与其风险程度成正比,企业需在高风险的可能的高收益与低风险的低收益之间进行抉择。

(3)投标中企业需要制定扬长避短的策略与技巧,达到战胜竞争对手的目的。投标决策是投标活动的首要环节,科学的投标决策是承包商战胜竞争对手,并取得较好的经济效益与社会效益的前提。

2. 投标决策的阶段

投标决策可以分前期和后期两阶段进行。

投标决策的前期阶段必须在购买投标人资格预审资料前后完成。决策的主要依据是招标广告,以及公司对招标工程、业主的情况的调研和了解的程度,如果是国际工程,还包括对工程所在国和工程所在地的调研和了解的程度。前期阶段必须对投标与否做出论证。通常情况下,下列招标项目应放弃投标:

(1)本施工企业主管和兼营能力之外的项目。

(2)工程规模、技术要求超过本施工企业技术等级的项目。

(3)本施工企业生产任务饱满,而招标工程的盈利水平较低或风险较大的项目。

(4)本施工企业技术等级、信誉、施工水平明显不如竞争对手的项目。

如果决定投标,即进入投标决策的后期阶段,这一阶段是指从申报资格预审至投标报价(封送投标书)前完成的决策研究阶段。主要研究如果去投标,是投什么性质的标及在投标中采取的策略问题。

11.3.3 投标文件

1. 投标文件的构成

工程建设工项目投标文件一般主要包括两部分:一是商务标,二是技术标。

(1)商务标。商务标又分为商务文件和价格文件。商务文件是用以证明投标人是否履行合法手续及招标人了解投标人商业资信、合法性的文件;价格文件是与投标人的投标报价相关的文件。商务标主要包括以下内容:

1)投标函及投标函附录。

① 投标函。按照招标文件的要求,向招标人或招标代理单位所致信函。此类信函一般按照招标文件中所给的标准格式填写,主要内容为对此次招标的理解和对有关条款的承诺。最后,在落款处加盖企业法人印鉴和法定代表人或其委托代理人印鉴。

② 投标函附录。投标函中未体现的、招标文件中有要求的条款,如工程项目经理、工程工期、缺陷责任期等。

2)法定代表人身份证明书。可采用营业执照或按招标文件要求的格式填写。

3)投标文件授权委托书。法定代表人授权企业内部人员代表其参加有关此项目的招标活动,以书面形式下达,这样,代理人员就可以代表企业法定代表人签署有关文件,并具有法律效应。

4)已标价工程量清单(或单位工程预算书)。按照招标文件的要求以工程量清单报价形式或工程预算书形式详细表述组成该工程项目的各项费用总和。

(2)技术标。在工程建设投标中,技术文件即指施工组织建议书,它包括全部施工组织设计内容。该文件对招标人而言,是用以评价投标人的技术实力和经验的标识;对投标人而言,则是投标人中标后的项目施工组织方案。技术复杂的项目对技术文件的编写内容及格式均有详细的要求,投标人应当认真按照要求编制。

1)施工组织设计。投标人编制施工组织设计的要求:

① 编制时应简明扼要地说明施工方法,工程质量、安全生产、文明施工、环境保护、冬雨季施工、工程进度、技术组织等主要措施。

② 用图表形式阐明本项目的施工总平面、进度计划及拟投入主要施工设备、劳动力、项目管理机构等。

2)项目管理机构。即要求投标企业把对拟投标工程的管理机构以表格的形式表达出来。一般要编制项目管理机构组成表、项目经理简历表,主要是为了考察投标人的实力及拟担任管理人员的以往业绩。

2. 投标文件的编制

(1)投标文件应按"投标文件格式"进行编写,如有必要,可以增加附页,作为投标文件的组成部分。其中,投标函附录在满足招标文件实质性要求的基础上,可以提出比招标文件要求更有利于招标人的承诺。

(2)投标文件应当对招标文件有关工期、投标有效期、质量要求、技术标准和要求、招标范围等实质性内容做出响应。

(3)投标文件应用不褪色的材料书写或打印,并由投标人的法定代表人或其委托代理人签字或盖单位章。委托代理人签字的,投标文件应附法定代表人签署的授委权托书。投标文件应尽量避免涂改、行间插字或删除。如果出现上述情况,改动之处应加盖单位章或由投标人的法定代表人或其授权的代理人签字确认。签字或盖章的具体要求见投标人须知前附表。

(4)投标文件正本一份,副本份数见投标人须知前附表。正本和副本的封面上应清楚地标记"正本"或"副本"的字样。当副本和正本不一致时,以正本为准。

(5)投标文件的正本与副本应分别装订成册,并编制目录,具体装订要求见投标人须知前附表中的规定。

3. 投标文件的修改与撤回

投标文件的修改是指投标人对投标文件中遗漏和不足部分进行增补,对已有的内容进行修订。投标文件的撤回是指投标人收回全部投标文件,或放弃投标,或以新的投标文件重新投标。

投标文件的修改或撤回必须在投标文件递交截止时间之前进行。《招标投标法》第29

条规定,"投标人在招标文件要求提交投标文件的截止时间之前,可以补充、修改或者撤回已提交的投标文件,并书面通知招标人。"投标人修改或撤回已递交投标文件的书面通知应按照要求签字或盖章。招标人收到书面通知后,向投标人出具签收凭证。修改的内容为投标文件的组成部分。修改的投标文件应按照规定进行编制、密封、标记和递交,并标明"修改"字样。投标截止时间之后至投标有效期满之前,投标人对投标文件的任何补充、修改,招标人不予接受。投标人撤回投标文件的,招标人自收到投标人书面撤回通知之日起5日内退还已收取的投标保证金。

《招标投标法实施条例》第23条规定,招标人编制的资格预审文件、招标文件的内容违反法律、行政法规的强制性规定,违反公开、公平、公正和诚实信用原则,影响资格预审结果或者潜在投标人投标的,依法必须进行招标的项目的招标人应当在修改资格预审文件或者招标文件后重新招标。

11.3.4 投标保证金

投标人须知前附表规定递交投标保证金的,投标人在递交投标文件的同时,应按投标人须知前附表规定的金额、担保形式和"投标文件格式"规定的或者事先经过招标人认可的投标保证金格式递交投标保证金,并作为其投标文件的组成部分。投标人不按要求提交投标保证金的,评标委员会将否决其投标。

1. 投标保证金的有效期

投标保证金的有效期通常自投标文件提交截止时间之前,保证金实际提交之日起开始计算,投标保证金的有效期限应覆盖或超出投标有效期。从投标保证金的用途可以看出,其有效期原则上不应少于规定的投标有效期。不同类型的招标项目,对投标保证金有效期的规定各有不同。在招投标实践中,应根据招标项目类型,按照其适用的法规来确定投标保证金的有效期。

《工程建设项目施工招标投标办法》第37条规定,投标保证金有效期应当超出投标有效期30 d。《招标投标法实施条例》第26条规定,投标保证金有效期应当与投标有效期一致。

2. 投标保证金的金额

投标保证金的金额通常有相对比例金额和固定金额两种方式。相对比例是取投标总价作为计算基数。为避免招标人设置过高的投标保证金额度,不同类型招标项目对投标保证金的最高额度均有相关规定。《招标投标法实施条例》第26条规定,招标人在招标文件中要求投标人提交投标保证金的,投标保证金不得超过招标项目估算价的2%。

《工程建设项目施工招标投标办法》第37条规定,投标保证金一般不得超过投标总价的2%,最高不得超过80万元人民币。

3. 投标保证金的没收与退还

(1)投标保证金的没收。招标人在投标人违反招标文件规定的下述条件,可没收投标人的投标保证金:

1)投标人在规定的投标有效期内撤销或修改其投标文件。

2)投标人在收到中标通知书后无正当理由拒签合同或未按招标文件规定提交履约担保。

招标人还可根据项目的具体特点和管理方面要求,在招标文件中增加没收投标保证金的其他情形。

(2)投标保证金的退还。不同类型工程招标对投标保证金的退还均有不同要求。《工程建设项目施工招标投标办法》规定,招标人与中标人签订合同后5个工作日内,应当向未中标的投标人退还投标保证金。

11.4 市政工程项目开标、评标及定标

11.4.1 开标

1. 开标的时间和地点

《招标投标法》第34条规定:"开标应当在招标文件确定的提交投标文件截止时间的同一时间公开进行;开标地点应当为招标文件中预先确定的地点。"

(1)开标时间。开标时间和提交投标文件截止时间应为同一时间,应具体确定到某年某月某日的几时几分,并在招标文件中明示。法律之所以如此规定,是为了杜绝招标人和个别投标人非法串通,在投标文件截止时间之后,视其他投标人的投标情况,修改个别投标人的投标文件,从而损害国家和其他投标人利益的情况。招标人和招标代理机构必须按照招标文件中的规定,按时开标,不得擅自提前或拖后开标,更不能不开标就进行评标。

(2)开标地点。开标地点应在招标文件中具体明示。开标地点可以是招标人的办公地点或指定的其他地点。开标地点应具体确定到要进行开标活动的房间,以便投标人和有关人员准时参加开标。

2. 开标的程序

主持人通常按下列程序进行开标:

(1)宣布开标纪律。

(2)公布在投标截止时间前递交投标文件的投标人名称,并点名确认投标人是否派人到场。

(3)宣布开标人、唱标人、记录人、监标人等有关人员姓名。

(4)按照投标人须知前附表规定检查投标文件的密封情况。

(5)按照投标人须知前附表的规定确定并宣布投标文件开标顺序。

(6)设有标底的,公布标底。

(7)按照宣布的开标顺序当众开标,公布投标人名称、投标保证金的递交情况、投标报价、质量目标、工期及其他内容,并记录在案。

(8)规定最高投标限价计算方法的,计算并公布最高投标限价。

(9)投标人代表、招标人代表、监标人、记录人等有关人员在开标记录上签字确认。

(10)开标结束。投标人对开标有异议的,应当在开标现场提出,招标人当场做出答复,并制作记录。

3. 开标的主要内容

(1)密封情况检查。当众检查投标文件密封情况。检查由投标人或者其推选的代表进行。如果招标人委托了公证机构对开标情况进行公证,也可以由公证机构检查并公证。如果投标文件未密封,或者存在拆开过的痕迹,则不能进入后续程序。

(2)拆封。当众拆封所有的投标文件。招标人或者其委托的招标代理机构的工作人员,应当对所有在投标文件截止时间之前收到的合格的投标文件,在开标现场当众拆封。

(3)唱标。招标人或者其委托的招标代理机构的工作人员应当根据法律规定和招标文件要求进行唱标,即宣读投标人名称、投标价格和投标文件的其他主要内容。

(4)记录并存档。招标人或者其委托的招标代理机构应当场制作开标记录记载开标时间、地点、参与人、唱标内容等情况,并由参加开标的投标人代表签字确认,开标记录应作为评标报告的组成部分存档备查。

11.4.2 评标

1. 评标方法

根据《评标委员会和评标方法暂行规定》、《工程建设项目施工招标投标办法》、等规定,评标方法分为经评审的最低投标价法、综合评估法及法律法规允许的其他评标方法。

(1)经评审的最低投标价法。根据经评审的最低投标价法,能够满足招标文件的实质性要求,并且经评审的最低投标价的投标,应当推荐为中标候选人。

经评审的最低投标价法一般适用于具有通用技术、性能标准或者招标人对其技术、性能没有特殊要求的招标项目。对于工程建设项目货物招标项目,根据《工程建设项目货物招标投标办法》规定,技术简单或技术规格、性能、制作工艺要求统一的货物,一般采用经评审的最低投标价法进行评标。技术复杂或技术规格、性能、制作工艺要求难以统一的货物,一般采用综合评估法进行评标。

这是一种以价格加其他因素评标的方法。以这种方法评标,一般做法是将报价以外的商务部分数量化,并以货币折算成价格,与报价一起计算,形成统一平台的投标价,然后以此价格按高低排出次序。能够满足招标文件的实质性要求,在经评审的"投标价"中,最低的投标应当作为中选投标。

采用经评审的最低投标价法,中标人的投标应当符合招标文件规定的技术要求和标准,但评标委员会无须对投标文件的技术部分进行价格折算。

除报价外,评标时应考虑的商务因素一般有下列几种:

1)内陆运输费用及保险费。
2)交货或竣工期。
3)支付条件。
4)零部件及售后服务。
5)价格调整因素。
6)设备和工厂(生产线)运转和维护费用。

(2)综合评估法。根据综合评估法,最大限度地满足招标文件中规定的各项综合评价标准的投标,应当推荐为中标候选人。

工程建设项目勘察设计招标项目,根据《工程建设项目勘察设计招标投标办法》规定,一般应采取综合评估法进行。

衡量投标文件是否最大限度地满足招标文件中规定的各项评价标准,可以采取折算为货币的方法、打分的方法或者其他方法。需量化的因素及权重应当在招标文件中明确规定。评标委员会对各个评审因素进行量化分析时,应当将量化指标建立在同一基础或者同一标准上,使各投标文件具有可比性。对技术部分和商务部分量化后,计算出每一投标的综合评估价或者综合评估分。

需要注意,《房屋建筑和市政基础设施工程施工招标投标管理办法》规定,采用综合评估法的,应当对投标文件提出的工程质量、施工工期、投标价格、施工组织设计或者施工方案、投标人及项目经理业绩等,能否最大限度地满足招标文件中规定的各项要求和评价标准进行评审和比较。以评分方式进行评估的,对于各种评比奖项不得额外计分。

2. 评标程序

根据《评标委员会和评标方法暂行规定》的规定,投标文件评审包括评标的准备、初步评审、详细评审、提交评标报告和推荐中标候选人。

(1)评标的准备。首先,评标委员会成员应当编制供评标使用的相应表格,认真研究招标文件,至少应了解和熟悉招标的目标;招标项目的范围和性质;招标文件中规定的主要技术要求、标准和商务条款;招标文件规定的评标标准、评标方法和在评标过程中应考虑的相关因素。其次,招标人或者其委托的招标代理机构应当向评标委员会提供评标所需的重要信息和数据。

(2)初步评审。

1)评标委员会应当按照投标报价的高低或者招标文件规定的其他方法对投标文件排序。以多种货币报价的,应当按照中国银行在开标日公布的汇率中间价换算成人民币。招标文件应当对汇率标准和汇率风险作出规定。未做规定的,汇率风险由投标人承担。

2)评标委员会可以书面方式要求投标人对投标文件中含义不明确、对同类问题表述不一致或者有明显文字和计算错误的内容做必要的澄清、说明或者补正。澄清、说明或者补正应以书面方式进行并不得超出投标文件的范围或者改变投标文件的实质性内容。投标文件中的大写金额和小写金额不一致的,以大写金额为准;总价金额与单价金额不一致的,以单价金额为准,但单价金额小数点有明显错误的除外;对不同文字文本投标文件的解释发生异议的,以中文文本为准。在评标过程中,评标委员会发现投标人的报价明显低于其他投标报价或者在设有标底时明显低于标底,使得其投标报价可能低于其个别成本的,应当要求该投标人作出书面说明并提供相关证明材料。

3)评标委员会应当根据招标文件,审查并逐项列出投标文件的全部投标偏差。投标偏差分为重大偏差和细微偏差。除非招标文件另有规定,对重大偏差应作废标处理。细微偏差是指投标文件在实质上响应招标文件要求,但在个别地方存在漏项或者提供了不完整的技术信息和数据等情况,并且补正这些遗漏或者不完整不会对其他投标人造成不公平的结果。细微偏差不影响投标文件的有效性。评标委员会应当书面要求存在细微偏差的投标人在评标结束前予以补正。拒不补正的,在详细评审时可以对细微偏差做不利于该投标人的量化,量化标准应当在招标文件中规定。

(3)澄清。《招标投标法实施条例》第52条规定,投标文件中有含义不明确的内容、明显文字或者计算错误,评标委员会认为需要投标人做出必要澄清、说明的,应当书面通知该投标人。评标委员会不得暗示或者诱导投标人做出澄清、说明,不得接受投标人主动提出的澄清、说明。《招标投标法》第39条规定:澄清或者说明不得超出投标文件的范围或者改变投标文件的实质性内容。

(4)详细评审。经初步评审合格的投标文件,评标委员会应当根据招标文件确定的评标标准和方法,对其技术部分和商务部分做进一步评审、比较。

采用经评审的最低投标价法的,评标委员会应当根据招标文件中规定的评标价格调整方法,对所有投标人的投标报价及投标文件的商务部分做必要的价格调整;中标人的投标应当符合招标文件规定的技术要求和标准,但评标委员会无需对投标文件的技术部分进行价格折算。根据经评审的最低投标价法完成详细评审后,评标委员会应当拟定一份"标价比较表",连同书面评标报告提交招标人。"标价比较表"应当载明投标人的投标报价、对商务偏差的价格调整和说明及经评审的最终投标价。

采用综合评估法评标的,评标委员会对各个评审因素进行量化时,应当将量化指标建立在同一基础或者同一标准上,使各投标文件具有可比性。对技术部分和商务部分进行量化后,评标委员会应当对这两部分的量化结果进行加权,计算出每一投标的综合评估价或者综合评估分。根据综合评估法完成评标后,评标委员会应当拟定一份"综合评估比较表",连同书面评标报告提交招标人。"综合评估比较表"应当载明投标人的投标报价、所作的任何修正、对商务偏差的调整、对技术偏差的调整、对各评审因素的评估,以及对每一投标的最终评审结果。

如果评标委员会在评标过程中发现问题,应当及时做出处理或者向招标人提出处理建议,并做书面记录。

(5)提交评标报告和推荐中标候选人。每个招标项目评标程序的最后环节,都是由评标委员会签署并向招标人提交评标报告,推荐中标候选人。有的招标项目,评标委员会还可以根据招标人的授权,直接按照评标结果,确定中标人。

11.4.3 定标与签订合同

评标结束后,评标小组应写出评标报告,提出中标单位的建议,交业主或其主管部门审核。评标报告一般包括以下内容:

(1)招标情况。主要包括工程说明,招标过程等。

(2)开标情况。主要有开标时间、地点、参加开标会议人员、唱标情况等。

(3)评标情况。主要包括评标委员会的组成及评标委员会人员名单、评标工作的依据及评标内容等。

(4)推荐意见。

(5)附件。主要包括评标委员会人员名单;投标单位资格审查情况表;投标文件符合情况鉴定表;投标报价评比报价表;投标文件质询澄清的问题等。

评标报告批准后,应立即向中标单位发出中标函。

中标单位接受中标通知后,一般应在 15~30 d 内签订合同,并提供履约保证。签订合同后,建设单位一般应在 7 d 内通知未中标者,并退回投标保函,未中标者在收到投标保函后,应迅速退回招标文件。

若对第一中标者未达成签订合同的协议,可考虑与第二中标者谈判签订合同,若缺乏有效的竞争和其他正当理由,建设单位有权拒绝所有的投标,并对投标者造成的影响不负任何责任,也无义务向投标者说明原因。拒标的原因一般是所有投标的主要项目均未达到招标文件的要求,经建设主管部门批准后方能拒绝所有的投标。一旦拒绝所有的投标,建设单位应立即研究废标的原因,考虑是否对技术规程(规范)和项目本身要进行修改,然后考虑重新招标。

附录　市政工程工程量清单计价编制实例

　　按编制方案中项目划分的要求和施工图计算相应工程量后,就需要编制工程量清单及工程量清单计价表。工程量清单计价包括招标控制价、投标报价和竣工结算价。本章以某市主干道路改造工程为例,主要介绍工程量清单、工程投标报价和竣工结算价的编制。

1. 工程量清单编制

某市道路改造　工程

工　程　量　清　单

	工程造价:　××工程造价
招 标 人:　××单位公章	咨 询 人:　咨询企业资质专用章
(单位盖章)	(单位资质专用章)
法定代表人	法定代表人:　××工程造价
或其授权人:　××单位法定代表人	或其授权人:　咨询企业法定代表人
(签字或盖章)	(签字或盖章)
××签字	
盖造价工程师	××签字
编 制 人:　或造价员专用章	复 核 人:　盖造价工程师专用章
(造价人员签字盖专用章)	(造价工程师签字盖专用章)
编制时间:　××年××月××日	复核时间:　××年××月××日

注:此为招标人委托工程造价咨询人编制工程量清单的封面。

封—1

总说明

工程名称:某市道路改造工程　　　　　　　　　　　　　　　　　第 页 共 页

1. 工程概况:某道路全长 6 km,路宽 70 cm。8 车道,其中有大桥上部结构为预应力混凝土 T 形梁,梁高为 1.2 m,跨境为 1 m×22 m+6 m×20 m,桥梁全长 164 m。下部结构,中墩为桩接柱,柱顶盖梁;边墩为重力桥台。墩柱直径为 1.2 m,转孔桩直径为 1.3 m。施工工期为 1 年。
2. 招标范围:道路工程、桥梁工程和排水工程。
3. 清单编制依据:本工程依据《建设工程工程量清单计价规范》(GB 50500—2008)中规定的工程量清单计价的办法,依据××单位设计的施工设计图纸、施工组织设计等计算实物工程量。
4. 工程质量应达优良标准。
5. 考虑施工中可能发生的设计变更或清单有误,预留金 1 500 000 万元。
6. 投标人在投标文件应按《建设工程工程量清单计价规范》(GB 50500—2008)规定的统一格式,提供"分部分项工程量清单综合单价分析表"、"措施项目费分析表"。

表—01

分部分项工程量清单与计价表

工程名称:某市道路改造工程　　　　标段:　　　　　　　　　　　　第 页 共 页

序号	项目编号	项目名称	项目特征描述	计量单位	工程数量	金额/元		
						综合单价	合价	其中:暂估价
			D.1 土石方工程					
1	040101001001	挖一般土方	一、二类土 4 m 以内	m³	142 100.00			
2	040101002001	挖沟槽土方	三、四类土综合 4 m 以内	m³	2 493.00			
3	040101002002	挖沟槽土方	三、四类土综合 3 m 以内	m³	837.00			
4	040101002003	挖沟槽土方	新建翼墙 6 m 内	m³	2 837.00			
5	040103001001	填方	90% 以上	m³	8 500.00			
6	040103001002	填方	二灰土 12:35:53 90% 以上	m³	7 700.00			
7	040103001001	填方	基础回填砂砾石	m³	208.00			
8	040103001002	填方	填方台后回填砂砾石,粒径 5~80 cm,密实度≥96%	m³	3 631.00			
			(其他略)					
			分部小计					
			本页小计					
			合计					

注:根据原建设部、财政部发布的《建筑安装工程费用项目组成》(建标[2003]206 号)的规定,为计取规费等的使用,可在表中增设其中:"直接费"、"人工费"或"人工费+机械费"。

表—08

分部分项工程量清单与计价表

工程名称：某市道路改造工程　　　　标段：　　　　　　　第 页 共 页

序号	项目编号	项目名称	项目特征描述	计量单位	工程数量	金额/元 综合单价	合价	其中：暂估价
			D.2 道路工程					
9	040201002001	掺石灰	含灰量:10%	m^3	1 800.00			
10	040202002001	石灰稳定土	厚度:15 cm 含灰量:含灰量:10%	m^2	84 060.00			
11	040202002002	石灰稳定土	厚度:30 cm 含灰量:含灰量:11%	m^2	57 320.00			
12	040202006001	石灰、粉煤灰、碎(砾)石	二灰碎石厚度:12 cm 配合比 10:20:70	m^2	84 060.00			
13	040202006002	石灰、粉煤灰、碎(砾)石	二灰碎石厚度:20 cm 配合比 10:20:71	m^2	57 320.00			
14	040202014001	水泥稳定碎(砾)石	主路搭板下 $D7$，≥2.0MPa,厚度 18 cm 摊铺,养护	m^2	793.00			
15	040203003001	黑色碎石	石油沥青 厚度:6 cm	m^2	91 360.00			
			(其他略)					
			分部小计					
			本页小计					
			合计					

注:根据原建设部、财政部发布的《建筑安装工程费用项目组成》(建标[2003]206 号)的规定,为计取规费等的使用,可在表中增设其中:"直接费"、"人工费"或"人工费+机械费"。

表—08

分部分项工程量清单与计价表

工程名称：某市道路改造工程　　　　标段：　　　　　　　第 页 共 页

序号	项目编号	项目名称	项目特征描述	计量单位	工程数量	金额/元 综合单价	合价	其中：暂估价
			D.3 桥涵护岸工程					
16	040301007001	机械成孔灌注桩	直径 1.3 cm,C25	m	1 036.00			
17	040301007002	机械成孔灌注桩	直径 1 cm,C25	m	1 680.00			
18	040302002002	混凝土承台	C25－25,C10 混凝土垫层	m^3	1 015.00			
19	040302004001	墩(台)身	墩柱 C30－25	m^3	384.00			
20	040302004002	墩(台)身	墩柱 C30－25	m^3	1 210.00			
21	040302005001	支撑梁及横梁	现浇 C30－25 简支梁湿接头	m^3	937.00			
22	040302006001	墩(台)盖梁	C35－25	m^3	748.00			

续表 分部分项工程量清单与计价表

工程名称：某市道路改造工程　　　　　　标段：　　　　　　　　　第　页　共　页

序号	项目编号	项目名称	项目特征描述	计量单位	工程数量	金额/元		
						综合单价	合价	其中：暂估价
			D.3 桥涵护岸工程					
			（其他略）					
			分部小计					
			本页小计					
			合计					

注：根据原建设部、财政部发布的《建筑安装工程费用项目组成》（建标[2003]206号）的规定，为计取规费等的使用，可在表中增设其中："直接费"、"人工费"或"人工费+机械费"。

表—08

分部分项工程量清单与计价表

工程名称：某市道路改造工程　　　　　　标段：　　　　　　　　　第　页　共　页

序号	项目编号	项目名称	项目特征描述	计量单位	工程数量	金额/元		
						综合单价	合价	其中：暂估价
			D.5 市政管网工程					
23	040504001005	砌筑检查井	1.4×1.0 埋深3 m	座	32			
24	040504001004	砌筑检查井	1.2×1.0 埋深2 m	座	82			
25	040504001001	砌筑检查井	φ900 埋深1.5 m	座	42			
26	040504001002	砌筑检查井	0.6×0.6 埋深1.5 m	座	52			
27	040504001003	砌筑检查井	0.48×0.48 埋深1.5 m	座	104			
28	040501002001	混凝土管道铺设	DN 1 650 埋深3.5 m	m	456.00			
29	040501002002	混凝土管道铺设	DN 1 000 埋深3.5 m	m	430.00			
			（其他略）					
			分部小计					
			本页小计					
			合计					

注：根据原建设部、财政部发布的《建筑安装工程费用项目组成》（建标[2003]206号）的规定，为计取规费等的使用，可在表中增设其中："直接费"、"人工费"或"人工费+机械费"。

表—08

分部分项工程量清单与计价表

工程名称:某市道路改造工程　　　　　标段:　　　　　　　　　第 页 共 页

序号	项目编号	项目名称	项目特征描述	计量单位	工程数量	金额/元 综合单价	合价	其中:暂估价
			D.7 钢筋工程					
30	040701002001	非预应力钢筋	φ10 以外	t	283.00			
31	040701002002	非预应力钢筋	φ11 以内	t	1 195.00			
32	040701004001	后张法预应力钢筋	钢绞线(高强低松弛)$R=1 860$ MPa;预应力锚具 2176 套(锚头 15—6,128 套;锚头 15—5,784 套;锚头 15—4,1 264 套);金属波纹管内径 6.2 cm,长 171 08 m,C40 混凝土压浆	t	138.00			
			(其他略)					
			分部小计					
			本页小计					
			合计					

注:根据原建设部、财政部发布的《建筑安装工程费用项目组成》(建标[2003]206 号)的规定,为计取规费等的使用,可在表中增设其中:"直接费"、"人工费"或"人工费+机械费"。

表—08

措施项目清单与计价表(一)

工程名称:某市道路改造工程　　　　　标段:　　　　　　　　　第 页 共 页

序号	项目名称	计算基础	费率/%	金额/元
1	安全文明施工费			
2	大型机械进出场及按拆费			
3	施工排水			
4	施工降水			
5	已完工程及设备保护			
6	专业工程措施项目			
6.1	便道			
6.2	便桥			
6.3	围堰			
	合计			

注:1.本表适用于以"项"计价的措施项目。
　　2.根据建设部、财政部发布的《建筑安装工程费用项目组成》(建标[2003]206 号)的规定,"计算基础"可为"直接费"、"人工费"或"人工费+机械费"。

表—11—1

措施项目清单与计价表(二)

工程名称:某市道路改造工程　　　标段:　　　　　　　第 页 共 页

序号	项目编号	项目名称	项目特征描述	计量单位	工程数量	金额/元 综合单价	合价
1	DB001	现浇混凝土简支梁模板及支架	矩形板,支模高度 5 m	m^2	549		
			(其他略)				
			本页小计				
			合计				

注:本表适用于以综合单价形式计价的措施项目。

表—11

其他项目清单与计价汇总表

工程名称:某市道路改造工程　　　标段:　　　　　　　第 页 共 页

序号	项目名称	计量单位	金额/元	备注
1	暂列金额	项	1 500 000.00	明细详见表-12-1
2	暂估价			
2.1	材料暂估价	t	6 000.00	明细详见表-12-2
2.2	专业工程暂估价	项		明细详见表-12-3
3	计日工			明细详见表-12-4
4	总承包服务费			明细详见表-12-5
	合计			

注:材料暂估价计入清单项目综合单价,此处不汇总。

表—12

暂列金额明细表

工程名称:某市道路改造工程　　　标段:　　　　　　　第 页 共 页

序号	项目名称	计量单位	金额/元	备注
1	政策性调整和材料价格风险	项	1 000 000.00	
2	其他	项		
	合计			

注:此表由招标人填写,也可只列暂定金额总额,投标人应将上述暂列金额计入投标总价中。

表—12—1

材料暂估单价表

工程名称：某市道路改造工程　　　标段：　　　　　　　　第 页 共 页

序号	项目名称	计量单位	金额/元	备注
1	钢筋（规格、型号综合）	t	6 000.00	用在部分钢筋混凝土项目中
	其他：(略)			

注：1. 此表由招标人填写，并在备注栏说明暂估价的材料拟用在哪些清单项目上，投标人应将上述材料暂估单价计入工程量清单综合单价报价中。
2. 材料包括原材料、燃料、构配件及按规定应计入建筑安装工程造价的设备。

表—12—2

计日工表

工程名称：某市道路改造工程　　　标段：　　　　　　　　第 页 共 页

编号	项目名称	单位	暂定数量	综合单价/元	合价/元
一	人工				
1	技工	工日	100		
2	壮工		80		
	小计				
二	材料				
1	水泥 42.5	t	30.000		
2	钢筋	t	10.000		
	材料小计				
三	机械				
1	履带式推土机 105 kW	台班	3		
2	汽车起重机 25 t	台班	3		
	施工机械小计				
	总计				

注：此表项目名称、数量由招标人填写，编制招标控制价时，单价由招标人按有关计价规定确定；投标时，单价由投标人自助报价，计入投标总价中。

说明：办理竣工结算时，表中原"暂定数量"变更为"结算数量"。

表—12—4

总承包服务费计价表

工程名称：某市道路改造工程　　　标段：　　　　　　　　第 页 共 页

序号	项目名称	项目价值/元	服务内容	费率/%	金额/元
1	发包人发包专业工程	5 000 000	1. 按专业工程承包人的要求提供施工工作面对施工现场统一管理，对竣工工资料统一管理汇总 2. 为专业工程承包人提供焊接电源接入点并承担电费		
			合计		

表—12—5

规费、税金项目清单与计价表

工程名称：某市道路改造工程　　　　标段：　　　　　　第 页 共 页

序号	项目名称	计算基础	费率/%	金额/元
1	规费			
1.1	工程排污费	按工程所在地环保部门规定按实计算		
1.2	社会保障费	(1)+(2)+(3)		
(1)	养老保险	定额人工费		
(2)	失业保险	定额人工费		
(3)	医疗保险	定额人工费		
1.3	住房公积金	定额人工费		
1.4	危险作业意外伤害保险	定额人工费		
1.5	工程定额测定费	税前工程造价		
2	税金	分部分工程费+措施项目费+其他项目费+规费		
		合计		

注：根据建设部、财政部发布的《建筑安装工程费用项目组成》（建标[2003]206号）的规定，"计算基础"可为"直接费"、"人工费"或"人工费+机械费"。

表—13

2. 工程投标报价编制

投 标 总 价

招 标 人：　　　　××单位　　　　

工 程 名 称：　　　某市道路改造工程　　　

投标总价(小写)：　　　51 866 656.69 元　　　

　　(大写)：　伍仟壹佰捌拾陆万陆仟陆佰伍拾陆元陆角玖分整　

投 标 人：　　　　××单位　　　　
　　　　　　　　　　　(单位盖章)

法定代表人
或其授权人：　　　××单位法定代表人　　　
　　　　　　　　　　(签字或盖章)

编 制 人：　××签字盖造价工程师或造价员专用章　
　　　　　　　　(造价人员签字盖专用章)

编制时间：××年××月××日

封—1

总 说 明

工程名称:某市道路改造工程　　　　　　　　　　　第 页　共 页

1. 工程概况:某道路全长 6 km,路宽 70 cm。8 车道,其中有大桥上部结构为预应力混凝土 T 形梁,梁高为 12 m,跨境为 2 m×22 m+(6×20) m,桥梁全长 164 m。下部结构,中墩为桩接柱,柱顶盖梁;边墩为重力桥台。墩柱直径为 1.2 m,转孔桩直径为 1.3 m。施工工期为 1 年。

2. 招标范围:道路工程、桥梁工程和排水工程。

3. 清单编制依据:本工程依据《建设工程工程量清单计价规范》(GB 50500—2008)中规定的工程量清单计价的办法,依据××单位设计的施工设计图纸、施工组织设计等计算实物工程量。

4. 工程质量应达优良标准。

5. 考虑施工中可能发生的设计变更或清单有误,暂列金 1 500 000 万元。

6. 投标人在投标文件应按《建设工程工程量清单计价规范》(GB 50500—2008)规定的统一格式,提供"分部分项工程量清单综合单价分析表"、"措施项目费分析表"。

表—01

工程项目投标报价汇总表

工程名称:某市道路改造工程　　　　标段:　　　　　　第 页　共 页

序号	单项工程名称	金额/元	其中		
			暂估价/元	安全文明施工费/元	规费/元
1	某市道路改造工程	51 866 656.69	6 300 000.00	151 343.10	207 801.95
	合计	51 866 656.69	630 000 0.00	151 343.10	207 801.95

注:本表适用于工程项目招标控制价或投标报价的汇总。

说明:本工程是单项工程,所以单项工程即为工程项目。

单项工程投标报价汇总表

工程名称:某市道路改造工程　　　　标段:　　　　　　第 页　共 页

序号	单项工程名称	金额/元	其中		
			暂估价/元	安全文明施工费/元	规费/元
1	某市道路改造工程	51 866 656.69	6 300 000.00	151 343.10	207 801.95
	合计	51 866 656.69	6 300 000.00	151 343.10	207 801.95

注:本表适用于单项工程招标控制价或投标报价的汇总。暂估价包括分部分项工程中的暂估价和专业工程暂估价。

表—03

单位工程投标报价汇总表

工程名称：某市道路改造工程　　　　标段：　　　　　　第　页　共　页

序号	单项工程名称	金额/元	其中:暂估价/元
1	分部分项	48 129 065.00	
	D.1 土石方工程	2 275 844.14	
	D.2 道路工程	25 444 507.08	
	D.3 桥涵护岸工程	11 712 541.79	
	D.5 市政管网工程	1 352 964.34	
	D.7 钢筋工程	7 343 238.04	6 300 000
2	措施项目	362 788.31	
2.1	安全文明施工费	151 343.10	
3	其他项目	1 587 940.00	
3.1	暂列金额	1 500 000.00	
3.2	计日工	62 940.00	
3.3	总承包服务费	25 000.00	
4	规费	207 801.95	
5	税金	1 579 031.43	
	招标控制价合计 = 1 + 2 + 3 + 4 + 5	51 866 656.69	6 300 000

注：本表适用于单位工程招标控制价或投标报价的汇总,如无单位工程划分,单项工程也使用本表汇总。

分部分项工程量清单与计价表

工程名称：某市道路改造工程　　　　标段：　　　　　　第　页　共　页

序号	项目编号	项目名称	项目特征描述	计量单位	工程数量	综合单价	合价	其中:暂估价
			D.1 土石方工程					
1	040101001001	挖一般土方	一、二类土 4 m 以内	m³	142 100.00	10.70	1 520 470	
2	040101002001	挖沟槽土方	三、四类土综合 4 m 以内	m³	2 493.00	11.81	29 442.33	
3	040101002002	挖沟槽土方	三、四类土综合 3 m 以内	m³	837.00	60.18	50 370.66	
4	040101002003	挖沟槽土方	新建翼墙 6 m 内	m³	2 837.00	17.85	50 640.45	
5	040103001001	填方	90% 以上	m³	8 500.00	8.30	70 550.00	
6	040103001002	填方	二灰土 12:35:53 90% 以上	m³	7 700.00	7.02	54 054.00	
7	040103001001	填方	基础回填砂砾石	m³	208.00	65.61	13 646.88	
8	040103001002	填方	填方台后回填砂砾石,粒径 5~80 cm,密实度≥96%	m³	3 631.00	31.22	113 359.82	

续表 分部分项工程量清单与计价表

序号	项目编号	项目名称	项目特征描述	计量单位	工程数量	金额/元		
						综合单价	合价	其中:暂估价
			(其他略)					
			分部小计				2 275 844.14	
			本页小计				2 275 844.14	
			合计				2 275 844.14	

注:根据原建设部、财政部发布的《建筑安装工程费用项目组成》(建标[2003]206号)的规定,为计取规费等的使用,可在表中增设其中:"直接费"、"人工费"或"人工费+机械费"。

表—08

分部分项工程量清单与计价表

工程名称:某市道路改造工程　　　标段:　　　　　　第 页 共 页

序号	项目编号	项目名称	项目特征描述	计量单位	工程数量	金额/元		
						综合单价	合价	其中:暂估价
			D.2 道路工程					
9	040201002001	掺石灰	含灰量:10%	m^3	1 800.00	57.45	103 410.00	
10	040202002001	石灰稳定土	厚度:15 cm 含灰量:10%	m^2	84 060.00	16.21	1 362 612.60	
11	040202002002	石灰稳定土	厚度:30 cm 含灰量:11%	m^2	57 320.00	12.05	690 706.00	
12	040202006001	石灰、粉煤灰、碎(砾)石	二灰碎石厚度:12 cm 配合比 10:20:70	m^2	84 060.00	30.78	2 587 366.80	
13	040202006002	石灰、粉煤灰、碎(砾)石	二灰碎石厚度:20 cm 配合比 10:20:71	m^2	57 320.00	26.46	1 516 687.20	
14	040202014001	水泥稳定碎(砾)石	主路搭板下 $D7$,≥2.0MPa,厚度 18 cm 摊铺,养护	m^2	793.00	21.96	17 414.28	
15	040203003001	黑色碎石	石油沥青 厚度:6 cm	m^2	91 360.00	50.97	4 656 619.2	
			(其他略)					
			分部小计				25 444 507.08	
			本页小计				25 444 507.08	
			合计				27 720 351.22	

注:根据原建设部、财政部发布的《建筑安装工程费用项目组成》(建标[2003]206号)的规定,为计取规费等的使用,可在表中增设其中:"直接费"、"人工费"或"人工费+机械费"。

表—08

分部分项工程量清单与计价表

工程名称:某市道路改造工程　　　　标段:　　　　　　　　　第 页 共 页

序号	项目编号	项目名称	项目特征描述	计量单位	工程数量	金额/元 综合单价	合价	其中:暂估价
			D.3 桥涵护岸工程					
16	040301007001	机械成孔灌注桩	直径1.3 cm,C25	m	1 036.00	1 251.09	1 296 129.24	
17	040301007002	机械成孔灌注桩	直径1 cm,C25	m	1 680.00	1 692.81	2 843 920.80	
18	040302002002	混凝土承台	C25－25,C10混凝土垫层	m³	1 015.00	299.98	304.479.70	
19	040302004001	墩(台)身	墩柱C30－25	m³	384.00	434.93	167 013.12	
20	040302004002	墩(台)身	墩柱C30－25	m³	1 210.00	318.49	385 372.90	
21	040302005001	支撑梁及横梁	现浇C30－25简支梁湿接头	m³	937.00	401.74	390 893.02	
22	040302006001	墩(台)盖梁	C35－25	m³	748.00	390.63	292 191.24	
			(其他略)					
			分部小计				11 712 541.79	
			本页小计				11 712 541.79	
			合计				39 432 893.01	

注:根据原建设部、财政部发布的《建筑安装工程费用项目组成》(建标[2003]206号)的规定,为计取规费等的使用,可在表中增设其中:"直接费"、"人工费"或"人工费＋机械费"。

表—08

分部分项工程量清单与计价表

工程名称:某市道路改造工程　　　　标段:　　　　　　　　　第 页 共 页

序号	项目编号	项目名称	项目特征描述	计量单位	工程数量	金额/元 综合单价	合价	其中:暂估价
			D.5 市政管网工程					
23	040504001005	砌筑检查井	1.4×1.0 埋深3 m	座	32	1 790.97	57 311.04	
24	040504001004	砌筑检查井	1.2×1.0 埋深2 m	座	82	1 661.53	136 245.46	
25	040504001001	砌筑检查井	φ900 埋深1.5 m	座	42	1 057.79	44 427.18	
26	040504001002	砌筑检查井	0.6×0.6 埋深1.5 m	座	52	700.43	36 422.36	
27	040504001003	砌筑检查井	0.48×0.48 埋深1.5 m	座	104	689.79	71 738.16	
28	040501002001	混凝土管道铺设	DN1 650 埋深3.5 m	m	456.00	387.61	176 750.16	
29	040501002002	混凝土管道铺设	DN1 000 埋深3.5 m	m	430.00	125.09	53 788.70	
			(其他略)					
			分部小计				1 352 964.34	
			本页小计				1 352 964.34	
			合计				40 785 857.35	

注:根据原建设部、财政部发布的《建筑安装工程费用项目组成》(建标[2003]206号)的规定,为计取规费等的使用,可在表中增设其中:"直接费"、"人工费"或"人工费＋机械费"。

表—08

分部分项工程量清单与计价表

工程名称：某市道路改造工程　　　　标段：　　　　　　第 页 共 页

序号	项目编号	项目名称	项目特征描述	计量单位	工程数量	金额/元		
						综合单价	合价	其中：暂估价
			D.7 钢筋工程					
30	040701002001	非预应力钢筋	Φ10 以外	t	283.00	3 801.12	1 075 716.96	1 000 000
31	040701002002	非预应力钢筋	Φ11 以内	t	1 195.00	3 862.24	4 615 376.80	4 300 000
32	040701004001	后张法预应力钢筋	钢绞线（高强低松弛）$R=1\,860$ MPa；预应力锚具 2 176 套（锚头 15—6,128 套；锚头 15—5,784 套；锚头 15—4,1 264 套）；金属波纹管内径 6.2 cm，长 17 108 m，C40 混凝土压浆	t	138.000	119 72.03	1 652 144.28	1 000 000
			（其他略）					
			分部小计				7 343 238.04	
			本页小计				7 343 238.04	
			合计				48 129 095.39	6 300 000

注：根据原建设部、财政部发布的《建筑安装工程费用项目组成》（建标[2003]206 号）的规定，为计取规费等的使用，可在表中增设其中："直接费"、"人工费"或"人工费＋机械费"。

表—08

工程量清单综合单价分析表

工程名称：某市道路改造工程　　　　标段：　　　　　　第 页 共 页

项目编码	040202006001	项目名称	石灰、粉煤灰、碎（砾）石	计量单位	m^2

清单综合单价组成明细

定额编号	定额名称	定额单位	数量	单价/元				合价/元			
				人工费	材料费	机械费	管理费和利润	人工费	材料费	机械费	管理费和利润
2-162	石灰:粉煤灰:碎石（10:20:70）	100 m^2	0.001	315	2 164.89	86.58	566.5	0.315	3.15	21.65	5.665
人工单价			小计					0.315	3.15	21.65	5.665
22.47 元/工日			未计价材料费					—			
清单项目综合单价								30.78			

注：如不使用省级或行业建设主管部门发布的计价依据，可不填定额项目、编号等。

表—09

工程量清单综合单价分析表

工程名称：某市道路改造工程　　　　标段：　　　　　　　第　页　共　页

| 项目编码 | 0204001001001 | 项目名称 | | 人行道块料铺设 | | 计量单位 | | | m² | |

清单综合单价组成明细

定额编号	定额名称	定额单位	数量	单价/元				合价/元			
				人工费	材料费	机械费	管理费和利润	人工费	材料费	机械费	管理费和利润
2-322	D型砖	10 m²	0.1	68.31	27.95	—	15.03	6.831	4.816	—	1.503

清单综合单价组成明细

定额编号	定额名称	定额单位	数量	单价/元				合价/元			
				人工费	材料费	机械费	管理费和利润	人工费	材料费	机械费	管理费和利润
人工单价				小计				6.831	4.816	—	1.503
22.47元/工日				未计价材料费				—			
清单项目综合单价								13.15			

注：如不使用省级或行业建设主管部门发布的计价依据，可不填定额项目、编号等。

表—09

措施项目清单与计价表（一）

工程名称：某市道路改造工程　　　　标段：　　　　　　　第　页　共　页

序号	项目名称	计算基础	费率/%	金额/元
1	安全文明施工费	人工费	30	151 343.10
2	便道			11 770.33
3	便桥			72 095.88
4	围堰			72 095.88
5	大型机械进出场及按拆费			54 223.18
6	施工排水			11 791.02
7	施工降水			11 791.02
8	已完工程及设备保护			13 521.56
	合计			362 788.31

注：1. 本表适用于以"项"计价的措施项目。

2. 根据原建设部、财政部发布的《建筑安装工程费用项目组成》（建标[2003]206号）的规定，"计算基础"可为"直接费"、"人工费"或"人工费+机械费"。

表—10

措施项目清单与计价表(二)

工程名称:某市道路改造工程　　　　标段:　　　　　　　第 页 共 页

序号	项目编号	项目名称	项目特征描述	计量单位	工程数量	金额/元 综合单价	合价
1	EC001	围堰	过水土石围堰	m^2	549	57.09	31 342.41
			(其他略)				
			本页小计				
			合计				356 869.42

注:本表适用于以综合单价形式计价的措施项目。

表—11

其他项目清单与计价汇总表

工程名称:某市道路改造工程　　　　标段:　　　　　　　第 页 共 页

序号	项目名称	计量单位	金额/元	备注
1	暂列金额	项	1 500 000.00	明细见表-12-1
2	暂估价		0.00	
2.1	材料暂估价		—	明细见表-12-2
2.2	专业工程暂估价	项	0.00	明细见表-12-3
3	计日工		62 940.00	明细见表-12-4
4	总承包服务费		25 000.00	明细见表-12-5
	合计		1 587 940.00	

注:材料暂估单价计入清单项目综合单价,此处不汇总。

表—12

暂列金额明细表

工程名称:某市道路改造工程　　　　标段:　　　　　　　第 页 共 页

序号	项目名称	计量单位	金额/元	备注
1	政策性调整和材料价格风险	项	1 000 000.00	明细见表-12-1
2	其他	项	500 000.00	
	合计		1 500 000.00	—

注:此表由招标人填写,也可只列暂定金额总额,投标人应将上述暂列金额计入投标总价中。

表—12—1

附录 市政工程工程量清单计价编制实例

材料暂估单价表

工程名称：某市道路改造工程　　　　标段：　　　　　　　　　第　页　共　页

序号	项目名称	计量单位	金额/元	备注
1	钢筋(规格、型号)	t	6 000.00	用在部分钢筋混凝土项目中
	其他：(略)			

注：1. 此表由招标人填写，并在备注栏说明暂估价的材料拟用在哪些清单项目上，投标人应将上述材料暂估单价计入工程量清单综合单价报价中。

2. 材料包括原材料、燃料、构配件以及按规定应计入建筑安装工程造价的设备。

表—12—2

计日工表

工程名称：某市道路改造工程　　　　标段：　　　　　　　　　第　页　共　页

编号	项目名称	单位	暂定数量	综合单价/元	合价/元
一	人工				
1	技工	工日	100	50	5 000
2	壮工	工日	80	43	3 440
	小计				8 440
二	材料				
1	水泥32.5	t	30.000	300	9 000
2	钢筋	t	10.000	3 500	35 000
	材料小计				44 000
三	机械				
1	履带式推土机 105 kW	台班	3	1 000	3 000
2	汽车起重机 25 t	台班	3	2 500	7 500
	施工机械小计				10 500
	总计				62 940

注：此表项目名称、数量由招标人填写，编制招标控制价时，单价由招标人按有关计价规定确定；投标时，单价由投标人自主报价，计入投标总价中。

表—12—4

总承包服务费计价表

工程名称：某市道路改造工程　　　　标段：　　　　　　　　　第　页　共　页

序号	项目名称	项目价值/元	服务内容	费率/%	金额/元
1	发包人发包专业工程	5 000 000	1. 按专业工程承包人的要求提供施工工作面对施工现场统一管理，对竣工工资料统一管理汇总 2. 为专业工程承包人提供焊接电源接入点并承担电费	5	25 000

续表 总承包服务费计价表

工程名称:某市道路改造工程　　　　标段:　　　　　　　　　第　页　共　页

序号	项目名称	项目价值/元	服务内容	费率/%	金额/元
		合计			25 000

注:此表由招标人填写,投标人应将上述专业工程暂估价计入投标总价中。

表—12—5

规费、税金项目清单与计价表

工程名称:某市道路改造工程　　　　标段:　　　　　　　　　第　页　共　页

序号	项目名称	计算基础	费率/%	金额/元
1	规费			207 801.95
1.1	工程排污费	按工程所在地环保部门规定按实计算		—
1.2	社会保障费	(1)+(2)+(3)	14	110 984.94
(1)	养老保险	定额人工费	2	70 626.78
(2)	失业保险	定额人工费	6	10 089.54
(3)	医疗保险	定额人工费	6	30 268.22
1.3	住房公积金	定额人工费	6	30 268.62
1.4	危险作业意外伤害保险	定额人工费	0.5	2 522.39
1.5	工程定额测定费	税前工程造价	0.14	64 026.00
2	税金	分部分工程费+措施项目费+其他项目费+规费	3.14	1 579 031.43
		合计		1 786 833.38

注:根据原建设部、财政部发布的《建筑安装工程费用项目组成》(建标[2003]206号)的规定,"计算基础"可为"直接费"、"人工费"或"人工费+机械费"。

表—13

3. 竣工结算价的编制

<u>　　某道路改造　　</u> 工程

竣工结算总价

中标价 （小写）：<u>　　　　　　51 866 656.69　　　　　　</u>
　　　　　（大写）：<u>　　伍仟壹佰捌拾陆万陆仟陆佰五拾陆元陆角玖分　　</u>

结算价 （小写）：<u>　　　　　　49 460 987.54　　　　　　</u>
　　　　　（大写）：<u>　　肆仟玖佰肆拾陆万零玖佰捌拾柒元伍角肆分　　</u>

发包人：<u>　××××××　</u>　　　　　承包人：<u>　××建筑单位　</u>
　　　　　（单位盖章）　　　　　　　　　　　　　（单位盖章）

工程造价　　　　　　　　　　　　　法定代表人
咨询人：<u>　××工程造价咨询企业资质专用章　</u>　或其授权人：<u>　××单位法定代表人　</u>
　　　　　（单位资质专用章）　　　　　　　　　　　（签字或盖章）

法定代表人　　　　　　　　　　　　法定代表人
或其授权人：<u>　××建筑单位法定代表人　</u>　或其授权人：<u>　××工程造价咨询企业法定代表人　</u>
　　　　　（签字或盖章）　　　　　　　　　　　　（签字或盖章）

编　制　人：<u>　　××签字盖造价工程师或造价员专用章　　</u>
　　　　　　　　　　（造价人员签字盖专用章）

复　核　人：<u>　　××签字盖造价工程师专用章　　</u>
　　　　　　　　　　（造价工程师签字盖专用章）

编制时间：××××年××月××日　　　　核对时间：××××年××月××日

注：此为招标人委托工程造价咨询人核对竣工结算封面。

封—1

总 说 明

工程名称:某市道路改造工程　　　　　　标段:　　　　　　　　　第 页 共 页

1. 工程概况:某道路全长 6 km,路宽 70 cm。8 车道,其中有大桥上部结构为预应力混凝土 T 形梁,梁高为 1.2 m,跨境为 (1×22) m + (6×20) m,桥梁全长 164 m。下部结构,中墩为桩接柱,柱顶盖梁;边墩为重力桥台。墩柱直径为 1.2 m,转孔桩直径为 1.3 m。合同工期为 280 天,实际施工工期 270 天。

2. 竣工结算依据:
(1)承包人报送的竣工结算。
(2)施工合同、投标文件、招标文件。
(3)竣工图、发包人确认的实际完成工程量和索赔及现场签证资料。
(4)省建设主管部门颁发的计价定额和计价管理办法及相关计价文件。
(5)省工程造价管理机构发布人工费调整文件。

3. 核对情况说明:(略)。
4. 结算价分析说明:(略)。

注:此为发包人核对竣工结算总说明。

表—01

工程项目竣工结算汇总表

工程名称:某市道路改造工程　　　　　　标段:　　　　　　　　　第 页 共 页

序号	单项工程名称	金额/元	其中	
			安全文明施工费/元	规费/元
1	某市道路改造工程	49 460 987.54	146 854.2	193 215.69
	合计	49 460 987.54	146 854.2	193 215.69

表—05

单项工程竣工结算汇总表

工程名称:某市道路改造工程　　　　　　标段:　　　　　　　　　第 页 共 页

序号	单项工程名称	金额/元	其中	
			安全文明施工费/元	规费/元
1	某市道路改造工程	49 460 987.54	146 854.2	193 215.69
	合计	49 460 987.54	146 854.2	193 215.69

表—06

单位工程竣工结算汇总表

工程名称:某市道路改造工程　　　　　　标段:　　　　　　　　　第 页 共 页

序号	汇总内容	金额/元
1	分部分项	4 728 4274.39
	D.1 土石方工程	2 246 210.14
	D.2 道路工程	24 944 507.08
	D.3 桥涵护岸工程	11 521 354.79
	D.5 市政管网工程	1 342 964.34

续表 单位工程竣工结算汇总表

工程名称:某市道路改造工程　　　　标段:　　　　　　　　　第 页 共 页

序号	汇总内容	金额/元
	D.7 钢筋工程	7 229 238.04
2	措施项目	351 515.41
2.1	安全文明施工费	146 854.20
3	其他项目	136 890.50
3.1	专业工程结算价	0.00
3.2	计日工	61 640.50
3.3	总承包服务费	20 250.00
3.4	索赔与现场签证	55 000.00
4	规费	193 215.69
5	税金	1 495 091.55
	竣工结算总价合计 = 1 + 2 + 3 + 4 + 5	49 460 987.54

注:如无单位工程划分,单项工程也使用本表汇总。

表—07

分部分项工程量清单与计价表

工程名称:某市道路改造工程　　　　标段:　　　　　　　　　第 页 共 页

序号	项目编号	项目名称	项目特征描述	计量单位	工程数量	综合单价	合价	其中:暂估价
			D.1 土石方工程					
1	040101001001	挖一般土方	一、二类土 4 m 以内	m³	142 100	10.20	1 449 420.00	
2	040101002001	挖沟槽土方	三、四类土综合 4 m 以内	m³	2 493.00	11.60	28 918.80	
3	040101002002	挖沟槽土方	三、四类土综合 3 m 以内	m³	837.00	59 390	49 709 430.00	
4	040101002003	挖沟槽土方	新建翼墙 6 m 内	m³	2 837.00	16.88	47 888.56	
5	040103001001	填方	90% 以上	m³	8 500.00	8.10	68 850.00	
6	040103001002	填方	二灰土 12:35:53 90% 以上	m³	7 700.00	6.95	53 515.00	
7	040103001001	填方	基础回填砂砾石	m³	208.00	61.25	12 740.00	
8	040103001002	填方	填方台后回填砂砾石,粒径 5~80 cm,密实度≥96%	m³	3631.00	28.24	102 539.44	
			(其他略)					
						分部小计	2 246 210.14	
					本页小计		2 246 210.14	
					合计		2 246 210.14	

注:根据原建设部、财政部发布的《建筑安装工程费用项目组成》(建标[2003]206号)的规定,为计取规费等的使用,可在表中增设其中:"直接费"、"人工费"或"人工费+机械费"。

表—08

分部分项工程量清单与计价表

工程名称:某市道路改造工程　　　　　标段:　　　　　　　　第　页　共　页

序号	项目编号	项目名称	项目特征描述	计量单位	工程数量	金额/元 综合单价	合价	其中:暂估价
			D.2 道路工程					
9	040201002001	掺石灰	含灰量:10%	m³	1 800.00	56.42	101 556.00	
10	040202002001	石灰稳定土	厚度:15 cm 含灰量:10%	m²	84 060	15.98	1 343 278.80	
11	040202002002	石灰稳定土	厚度:30 cm 含灰量:11%	m²	57 320	15.64	896 484.80	
12	040202006001	石灰、粉煤灰、碎(砾)石	二灰碎石厚度:12 cm 配合比 10:20:70	m²	84 060	30.55	2 568 033.00	
13	040202006002	石灰、粉煤灰、碎(砾)石	二灰碎石厚度:20 cm 配合比 10:20:71	m²	57 320	24.56	1 407 779.20	
14	040202014001	水泥稳定碎(砾)石	主路搭板下 D7,≥2.0MPa,厚度 18 cm 摊铺,养护	m²	793.00	21.30	16 890.90	
15	040203003001	黑色碎石	石油沥青 厚度:6 cm	m²	91 360.00	48.44	4 425 478.40	
			(其他略)					
			分部小计				24 944 507.08	
			本页小计				24 944 507.08	
			合计				27 720 351.22	

注:根据原建设部、财政部发布的《建筑安装工程费用项目组成》(建标[2003]206号)的规定,为计取规费等的使用,可在表中增设其中:"直接费"、"人工费"或"人工费+机械费"。

表—08

分部分项工程量清单与计价表

工程名称:某市道路改造工程　　　　　标段:　　　　　　　　第　页　共　页

序号	项目编号	项目名称	项目特征描述	计量单位	工程数量	金额/元 综合单价	合价	其中:暂估价
			D.3 桥涵护岸工程					
16	040301007001	机械成孔灌注桩	直径1.3 cm,C25	m	1 036.00	1 251.03	1 296 067.08	
17	040301007002	机械成孔灌注桩	直径1 cm,C25	m	1 680.00	1 593.21	2 676 592.80	
18	040302002002	混凝土承台	C25-25,C10 混凝土垫层	m³	1 015.00	288.36	292 685.40	
19	040302004001	墩(台)身	墩柱 C30-25	m³	384.00	435.21	16 712.64	
20	040302004002	墩(台)身	墩柱 C30-25	m³	1210.00	308.25	372 982.50	

续表 分部分项工程量清单与计价表

工程名称：某市道路改造工程　　　　　标段：　　　　　　第 页 共 页

序号	项目编号	项目名称	项目特征描述	计量单位	工程数量	金额/元 综合单价	金额/元 合价	其中：暂估价
21	040302005001	支撑梁及横梁	现浇C30-25简支梁湿接头	m³	937.00	385.21	374 809.33	
22	040302006001	墩(台)盖梁	C35-25	m³	748.00	346.25	258 995.00	
			（其他略）					
						分部小计	38 712 072.01	
						本页小计	38 712 072.01	
						合计	39 785 857.3	

注：根据原建设部、财政部发布的《建筑安装工程费用项目组成》(建标[2003]206号)的规定，为计取规费等的使用，可在表中增设其中："直接费"、"人工费"或"人工费+机械费"。

表—08

分部分项工程量清单与计价表

工程名称：某市道路改造工程　　　　　标段：　　　　　　第 页 共 页

序号	项目编号	项目名称	项目特征描述	计量单位	工程数量	金额/元 综合单价	金额/元 合价	其中：暂估价
			D.5 市政管网工程					
23	040504001005	砌筑检查井	1.4×1.0 埋深3 m	座	32	1 758.21	56 262.72	
24	040504001004	砌筑检查井	1.2×1.0 埋深2 m	座	82	1 653.58	135 593.56	
25	040504001001	砌筑检查井	φ900 埋深1.5 m	座	42	1 048.23	44 025.66	
26	040504001002	砌筑检查井	0.6×0.6 埋深1.5 m	座	52	688.12	35 782.24	
27	040504001003	砌筑检查井	0.48×0.48 埋深1.5 m	座	104	672.56	69 946.24	
28	040501002001	混凝土管道铺设	DN1 650 埋深3.5 m	m	11	456.90	5 047.92	
29	040501002002	混凝土管道铺设	DN1 000 埋深3.5 m	m	300	772.33	236 498.45	
			（其他略）					
						分部小计	1 342 964.34	
						本页小计	1 352 964.34	
						合计	40 785 857.35	

注：根据原建设部、财政部发布的《建筑安装工程费用项目组成》(建标[2003]206号)的规定，为计取规费等的使用，可在表中增设其中："直接费"、"人工费"或"人工费+机械费"。

表—08

分部分项工程量清单与计价表

工程名称:某市道路改造工程　　　　标段:　　　　　　　　　　第　页　共　页

序号	项目编号	项目名称	项目特征描述	计量单位	工程数量	金额/元 综合单价	合价	其中:暂估价
			D.7 钢筋工程					
30	040701002001	非预应力钢筋	φ10 以外	t	283.00	3 801.12	1 075 716.96	1 000 000
31	040701002002	非预应力钢筋	φ11 以内	t	1 195.00	3 862.24	4 615 376.80	4 300 000
32	040701004001	后张法预应力钢筋	钢绞线(高强低松弛)R=1 860 MPa;预应力锚具 2 176 套(锚头15—6,128 套;锚头15—5,784 套;锚头15—4,1264 套);金属波纹管内径6.2 cm,长17 108 m,C40 混凝土压浆	t	138.000	11 972.03	1 652 144.28	1 000 000
			(其他略)					
			分部小计				7 299 238.04	
			本页小计				7 299 238.04	
			合计				47 354 274.39	6 300 000

注:根据原建设部、财政部发布的《建筑安装工程费用项目组成》(建标[2003]206号)的规定,为计取规费等的使用,可在表中增设其中:"直接费"、"人工费"或"人工费+机械费"。

表—08

工程量清单综合单价分析表

工程名称:某市道路改造工程　　　　标段:　　　　　　　　　　第　页　共　页

项目编码	040202006001	项目名称		石灰、粉煤灰、碎(砾)石		计量单位			m²
清单综合单价组成明细									
定额编号	定额名称	定额单位	数量	单价/元			合价/元		
				人工费	材料费	机械费	管理费和利润	人工费	材料费	机械费	管理费和利润
2-162	石灰:粉煤灰:碎石(10:20:70)	100 m²	0.001	315	2 164.89	86.58	566.5	0.315	3.15	21.65	5.665
人工单价			小计					0.315	3.15	21.65	5.665
60 元/工日			未计价材料费					—			
			清单项目综合单价					30.78			

续表 工程量清单综合单价分析表

工程名称:某市道路改造工程　　　　　标段:　　　　　　第 页 共 页

材料费明细	主要材料名称、规格、型号	单位	数量	单价/元	合价/元	暂估单价/元	暂估合价/元
	其他材料费				—		—
	材料费小计				—		—

注:如不使用省级或行业建设主管部门发布的计价依据,可不填定额项目、编号等。

表—09

工程量清单综合单价分析表

工程名称:某市道路改造工程　　　　　标段:　　　　　　第 页 共 页

项目编码	040101001001	项目名称	人行道块料铺设	计量单位	m³

清单综合单价组成明细										
定额编号	定额名称	定额单位	数量	单价/元				合价/元		
				人工费	材料费	机械费	管理费和利润	人工费	材料费	机械费	管理费和利润
2-322	D型砖	100 m²	0.1	68.31	27.95	—	15.03	6.831	4.816	—	1.503
人工单价			小计					6.831	4.816	—	1.503
22.47 元/工日			未计价材料费					—			
清单项目综合单价								30.78			

材料费明细	主要材料名称、规格、型号	单位	数量	单价/元	合价/元	暂估单价/元	暂估合价/元
	生石灰	t	0.005 7	120	0.684		
	粗砂	m³	0.024 2	44.23	1.070		
	水	m³	0.002 6	12.34	0.032		
	D型砖	块	30	0.098	2.94		
	其他材料费			—	0.09		
	材料费小计			—	4.816		

注:如不使用省级或行业建设主管部门发布的计价依据,可不填定额项目、编号等。

表—09

措施项目清单与计价表(一)

工程名称:某市道路改造工程　　　　　标段:　　　　　　第 页 共 页

序号	项目名称	计算基础	费率/%	金额/元
1	安全文明施工费	人工费	30	146 854.20
2	大型机械进出场及按拆费			55 118.18
3	施工排水			11 692.02
4	施工降水			11 921.02
5	已完工程及设备保护			15 211.56
6	专业工程措施项目			110 718.43
6.1	便道			1 280.33
6.2	便桥			37 542.22

续表 措施项目清单与计价表(一)

工程名称:某市道路改造工程　　　　标段:　　　　　　　　第　页　共　页

序号	项目名称	计算基础	费率/%	金额/元
6.3	围堰			71 895.88
	合计			351 515.41

注:1. 本表适用于以"项"计价的措施项目。
　　2. 根据建设部、财政部发布的《建筑安装工程费用项目组成》(建标[2003]206号)的规定,"计算基础"可为"直接费"、"人工费"或"人工费+机械费"。

表—10

措施项目清单与计价表(二)

工程名称:某市道路改造工程　　　　标段:　　　　　　　　第　页　共　页

序号	项目编号	项目名称	项目特征描述	计量单位	工程数量	金额/元	
						综合单价	合价
1	DB001	围堰	过水土石围堰	m²	549	56.24	30 875.76
			(其他略)				
			本页小计				
			合计				356 869.42

注:本表适用于以综合单价形式计价的措施项目。

表—11

其他项目清单与计价汇总表

工程名称:某市道路改造工程　　　　标段:　　　　　　　　第　页　共　页

序号	项目名称	计量单位	金额/元	备注
1	暂列金额	项		—
2	暂估价		0.00	
2.1	材料暂估价		—	
2.2	专业工程暂估价	项		
3	计日工		61 640.50	明细见表-12-4
4	总承包服务费		20 250.00	明细见表-12-5
5	索赔与现场签证		55 000.00	
	合计		136 890.50	

注:材料暂估价计入清单项目综合单价,此处不汇总。

表—12

计日工表

工程名称:某市道路改造工程　　　　标段:　　　　　　　　第　页　共　页

编号	项目名称	单位	暂定数量	综合单价/元	合价/元
一	人工				
1	技工	工日	90	49	4 410
2	壮工		75	41	3 075

续表 计日工表

工程名称:某市道路改造工程　　　　标段:　　　　　　　　　第　页　共　页

编号	项目名称	单位	暂定数量	综合单价/元	合价/元
	人工小计				7 485
二	材料				
1	水泥 32.5	t	31.000	298	9 238
2	钢筋	t	9.885	3500	34 597.5
	材料小计				43 835.5
三	机械				
1	履带式推土机 105 kW	台班	3	990	2 970
2	汽车起重机 25 t	台班	3	2 450	7 350
	施工机械小计				10 320
	总计				61 640.5

注:此表项目名称、数量由招标人填写,编制招标控制价时。单价由招标人按有关计价规定确定;投标时,单价由投标人自助报价,计入投标总价中。

表—12—4

总承包服务费计价表

工程名称:某市道路改造工程　　　　标段:　　　　　　　　　第　页　共　页

序号	项目名称	项目价值/元	服务内容	费率/%	金额/元
1	发包人发包专业工程	5 000 000	1. 按专业工程承包人的要求提供施工工作面对施工现场统一管理,对竣工工资料统一管理汇总 2. 为专业工程承包人提供焊接电源接入点并承担电费	4.5	20 250
	合计				20 250

注:此表由招标人填写,投标人应将上述专业工程暂估价计入投标总价中。

表—12—5

索赔与现场签证计价汇总表

工程名称:某市道路改造工程　　　　标段:　　　　　　　　　第　页　共　页

序号	签证及索赔项目名称	计量单位	数量	单价/元	合价/元	索赔及签证依据
1	暂停施工	—	—	—	25 000	001
2	隔离带	条	5	6 000	30 000	002
	本页小计				55 000	—
	合计				55 000	—

注:签证及索赔依据是指经双方认可的签证单和索赔依据的编号。

表—12—6

规费、税金项目清单与计价表

工程名称：某市道路改造工程　　　　标段：　　　　　　　第 页 共 页

序号	项目名称	计算基础	费率/%	金额/元
1	规费			193 215.69
1.1	工程排污费	按工程所在地环保部门规定按实计算		50 000.00
1.2	社会保障费	(1)+(2)+(3)		106 921.48
(1)	养老保险	定额人工费	14	68 110.76
(2)	失业保险	定额人工费	2	9 836.68
(3)	医疗保险	定额人工费	6	28 974.04
1.3	住房公积金	定额人工费	6	28 998.04
1.4	危险作业意外伤害保险	定额人工费	0.5	2 366.17
1.5	工程定额测定费	税前工程造价	0.14	4 930.00
2	税金	分部分工程费+措施项目费+其他项目费+规费	3.14	1 495 091.55
	合计			1 688 307.24

注：根据建设部、财政部发布的《建筑安装工程费用项目组成》(建标[2003]206号)的规定，"计算基础"可为"直接费"、"人工费"或"人工费+机械费"。

表—13

费用索赔申请(核准)表

工程名称:某市道路改造工程　　　　标段:　　　　　　　　编号:001

致:某道路改造工程指挥办公室　　　　　　　　　　　（发包人全称）

根据施工合同条款第 __12__ 条的约定,由于 __你方工作需要__ 原因,我方要求索赔金额(大写) __贰万伍仟元整__ 元,(小写) __25 000__ 元,请予核准。

附:1.费用索赔的详细理由和依据:(详见附件1)
　　2.索赔金额的计算:(详见附件2)
　　3.证明材料:(现场监理工程师现象人数确认)

　　　　　　　　　　　　　　　　　　承 包 人(章)
　　　　　　　　　　　　　　　　　　承包人代表　×××××
　　　　　　　　　　　　　　　　　　日　　　期　××××××

复核意见:	复核意见:
根据施工合同条款第 __12__ 条的约定,你方提出的费用索赔申请经复核: □不同意此项索赔,具体意见见附件。 ☑同意此项索赔,索赔金额的计算,由造价工程师复核。	根据施工合同条款第 __12__ 条的约定,你方提出的费用索赔申请经复核,索赔金额(大写) __贰万伍仟元整__ 元,(小写) __25 000__ 元。
监理工程师　××× 日　　　期　×年×月×日	造价工程师　××× 日　　　期　×年×月×日

审核意见:
　□不同意此项索赔。
　☑同意此项索赔,与本期进度款同期支付。

　　　　　　　　　　　　　　　　　　发 包 人(章)
　　　　　　　　　　　　　　　　　　发包人代表　×××
　　　　　　　　　　　　　　　　　　日　　　期　×年×月×日

注:1.在选择栏中的"□"内作标识"√"。
　　2.本表一式四份,由承包人填报,发包人、监理人、造价咨询人、承包人各存一份。

表—12—7

现场签证表

工程名称：某市道路改造工程　　　标段：　　　编号：002

施工单位	××建筑公司××项目部	日期	××年××月××日

致：×××××　　　　　　　　　　　　　　　　　　　　　　　（发包人全称）

根据某道路改造工程现场指挥（指令姓名）×年×月×日书面通知，我方要求完成此项工作应支付价款金额为（大写）叁万元，（小写）30 000元，请予核准。

附：1. 签证事由及原则：为道路通车以后车辆行驶安全，增加5条隔离带。
　　2. 附图及计算式：（略）

承　包　人（章）
承包人代表　×××××
日　　　期　××××××

复核意见： 你方提出的此项签证申请申请经复核： ☐ 不同意此项签证，具体意见见附件。 ☑ 同意此项签证，签证金额的计算，由造价工程师复核。 　　　　监理工程师　××× 　　　　日　　　期　×年×月×日	复核意见： 　　☑ 此项签证按承包人中标的计日工单价计算，金额为（大写）叁万元，（小写）30 000元。 　　☐ 此项签证因无计日工单价，金额为（大写）_____元，（小写）_____元 　　　　造价工程师　××× 　　　　日　　　期　×年×月×日

审核意见：
　　☐ 不同意此项索赔。
　　☑ 同意此项签证，价款与本期进度款同期支付。

发　包　人（章）
发包人代表　×××
日　　　期　×年×月×日

注：1. 在选择栏中的"☐"内作标识"√"。
　　2. 本表一式四份，由承包人填报，发包人、监理人、造价咨询人、承包人各存一份。

表—12—8

工程款支付申请(核准)表

工程名称:某市道路改造工程　　　　标段:　　　　　编号:003

致:××××　　　　　　　　　　　　　　　　　　　　　　(发包人全称)

我方于 ×× 至 ×× 期间已完成了 路面改造工程 工作,根据施工合同的约定,现申请支付本期的工程价款为(大写) 玖佰肆拾万 元,(小写) 9 400 000 元,请予核准。

序号	名称	金额/元	备注
1	累计已完成的工程价款	35 000 000.00	
2	累计已实际支付的工程价款	20 000 000.00	
3	本周期已完成的工程价款	10 000 000.00	
4	本周期完成的计日工金额	50 000.00	
5	本周期应增加和扣减的变更金额	800 000.00	
6	本周期应增加和扣减的索赔金额	50 000.00	
7	本周期应抵扣的预付款		
8	本周期应扣减的质保金		
9	本周期应增加和扣减的其他金额		
10	本周期实际应支付的工程价款	9 400 000.00	

　　　　　　　　　　　　　　　　　　　承 包 人(章)
　　　　　　　　　　　　　　　　　　　承包人代表　×××××
　　　　　　　　　　　　　　　　　　　日　　　期　××××××

复核意见:
　□与实际施工情况不相符,修改意见见附件。
　☑与实际施工情况相符,具体金额由造价工程师复核。

复核意见:
　你方提出的支付申请经复核,本周期已完成工程价款(大写) 壹仟万 元,(小写) 10 000 000 元,本期间应支付金额为(大写) 玖佰肆拾万 元,(小写) 9 400 000 元。

监理工程师　×××
日　　期　×年×月×日

造价工程师　×××
日　　期　×年×月×日

审核意见:
　□不同意。
　☑同意,支付时间为本表签发后的 15 天内。

　　　　　　　　　　　　　　　　　　　发 包 人(章)
　　　　　　　　　　　　　　　　　　　发包人代表　×××
　　　　　　　　　　　　　　　　　　　日　　　期　×年×月×日

注:1.在选择栏中的"□"内作标识"√"。
　　2.本表一式四份,由承包人填报,发包人、监理人、造价咨询人、承包人各存一份。

表—14

参考文献

[1] 中华人民共和国住房和城乡建设部. 建设工程工程量清单计价规范(50500—2008)[S]. 北京:中国计划出版社,2008.

[2] 建设部标准定额研究所. 建设工程工程量清单计价规范宣贯辅导教材(50500—2008). 北京:中国计划出版社,2008.

[3] 中华人民共和国住房和城乡建设部. 总图制图标准(GB 50103—2010)[S]. 北京:中国建筑工业出版社,2011.

[4] 中华人民共和国住房和城乡建设部. 建筑制图标准(GB 50104—2010)[S]. 北京:中国建筑工业出版社,2011.

[5] 中华人民共和国建设部. 全国统一市政工程预算定额(GYD—(301~308)—1999)[S]. 北京:中国计划出版社,1999.

[6] 中华人民共和国建设部. 全国统一市政工程预算定额(地铁工程)(GYD—309—2001)[S]. 北京:中国计划出版社,2002.

[7] 全国人民代表大会常务委员会制定. 中华人民共和国招标投标法. 北京:中国民主法制出版社,2001.

[8] 中国法制出版社. 中华人民共和国招标投标法实施条例. 北京:中国法制出版社,2011.

[9] 朱忆鲁. 市政工程计量与计价速学手册[M]. 北京:中国电力出版社,2010.

[10] 本丛书编审委员会. 建筑工程施工项目招投标与合同管理(招标投标分册)[M]. 北京:机械工业出版社,2007.